U0007101

年齡歧視

為何人人怕老，我們對老年生活的刻板印象又如何形成

THIS CHAIR ROCKS

A MANIFESTO AGAINST AGEISM

Ashton Applewhite
艾希頓・亞普懷特——著 林金源——譯

紀念羅伯特·巴特勒

——導師、行動主義者、醫師、人道主義者——

啟動這一切的人

目錄 Contents

引言……9
Introduction

1 年齡歧視的由來與影響……25
The Problem with Ageism

2 我們的年齡、我們自己：身分……59
Our Ages, Ourselves – Identity

3 遺忘記憶：熟齡大腦……93
Forget Memory – the Older Brain

4 保持健康而非青春：熟齡的身體……129
Health, Not Youth – the Older Body

5 沒有保存期限：性與親密關係……165
No Expiration Date – Sex and Intimacy

6 未竟之事：職場……201
Not Done Yet – the Workplace

7 長壽是一種團隊運動：獨立的陷阱……233
Long Life is a Team Sport – the Independence Trap

8 公牛看起來不一樣：生命的盡頭……279
The Bull Looks Different – the End of Life

9 占領年齡！超越年齡歧視……307
Occupy Age! Beyond Ageism

注釋……337
Notes

我們由我們經歷過的所有年齡組成。

——美國作家安・拉莫特

引言
Introduction

我從不謊報年齡，而且可以輕鬆大聲說出「我今年六十六歲」，但我知道許多人辦不到。這些人會在履歷表、飛機上、約會時說謊。曾有某位歌劇歌手在生涯之初謊報年齡，為了得到諾瑪*這個角色，但此後就一直停留在三十九歲。這位女士喜歡假裝她的孫女是她的女兒，而且得定期連絡銀行防詐騙部門，因為她記不住使用哪個出生日期。

我從來也無法串供，理由之一我說的是實話，再者因為得到的回應並不太糟：「以妳的年紀來說，妳的狀態看起來很棒！」我遺傳了母親沒有白髮的基因，向來活力充沛，沒打算放慢腳步，而且的確未曾覺得有任何標籤適用在我身上──「年長者」「美洲獅」**「上了年紀的女人」等等。但如果我如此處之泰然，為何「以妳的年紀來說，妳的狀態看起來很棒」這句話，聽起來不像是恭維？事實是變老的朦朧前景，讓我感覺處在介於無端焦慮

* Norma，義大利作曲家貝利尼的著名歌劇作品《諾瑪》裡的主人翁。

** Cougar，英美文化中用以形容偏好「小鮮肉」（年輕男子）的熟女，多指四十歲以上的女性。

和讓人反胃的恐懼之間。在我非得面對它之前，我不想去想這件事，一旦它浮上心頭，我便岔開頻道。為何不可以呢，只要我能「被認為」比實際年齡年輕？

但那並不是一個可靠的策略。我曾在美國自然史博物館與一位名叫雷的男同事共事十五年，在那裡生日卡片定期在無趣的辦公室隔間傳寫。雷和我沒有太多共通之處。他處理帳目，我負責文書。他住在郊區，我沒有車子。他生性保守，我是進步分子。他有一頭雪白的劉海，倘若變胖再穿上紅衣服，就成了如假包換的聖誕老人。他對自己的愛唱反調引以為豪，不時喃喃抱怨他的種種疼痛，還有等不及去佛羅里達享受退休生活。所以當我得知雷和我同齡時，我相當吃驚，心想，「假如大家都知道了，事情會怎樣？他們會認為我也老了。」

我不只表現得高高在上和心胸狹窄，而且根本愚蠢之至。我的博物館同事，包括雷在內，都是才智之士。他們輕易就能分辨我們兩個的不同，不太可能有困難。當時我為何對於和雷站在某種假想的年老／年輕分界線的同一邊，而感到如此捉狂？我為何想像這會抹去我們的個體性，使我遭受可怕的貶抑？逼迫我的是對失去美貌的恐懼，日漸增長的脆弱，還是我自己的難逃一死？如果我與時間的流逝講和，而不是進行從來無人能勝利的戰鬥，我的境況難道不會更好一些？

但願我能說我在某次令人眩目的頓悟中發現答案。不過這其實是過去十二年來的逐漸覺醒。我曾在鍵盤上度過許多悶悶不樂的日子，在某些失眠的夜晚口述絕妙的洞見到手機中，這些洞見在白天裡多半就遜色許多。我曾有幸獲得羅伯特．巴特勒（Robert Butler）博士的指導，他在二〇一〇年過世之前創造了「年齡歧視」（ageism）一詞。我參加過為報導老年議題的新聞工作者所舉辦的研討會，閱讀吸收了無數書籍和文章，並開始以部落格形式道出我的想法。我鑽研廣告和電影的世界、政治和內部章程，以及以「變老＝不好」這個等式支配的一切，塑造我的無意識思維的產品和推銷手法。或者如同推特用戶可能會說的：變老爛透了。

二〇〇七年某次與婆婆露絲．史坦（Ruth Stein）偶然的晚餐談話，使我展開這趟旅程。她和公公比爾當時八十幾歲，兩人都曾是書商，那晚她說，「我認為你應該寫一寫關於我們老是被問到的事——『那麼你們打算什麼時候退休？』」這個主意聽起來很不錯。我開始學習與長壽有關的事，訪談年逾八十還在工作的人，並且寫部落格。

我前往聖塔菲陪伴家人。我的第一個訪談對象是八十八歲的民間藝術家瑪西雅．穆斯（Marcia Muth），她坐在小泥磚屋的門廊上，提供遮蔭的樹上裝飾著閃亮的光碟片，四周放置她收藏的輪轂蓋。穆斯在印地安納州的韋恩堡由祖父母撫養長大，他們認為她「令人失望」。「因為我喜歡古典音樂，我喜歡莎士比亞，我愛詩歌。對他們來說，工作就是經營一家商店。」她後來成為法律圖書館館員、詩人、出版商，以及在五十來歲時，成為成功的民間藝術家和教師。牆上的一份剪報引述穆斯給她的老人寄宿活動團學生的建議：「你決不會太老，做什麼也決不會太遲。」

穆斯因為缺乏正式訓練而覺得難為情，十年以來都私下偷偷作畫。有一回某位當地藝術家順道來訪，看見她急忙藏起畫筆，給了她一些建議：「別去上任何課。只要繼續畫畫就好。」她照辦了，結果中年時發現，畫畫成了一種令她感激的生活方式。慢性支氣管炎早在幾年前就結束了她的教學生涯，並使她離不開氧氣筒，但「這並不妨礙畫畫，那是最重要的。當你變得更老時，你的生活確實會隨之改變。」她又告訴我，「你明白了什麼是重要的，什麼不重要。」她和她的伴侶愈來愈少出門，行動也變得更緩慢，但她的作品質持續提升，因為她更善於聆聽自己。她建議，「別害怕老年，當你擺脫令人痛苦的焦慮，你可以活得一樣精采。我發現我的八十歲生活甚至比七十歲時更有趣。」

八十歲的生活會變得**更有趣**，我以前從未想過這種可能。也不曾想過逐年短少一口氣可以不教人害怕，而日益受到限制的生活可能是個人成長和獨特樂趣的更大來源。還有這種使人喜悅的徹底了然，是根植於覺察——而非否認——來日無多，因此要好好品味。歷經這第一次的震撼，我再接再厲。從小兒科醫師到護林員，形形色色的高齡美國人告訴我，他們所從事的駕駛、坐辦公桌、操作帶鋸和電視攝影機的工作，以及他們如何成為現在這個樣子。他們彼此不同，形形色色，更別提與心智衰退的老年人刻板印象相去甚遠，此事不教人意外。但有件事**確實**使我感到驚奇：我以為的八、九十歲長者的樣子，和我親自遇到的情況並不一致。我閱讀得愈多，與愈多專家談話，事情就益發清楚：這些熟齡工作者是成長快速的大量熟齡美國人的典型寫照。我想像中的老年境況和我看見的真實景象，兩者之間為何不連貫？我是否全然相信了某種政策路線？我對於未來有哪些假想？

我最黑暗的夢魘是待在某個可怕的照護機構，坐在玄關旁拙劣的植物印花圖畫下方，流著口水結束我的一生。以前如果被問到年逾六十五，住在安養機構的美國人百分比，我會大膽猜測，「也許百分之三十？」我從來不會說中正確數字：百分之二點五，那是從十年前的百分之五一路下降！即使是超過八十五歲者，這個數字只有百分之九。[1]

關於生病和無助的情況如何？事實是有超過四分之三的「極高齡者」——年逾八十五——能在毋需協助的情況下從事日常活動。[2]也許不是剷除車道上的積雪或者到好市多採購，但能穿衣和自己擦屁股。他們雖患有慢性疾病，但學會與之共存。絕大多數年長美國人相互扶持、彼此依賴地生活著，直到罹患使他們喪命的疾病。那麼失智的狀況呢？

大家似乎都聽過一些可怕的故事。我的記憶力一向不算好，所以我可能不會注意到自己是否得了阿茲海默症。失智是令人害怕的前景，但即便隨著人口老化，失智症的比例正在下降中。[3]真正的流行病是對記憶喪失的焦慮。還記得先前提到的，超過六十五歲的人當中，有百分二點五住在安養院？剩下的人當中有九成記憶力沒有問題。[4]同樣的，絕大多數年長美國人位於這個圓形圖的其他部分，他們或許反應有點遲緩，但遲早能夠找到自己的拖鞋和順利過日子。

我假定老人不再有性生活，是事實嗎？性活動的確隨著年齡而減少。但同樣真實的是養老院是性欲和戀情的溫床，從超過五十歲的人得性病的比例飆升可資證明。性興奮的情況確實改變了，但通常往更好的方向發展，尤其對女性而言。

我也曾以為老年人是消沉的。畢竟，他們老了，行將就木。他們鬆垮下垂的臉就是我需要的一切證據。但事實證明年長者的心理健康優於年輕人或中年人。[5]誰能想得到呢？以下是意外的結果：人們在生命開始和結束時最快樂。[6]如果你不相信，請上網搜尋「快樂U形曲線」（U-curve of happiness）。即使年齡剝奪了我們珍視的事物——體力、鍾愛的朋友、強壯結實的身體——我們卻變得更滿足。

我知道得愈多，愈覺得未來的歲月會更美好，這本身便是不小的成就。我必須承認球門柱在移動中，但我依舊在場上活躍。我一直喜歡在城市裡騎單車，但現在我戴上頭盔和騎在慢車道。我依舊在人行道上快步前進，但近來必須減慢速度，以便和一位膝蓋疼痛的七十四歲友人齊步並行。她患有關節炎，時間和軟骨以這種方式伏擊她，令她驚訝，而我明白等到我有關節炎，我也會吃驚。和她一樣，我會想辦法處理這個問題，我會像她那樣買根手杖和繼續走路，只是速度不如以往。

特定的憂慮取代了莫名的恐懼。我胸有成竹，年屆九十歲顯然會變得不同，而且遠比我曾經以為的——無可奈何地轉為抑鬱、穿尿布和肥厚的白色鞋子——要好得多。不過我依舊擔心醜鞋的問題。

事情看起來開始變得比較樂觀，我逐漸進入我所謂的「我不是雷－第二階段」：大聲嚷嚷我和雷同齡，因為我看起來比他年輕多了！我快樂地移向光譜的另一端，花了幾年時間追逐足夠的菠菜、數獨、正向思考，能「拖延變老」的概念。這種態度有各種活力十足的名稱：成功變老和有生產力的變老，推動了許多以讓人「不老」為目標的產品，聽起來舒服而且感覺被賦予了能力。

但有個問題引起我的注意。我是否真的與變老達成協議？或者我只是讓自己瞎忙，蒙著頭不願想起這件事，將不舒服的念頭還有雷摒除於外？事實上是用否認取代害怕？

年屆六十感覺起來**還可以**。我**知道**歲月賜予的東西比它帶走的多。我從自身的經驗得知此事，而我的研究持續證實我不是特例，且未來的歲月會提供更多東西。但當時我尚未能內化這種認識，使之與我的信念和態度結合，深植到我的自我感以及我在這世界的位置，使之成為我的一部分。我必須承認並開始拋棄我從小就被媒體和流行文化灌輸的關於變老的偏見。**皺紋是醜的**。**老年人是無能的**。**變老是悲哀的**。要吸收這些謬論不費吹灰之力，但要驅除它們則令人不安且極其困難。我現在仍在努力中，而且經常需要被提醒。

最難消除的偏見是什麼？對我自己的偏見——對我自己的未來，更老的我的偏見，以為年紀大的我比不上年紀輕的我。那正是否認年齡的關鍵。無論採取何種形式，從造作的「只說我超過〇〇歲」到藉由整形手術凍齡，否認創造出人為的、具有毀滅性且無法維持的界線，劃分現在的我們和將來的我們。隱藏或否認年齡，會賦予這個數字操控我們的力量，但這不是它該有的力量。反過來說，接受真實年齡則能使我們從容自在，甚至驕傲地承認它。

我並非說變老是輕鬆的事。我們都會擔心變老的某個面向，無論是記憶衰退或生病或孤獨以終，這些恐懼合理且真實存在。但大多數人不明白步入老年——或中年或甚至才剛過了青年期——的經驗會更好還是更壞，取決於所處的文化。美國文化異常地以青年為中心，對熟齡者的描述傾向於極端。在光譜的一端，銀髮男子在碧波上衝浪，是市場行銷人員鍾愛的對象。而光譜另一端是醫院病床上衰弱的瘦小女士，則是銀髮產業鍾愛的對象。這些人確實存在，但絕非典型。我們絕大多數人終將介於兩者之間，肌肉和記憶力變遲緩，但只要得到些許協助，便能享受餘生。

我必須邁向「我不是雷—第三階段」：我不是雷。雷最近到佛羅里達州過起退休生活，我敢說他會在那裡過著平靜快樂的日子，那是他想要的老年。我正在邁向我想要的老年生活，而我的老年不會和他的一樣。我不打算早早退休，也不會去跳鋼管舞或跑馬拉松。我對老年的感覺還算好。所有變老的例子都是「成功的」，並非只有運動健將版本的才算數，除非你死了。有了這個領悟便能看清楚事情，但有一個潛在的根本問題依舊存在：為何我對自己晚年生活的想像，與現實體驗如此不一致？為何這麼多年來我一直相信一個未經檢驗的論述，而不是從周遭的證據得到寬慰和引導？這些都是容易獲致的事實，但為何沒有更多人知道？我們被灌了什麼迷湯？是什麼樣的文化讓我和這麼多人如此害怕活到八十歲或九十歲的光景？答案就是年齡歧視，它變成我不得不抓的癢，最終還必須寫成一本書，年齡歧視將熟齡者貶謫為二等公民，再加上年輕人的蔑視。以下是年齡歧視的正式定義：以年齡為基礎的歧視和刻板成見。當我們在年齡的基礎上對某人或某個群體有不同的想法

紀人類壽命史無前例地激增，但年齡偏見才剛開始在文化雷達上發生尖銳聲響——這是最不可能被社會制裁的偏見。我們知道多樣性意味著包容不同種族、性別、能力、性取向的人，為何獨獨年齡不在此列？帶有種族偏見和性別偏見的評論如今已不再被容許，然而當年長者被說成沒有價值，或者無能、狀況外、無趣，或甚至令人厭惡，有誰為此眨一下眼？假使我們能看清這些有害的刻板印象，遑論將「年齡」與「歧視」放在一起組詞的外在政策和作法。假使我們能跨出否認年齡的窠臼，開始看清年齡歧視如何隔離和削弱我們的前景？讓我們喘口氣，然後開始質疑那些試圖形塑我們老化過程的歧視性結構和錯誤看法。否則屆時年齡歧視將會使我們彼此對立，剝奪帶給社會的無盡知識和經驗，毒害我們的未來，把更長壽、更健康的生活視為問題，而非它們所代表的非凡成就和機會。

拋棄某些用語是不錯的起始點。「老人家」（the elderly）？啐，部分原因是我從沒聽說過有人用這句話描述自己，也因為這詞暗示這是一個同質群體。「長者」（Seniors）？呸，「長者」在某些文化中行得通，但我聽來覺得異樣，我不喜歡它暗示人們憑藉年齡就應該獲得尊重，因為兒童也應該受到尊重。要描述年齡較大的人，唯一無瑕疵的用語是「熟齡人士」（older people），我簡稱為「熟齡者」（olders），延續「年輕人」（youngers）一詞使用。＊這是一個透明且價值中立的用語，強調年齡是一種連續體，不是非年輕即老的二分法。我們總會比某些人年紀大，同時比其他人年紀小。既然這世界上沒有人會變得更年輕，我們就別再將「老化」當作貶義詞來使用，例如「老化的嬰兒潮世代」，彷彿這是一個有些任性的討人厭世代，或者「老藝人」，彷彿他們的粉絲跟著被冷凍防腐。

當某個小丑稱我為「年輕女士」而期待我感覺被恭維時，我總是不爽快，直到我開始深思這個問題，才明白箇中原因。這類當著我們的面做的評論，其實是偽裝的讚美。我們往往忽視它們，因為這涉及了「不再年輕」是令人尷尬的事。被點出上了年紀令人尷尬，除非我們停止對此感到尷尬。我已經不再會了。當有人說「以你的年紀，你看起來很棒」，我不再嚅囁說出笨拙的感謝。我會爽利地回答「以你的年紀，你看起來也很棒！」當我明白熟齡女性不被看見的原因之一，是因為她們太多人染髮以掩飾灰白髮色，我便將頭髮漂白，看看會如何。當我背痛，我不再自動歸咎於你說得出來的骨頭毛病，我會開始思考可能是使用鏟子或除草導致的。我開設了一個名叫「唷，這是不是年齡歧視？」（*Yo, Is This Ageist?*）的問答部落格，當中人們可以提問他們看見或聽見或所做的某件事是否冒犯人。還有我寫了這本書。

＊由於英文詞彙之精準中譯在中文裡未必具同等的歧視意味，本書皆斟酌文意選用適合中文語境之譯法處理。

我們雖然以不同的方式和速度老化，但每個人每天醒來都同樣老了一天。變老是件難事，但沒有人可以退出，而且時間的流逝給予我們非常真實的好處。年齡歧視使我們看不見這些好處，並增加我們的恐懼，使得變老這件事在美國變得更加艱辛。為此我發起一個運動，目的是要翻轉美國文化對於「青春」愚蠢且具破壞性的執迷，同時質疑在年齡光譜兩端的人遭到貶抑和不受尊重的處境。

當我的這段旅程從個人層面進到政治層面，便清楚發現年齡歧視深深織入我們的資本主義體系，想要加以顛覆將涉及社會與政治的劇變。年齡歧視不同於老化，並非不可避免的事。在二十世紀，民權與女權運動喚醒美國正視根深柢固的種族歧視和性別歧視體制。在更近代，失能權利和同志權利以及跨性別權利行動主義者，將健全主義、恐同症、跨性別恐懼症帶進街頭和法庭。現在是時候了，年齡歧視應該列入這個名單中，將年齡包含在我們的多樣化準則中，動員起來反對以年齡為依據的歧視。這是不能被接受的歧視，就如同不是依據我們本身特質，而是針對其他方面所產生的歧視。

如同婚姻平權已經普遍被接受，為何年齡平等不行？如果同志驕傲已經變成主流，數以百萬計的美國失能者對自己的身分感到驕傲，為何熟齡驕傲不行？這種想法聽似古怪的唯一原因，是因為這是你第一次聽到，但不會是最後一次。長壽已成常態，每個人都在變老。終結年齡歧視對大家都有好處。

我們已經有這麼多種歧視，特別是種族歧視，為何還要再加一種並呼籲人們採取行動？事情是這樣的：我們不必做選擇。如果我們使這個世界成為更適合變老的地方，它就會成為更善待不同出身者、失能者或酷兒，或非白人或非有錢人的地方。正如不同形式的壓迫會強化和加重彼此——這稱作**交叉性**（intersectionality），女性主義者和民權行動主義者克倫蕭（Kimberlé Crenshaw）所創造的用語——不同形式的行動也是如此，因為它們削弱一切偏見所依憑的恐懼與無知。年齡歧視是完美標的，因為每個人都會經歷。當我們**不分年齡**地投身於任何引起我們注意的事業——拯救鯨魚、參加講習、提倡民主——我們不僅使這個努力更有效能，也在過程中拆除年齡歧視。

本書是要喚醒我們正視自己心中和周遭的年齡歧視，對於變老抱持更細微精確的觀點，打起精神反擊年齡歧視。什麼樣的老化觀念使我們不知不覺被內化？這些觀念從何而生，發揮於什麼用途？它們如何展現在我們的生活中，從辦公室到臥室，在肌力和記憶力中，一旦我們察覺這些破壞力如何產生作用，自己會有什麼改變？一個對高齡友善——亦即對所有年齡友善——的世界可能會有什麼樣貌？我們個人和集體能做些什麼激發必要的意識變化，催生出一個造成徹底改變的年齡運動？且讓我們一起找尋答案。

CHAPTER

1

年齡歧視的由來與影響
The Problem with Ageism

老年病醫師巴特勒於一九六九年創造「年齡歧視」（ageism）這個用語——在「性別歧視」（sexism）首次出現不久後，他對年齡歧視的定義結合了對熟齡者、年老、老化本身的偏頗態度；不利於熟齡者的差別待遇；以及使相關刻板印象長久存在的制度性常規和政策。年齡歧視一詞迅速被媒體採用並收錄到《牛津英語字典》中。將近半個世紀後，年齡歧視被赤裸裸地植入公眾意識中，更別提引發了強烈抗議。

關於老化的負面訊息在每個美國人一生中投下陰影，阻礙我們的前途、經濟、公民生活。這是一種壓迫：為此我們被控制或受到不公正對待。然而，大多數美國人尚未從社會和政治的脈絡關切老化問題。我問人們是否知道什麼是年齡歧視，大多數人想了一會兒，將這個英文單字與其他-ism結尾的字做比較，明白了它必然的意思。這概念聽起來真確，他們點頭贊同。但對大多數人來說，它仍是個新概念。除非喊出社會壓迫，否則我們不會視之為壓迫。年齡歧視的長久存在並不需要有意識的偏見或刻意的歧視。老年生活「就是這麼回事」，往後大概也是這樣。

情況並非向來如此

在大多數史前和農業社會，極少數活到老年的人被尊為導師和文化守護者。宗教賦予熟齡者權力，歷史是代代相傳、活生生的事物。這種口述傳統在印刷機的發明下遭受重大打擊，書籍成為替代的知識寶庫。但只要耄齡依舊相對稀罕，熟齡者就能保有寶貴技能和資訊持有者的社會地位。年輕的美國曾經是熟齡人士掌權的老人政治國度，年輕公民得變老之後才能坐上當權的位置。

到了十九與二十世紀情況逆轉。現代化帶來的巨大改變，削弱了社會中老年人口的能見度，縮減他們的機會和侵蝕他們的權威。快速的社會變遷致使學習過往歷史似乎比較無關緊要。老化從一種自然的過程，變成需要透過諸如社會福利和養老村等計畫來「解決」的社會問題。安養院——「強迫地結合救濟院和醫院」，按老年病醫師比爾．湯瑪斯（Bill Thomas）令人印象深刻的說法——應運而生，創造出一門不斷成長的產業。歷史學家柯爾（Thomas R. Cole）與費舍爾（David Hackett Fischer）記錄下在十九世紀初期的老化概念，如何從人類必經的過程，有其不可避免的限制，逐漸轉變成老年是一種生物醫學問題，可能有科學上的解決之道。如此一來喪失了人生每個階段都有其價值和意義的生命里程感。

戰後的安逸與繁榮、消費文化爆發，加上對於新近被稱作「青春期」（adolescence）之生命階段的研究，促使青年文化成為顯著的二十世紀現象。隨著這種「青春崇拜」的與日俱增，「恐老」的觀念——害怕變老和厭惡，甚或憎恨老年人——開始流行。我們這些成長於一九六〇和七〇年代的人，被警告不要信任超過三十歲的人，或許是面對世代分歧要選邊站的最早的明白告誡。過三十歲後的數十年似乎愈來愈不令人羨慕。「當我到了六十四歲，你還會需要我？你還會餵我嗎？」披頭四樂團低聲哼唱。

變老成為可恥的事

熟齡美國人的地位不僅根植於歷史與經濟環境，還有人類對於老年固有脆弱的深層恐懼：喪失移動力、視力、自主能力。並非所有這些轉變都會降臨在我們所有人身上，只有兩個不受歡迎的轉變是不可避免的：我們全都會失去我們認識了一輩子的人，以及我們有部分身體機能會變差。這些是自然的轉變，但我們活在尚未發展出語言和工具能協助我們處理這些轉變的文化中。部分因為這些轉變使我們感覺脆弱，部分因為長壽是如此新的現象，還有部分因為內化與存在於整體文化中的年齡歧視。因此，這些轉變太常含帶羞愧和喪失自尊的特性。

這些被內化的恐懼和焦慮，為眾多不健康的行為鋪路，包括否認、補償過度，以及更糟的：將污名與歧視合理化的實際蔑視。自我憎恨和被動性是遭到邊緣化人口的兩大特徵——我女兒巧妙地稱之為「噁心／同情並存因子」，說明了變老在許多人心中引發的預期心理。

我有一位朋友從輪椅使用者手中買下房子，他說：「哇，有寬闊的門口和以這種方式裝設的馬桶真棒，每個人都應該擁有。」那是以通用設計為前提——為熟齡者和失能者設計的產品也非常便利每一個人。高齡友善的產品改善了建成環境，使之更便於進出，但污名使它們退出市場。房地產經紀人建議在讓房屋上市銷售之前，要先拆除斜坡和握把，彷彿沒有買家會將進出的便利性視為額外的好處，或者將變老後所需的便利性當作必要的需求。唉，由於內化的年齡歧視，他們說得有道理。

污名甚至打敗基本要點。目前的「銀髮族市場」正在快速成長，尤其是主打「協助老年人獨立的科技產品」，然而廣告商卻仍繼續砸大錢鎖定十八至三十五歲的人。儘管熟齡者具備強大的購買力，但零售商對於為熟齡者進貨感到不安，因而公司對此項投資心存疑慮。除非他們在販售健康輔助器材，否則不想讓品牌與「不再年輕的人」扯上關係。同樣明顯的是，熟齡消費者本身便拒抗購買可能洩露自己視力或平衡感不佳的產品。

我們反倒為了許多不是為我們量身打造的環境，以及我們無法控制的事物自責。困難將我們變成「麻煩人物」。當物品的標籤難以閱讀，設施缺乏扶手，或容器瓶罐不好開，我們會責怪自己手腳不夠靈活敏捷，或者沒有做好更周全的準備。當我們看見一位熟齡者拚命想從低矮的椅子起身，我們會認為她的腿部肌肉無力或者缺乏平衡感，而不是考慮座椅太深或太低或設計不當。如果我們看見一位青少年坐在幼稚園孩童的椅子上，我們不會哀嘆他的雙腿長得如此巨大。幼童的椅子不是為青少年設計，正同如扶手椅不是為九十歲老人而設計。

問題不在於能力，但在年齡歧視的世界，這個事實難以被看見。相較於降低便利性和獨立性的潛在政策或偏見，這些障礙問題相對輕微。我們責怪自己的老化，而不責怪使這些轉變成為可恥之事，並使這些障礙變得可接受的年齡歧視。歧視——而非老化——才是阻止我們完全參與周遭世界的障礙。

年齡歧視使我們害怕未來

歧視一個我們渴望加入的群體是沒道理的事。抱怨熟齡者吸光「應得的權利」也同樣沒有道理，這是他們**掙來**的權利，總有一天這種需求和敵意也會降臨到我們身上。如同陶德．尼爾森（Todd Nelson）和其他許多老年學學者所言，年齡歧視是對未來的自己的偏見，而且是唯一關於一種普遍狀態的歧視，以及據此所做的可疑區分。它根植於否認人會變老的事實，特徵是非理性地堅決認為熟齡者是**別人**，不是**我們**，甚至不是未來的我們，還有我們不遺餘力想讓自己遠離那種未來的狀態。「我母親九十歲了，可是她並不**老**。」不久之前有人如此堅決對我說，彷彿這句話具有感染力。我們誇大了差異和忽略我們的共通處，就像那些蔑視養老院「滿是坐輪椅的老人」的熟齡者，惟恐自己被牽連而遭受玷污。

在童年時期，如果成年人不尊重我們，我們會被激怒——那也是一種年齡歧視，但我們無法想像有一天我們說話會顫抖、皮膚起皺紋、步態變蹣跚。隨著時間的推進，要維持年輕的假象愈來愈困難，而且苛刻的心理束縛會縮緊其控制。除非我們與這種轉變達成和解，否則我們會討厭自己變成的模樣。歷史學家費舍爾一針見血地指出這種有害的分歧，「對於接受者最具破壞力，因為它最終總是向內直搗占據的心靈。」[1] 那正是偏見的本質：

一慣的無知，通常還帶著敵意。一開始是對別人的厭惡，就年齡的情況而言（不同於種族或性別），最後會厭惡自己。

這種自我憎惡呈現多種形式，顯現在處處想方設法想要「被認為」比較年輕，就像有色人種想被認為是白人，而同性戀者想被認為是異性戀者那樣。這是意欲保護自己免於受歧視和內化憎惡的行為，潛藏在如下的輕蔑言論中，「我知道房間裡的其他人不是這樣，但我時間寶貴。」和「你犯不著說『當年』我畢業的時候。」這兩句話全都是我親耳從老年政策前線工作人員口中聽到的原話。你會以為他們多少應該更有自覺，但許多人卻陷入對老化感受遲鈍的模式中。他們身負著照顧最虛弱、最貧窮者的重責大任——那是他們何以獲得資金和升遷——卻未能調和對年老的看法和等著發生在自己身上的未來。然而在光譜的另一端，有許多專家努力提倡成功的老化模範，認為健康的行為和樂觀進取的策略能抑制老化。那依舊是否認，一種高檔版本的否認，傾向於忽略社經階級和潛在的不利條件，在形塑我們「成功老化」的程度上扮演極重要的角色。

我們如此專注在感覺年輕，以致無視於自己和周遭的年齡歧視，不會學會保護自己免於年齡歧視。老年人往往像年輕人一樣強烈認同年輕人。其他遭受歧視的群體，例如同性戀者或自閉症患者，從歸屬於社會學家所稱的外團體，發展出可以強化群體認同甚至自豪的緩衝器。老年人顯然是唯一一個對於老年抱持著與內團體（即年輕人）相同輕蔑態度的外團體。[2]不想歸屬於任何會想要你的群體？倘若那不是人人都終將加入的社團，事情會比較有趣和不那麼諷刺。

年齡歧視使虐待正當化，並實際減短壽命

為何刻板印象如此暗中為害？因為當刻板印象加諸別人身上時，我們不需要捍衛自己加以對抗。因而它們往往在不知不覺的情況下，輕易被納入我們的思維中。成見阻礙了同理心，使我們與別人的經驗隔絕，即使這些「別人」就是未來的我們，年齡歧視便是如此。「年齡歧視讓比較年輕的世代認為老年人有異於他們，因此微妙地停止認同他們的長輩同為人類。」巴特勒在贏得普立茲獎的《為何倖存？身為美國老年人》（*Why Survive? Being Old in America*）中寫道。[3]當我們認為別人不同於我們——不同膚色、不同國籍、不同宗教，他們的福利似乎就不算是人權了。這正是為什麼六件老人受虐案例中，有五件未被通報。[4]

老年人遭受虐待有多種形式：被忽視或遺棄；身體虐待（包括不當用藥或幽禁）；精神虐待，例如恫嚇或羞辱；性虐待；保健詐騙以及金錢剝削。由於年齡歧視，老年人受虐

比起其他形式的家庭暴力，比較不為急診室人員和執法官員所熟悉，而大眾也比較沒有辨識能力。「如果沒人知道我正遭受虐待，或者我從未聽說過老年人受虐的事，而以為我是唯一的受害者，我會感到尷尬和羞愧，所以只好閉嘴。」紐約州奧內達加郡老人受虐計畫前主任柯瑞薩尼提（Mary Anne Corasaniti）解釋。這正是有人將剝削老年人的行為合理化的原因，利用令人厭惡的藉口，說他們已經老得不會注意到任何事。

光是高高在上的態度實際上就會縮減壽命。專業人士所稱的「哄老口吻」（elderspeak）——對年長者說話時使用的輕視用詞例如「甜心」和「親愛的」*——比怨恨更糟糕。這些用語強化了無能力的刻板印象，導致健康變差，包括壽命減損。對老化抱持正向看法的人確實比較長壽，平均起來多達驚人的七年半，部分原因是他們有好好照顧自己的動機。[5] 失智症會造成免疫力缺乏。患有嚴重阿茲海默症的安養之家居民對於被當作小孩子對待的語言有攻擊性反應。給予過度的通融也會造成傷害，例如使用比較簡單的詞句，或者提高音量或放慢語速，而未事先弄清楚這人實際上是否頭腦混亂或重聽。這種貶損人的行為，讓接受者似乎「就地變老」，說話、行動、思考能力剎時弱化。[6]

* 英美語系社會稱呼高齡長者時常使用 sweeties 或 dearies 等亦用於孩童的字眼。

內化的刻板印象也干擾了人們安頓自己生活的價值觀。以紐約的治療師貝杰宏（Bob Bergeron）的悲哀故事為例，他在四十七歲時自殺，讓他的朋友大為詫異。被描述成「總是興高采烈」的貝杰宏擁有朋友、家人、財務安全感，並且無抑鬱病史。他是極為俊美的年輕男子，當時正在寫一本名為《四十歲的正確面：男同志中年後完全快樂指南》（*The Right Side of Forty: The Complete Guide to Happiness for Gay Men at Midlife and Beyond*）的書。貝杰宏的自殺筆記中，在指向他原稿書名頁的箭頭旁，他寫道：「那是奠基在錯誤資訊上的謊言。」他是一個為寫作生涯奮鬥的新手，在新年前夕隻身一人，這不是一個好的組合。隸屬於盲目崇拜青春之美和傳統性能力的次文化，這時也幫不上他的忙。不過貝杰宏更大的悲劇因素是居住在一個如此缺乏非主流論述的世界，而使他感到擔心害怕。這便是何以我們需要更豐富、更複雜的故事，藉以擺脫衰老的包袱，並顯示四十歲或任何年紀，都不存在「正確」或「錯誤」的一面。

另一項研究中，將受試者暴露於對高齡的負面或正面刻板印象，而後詢問是否願意接受假設情境下的延壽醫療處置。一如預期，被灌輸負面訊息的受試者更有可能退出。[7] 我們從協助自殺相關的文化爭議中看出這些價值觀，當被討論的對象是極高齡或嚴重失能者時，義憤的程度會陡然下降。認為熟齡者或失能者的性命不具價值，也不值得讓協助自殺者付出代價的文化氛圍，必須被列入討論。

小說中讓熟齡者安樂死的歷史，至少可追溯到維多利亞時期的小說家特洛勒普（Anthony Trollope）。他出版於一八八二年的小說《規定期限》（*The Fixed Period*）提議在人們活到六十八歲時強制執行安樂死，表面的理由是減少受苦。在諷刺作家巴克利（Christopher Buckley）的小說《繁榮日》（*Boomsday*）中，描述千禧世代的崛起。該運動的先知領導者力勸民眾停止繳納補助退休的稅金，並創造讓嬰兒潮世代自殺的財務刺激。二〇一三年六月由紐約大學主辦、名為「愛與放手讓生命結束：一整天思考激增的長壽、生活品質和即將到來的世代破產」的研討會，假定「我們的社會很可能即將面臨一種情況，當中我們必須選擇活在八十五歲老人通常獲准動五次髖關節手術的世界，或者活在我們仍然擔負得起例如小學教育費用的世界。」

倘若我的頭四次髖關節手術都搞砸了，我寧可再試第五次，非常感謝你。小學教育的資金和關節置換手術的資金並非出自同一桶金（將全民健保與像樣的公共教育相提並論是沒有意義的事）。問題不在於資源，而是如何分配。在資本主義體制中，年齡光譜兩端的人口最不可能具備經濟產能，因此最可能遭受歧視。儘管美國國會發表關於「家庭價值」的花言巧語，但兒童計畫卻資金短缺，因為兒童沒有投票權，因為其父母擁有政治影響力的兒童比較不需要這些計畫。如同其他的歧視，年齡歧視讓被剝奪公民權的人互相對抗，以便維持統治階級的權力。

「兒童vs.老人」是老年學家已揭穿過無數次的錯誤二分法，但依舊成為報紙的大標題。事實上，老年人正在凋零中，而且贊同他們的發言少之又少。如果我們繼續放任年齡歧視，老年人完全消失的反烏托邦未來，似乎開始成為可以想像的事。有鑑於長壽所代表的種種非凡成就，那會是一個諷刺與悲慘的結果。

長壽是人類進步的基本指標

變老不是新鮮事。新鮮的是現在常態上我們有多少人能達到。人類壽命的第一次躍進發生在大約三萬年前的舊石器時代，當時人類開始活過三十歲。那是現代人類開始興盛、開始製作藝術、使用符號，欣欣向榮的時候，儘管最後一次冰河時期氣候酷寒。為何如此？因為三十歲的年紀大到足以當祖父母，傳遞演化上的有利條件。熟齡者是知識的寶庫，熟知如何避開危險和貯存食物，知道誰與誰有親緣關係，傳授這些複雜的技巧。

下一個巨大改變始於工業革命的重大科學技術進步下，發生在大約一百五十年前。隨著更多兒童能存活到成年，婦女開始生育較少子女（多少有些違反直覺，人口老化的主要決定因素是出生率下降，而非壽命變長）。老年人的比例增加，在已開發世界，平均壽命此後已變成兩倍。到了二十世紀，光是在美國，美國人的平均壽命增加了驚人的三十年。這主要反映出更多美國人順利長大成人的事實，但我們也活得更久，比起我們祖父母的時代，多增加了十年。事實上，主要多虧了乾淨的飲水和抗生素，我們重新分配了從年輕到年老的死亡因素。

「坦白說，看見老化的人口而不覺得欣喜是件荒唐的事。」《衛報》（*The Guardian*）專欄作家柔伊．威廉斯（Zoe Williams）寫到有關美國時說道。人口普查局二〇〇八年的報告顯示世界人口前所未見的老化。「為何我們會生出公共衛生、合作、分享知識的概念，若非為了延長壽命，哪來這些概念？」[8]在為紐約新聞工作者舉辦的二〇一二年老年潮（Age Boom）研討會上，一連串傑出的演說者將長壽革命稱作「我們這個時代最重要的全球現象，比起原子彈、避孕藥或網路更重要」，作為「幾乎解決我們全部問題的一個非凡機會」，還有「可能是人類歷史上最大的成就。」哥倫比亞大學梅爾曼公共衛生學院（Mailman School of Public Health）院長琳達．弗萊德（Linda Fried）將之描述為「人類歷史的一個新階段」，說是「實際上唯一在增加中的天然資源：數以百萬計更健康、受過良好教育的成年人所構成身體支援將按比例增加，是普遍存在且合理的憂慮。現今事物變化如此快速，我們正在開拓出全新的生物和社會領域，新的這群老年人的角色尚待發展。我們周遭的機構是在以往人類壽命較短時被創造的，舉例來說，教育是為年輕人、就業為中年人、休閒是為老年人而設的概念，現在顯然已經過時，但我們還有待從根本上修改這些結構，或發明新的結構。科學已經跳躍超越文化，可是我們還來不及趕上。人類重新架構觀念和行為的速度是出了名的緩慢。

社會學家稱這種落後為「結構落差」，發生於社會系統要素以不同的速率改變而不同步時。難怪我們對於老年的許多態度是非理性或完全的矛盾。超過五十歲的美國人控制了全國大約百分之七十的可支配收入，然而我們卻被行銷者忽視。年齡如何能如同新聞標題所堅稱的成為一種負擔，同時又是無數肯定言論所宣稱的一種贈禮呢？

全球化正在激化老年人的貶值

在全球經濟中運作，意味著激烈地競爭任何類型的經濟優勢。成功與失敗取決於狹窄且快速移動的利潤限度。隨著財富與權力的追求已經變得全球化，居住在這個星球的人正急速變老。這些是相互牴觸的趨勢。

根據「銀色海嘯」的論述，老化的人口使之無法在全球經濟中競爭。另一方面，年輕的勞動力吸引全球的企業和投資者。商業記者泰德·菲斯曼（Ted C. Fishman）創造「全球的年齡套利」（global age arbitrage）來稱呼這種現象[12]，他的《銀色衝擊》（*The Shock of Gray*）一書預告了人類壽命激增所造成的全球影響。（套利意指便宜地買進資產，並迅速在別處販售而獲利）。

全球對於「有利可圖的青春」的競逐，正驅使著關於壽命激增的政治與制度上的矛盾，極年輕和極年老者的利益——最容易剝削的勞動力，因為最不具價值——是相連結的。在寫到政府如何定義貧窮時，新聞學教授湯瑪斯·艾德沙爾（Thomas B. Edsall）表示，「生命之開始與終止變得愈來愈容易受市場決策、成本效益分析、底線考量的影響，這在以往從未如此顯著明確。」[13]在此經濟的結構方式下，熟齡者被視為經濟上的阻力，而此結構尚未被修改，是為了便於利用我們老年人所代表的未開發的龐大新資源。

其語言是冷血的、軌跡是明顯的，而且罪魁禍首再清楚不過。如同菲斯曼所言：「維持老化人口的健康和使之脫離貧窮的高成本，已經造成美國和其他富裕的民主國家失去經濟和政治上的立足點。」[14]換言之，根據這個思想學派的看法，西方帝國主義的式微不是因為威脅全球銀行體系的毒債累積，或全球氣候變遷的影響，或實質薪資的停滯不前，或青年高失業率，或崩潰中的公共基礎建設，或被自動化和資訊經濟拋下的勞動力，或者因為中產階級的困境以及財富集中在愈來愈少數的人手中。問題在於老年人太多了！

這真是一派胡言。在《想像的定時炸彈》（*The Imaginary Time Bomb*）中，英國經濟學家菲爾．穆蘭（Phil Mullan）揭露諸如菲斯曼等人反動的分析，並提出有說服力的論據，說明現代世界對於老化與日俱增的關注，與人口根本沒有關聯。相反的，人口被用來合理化進一步縮減政府在經濟上扮演的角色，以及對於福利國家的遏制。「以人口問題呈現的事物，如果把它當作偽裝成人口統計形式的道德或意識形態問題，往往更能清楚加以理解。」社會學家法蘭克．富里迪（Frank Furedi）在序言中如此寫道。[15]這種為了緊縮經濟的藉口「存在於認為聯邦政府在老人和窮人身上花錢，因此造成美國經濟問題的社會建構概念中。」穆蘭寫道。[16]將困擾美國經濟的問題怪罪於人口老化——菲斯曼、朗曼和許多危言聳聽的人口統計學家的作法——混淆了這些問題在全球資本主義制度中的根本起因。

以下是常被用來發展反老年論述的一些迷思：

• 迷思一　社會將被老年人淹沒！

仔細想想這個再三被提出來的統計數字：二〇一五年時超過六十五歲的人，數量多過十四歲以下的人。沒錯，船上有更多的老人，但也有許多小孩。我們會因為老年人過多而溺斃，或者因為幼年人不足而餓死？看待這件事的另一個方式是到了二〇二〇年，老人與孩童的人數比例將是一比一，對於兒童福利而言，這遠優於出生率和嬰兒死亡率皆高的相反情況。

要記得這些使人們如此激動的投射，多半都是特定歷史現象的結果：變老的戰後世代造成的影響——蟒蛇身上的凸起部位。相對少的美國人口曲線顯然延伸到世紀中期之後，屆時超過六十五歲的人口比例將會下降。朗曼指出，即使正在快速老化的國家也會產生「幼齡人口凸起」，描述它們為隱約逼近的災難，「產生伴隨而來的社會後果，從更多的暴力到經濟混亂。」[17] 我們太忙著輸就不可能贏。

• 迷思二　較老的人口會使其他人陷入照顧病人和殘弱者的僵局

壽命激增的確需要在老年生物學和相關醫療問題方面的投資。新式且往往昂貴的醫療方式，讓我們有可能預防或治療比五十年前更多的疾病。照顧者危機真實存在並且變得愈來愈嚴重。但認為老年人是不可避免的健康費用錢坑是不正確的假定。只有在死亡之前才是醫療支出最高的時期，但無論我們在十八歲或八十歲死亡，情況都是如此，而且證據顯示生病時間的長短對費用的影響超過年齡的大小。[18]戰後世代是史上最健康的世代。一項針對二十二個富裕國家（包括美國在內）所做的研究，確實發現人口老化與健康支出負相關。[19]使用最多資源的人反倒是那些罹患使人衰弱的疾病或損傷的人，不分年紀。根據世界衛生組織的說法，老化對於保健支出的影響遠低於其他幾項因素。舉例來說，一九四〇至一九九〇年間美國人口老化的最快，老化似乎僅造成健康支出增加約百分之二。科技相關改變則使得健康支出成長百分之三十八至六十五。[20]

如今人們不僅更長壽，而且活得更健康，生命中失能的時間少於數十年之前的老年人。根據美國衛生暨公共服務部（U.S. Department of Health and Human Services）的說法，美國用於療養與安養院的保健支出自二〇〇〇年起已經下降，而自二〇〇六年起持平。[21]歷時十年的〈美國麥克阿瑟基金會老化研究〉（MacArthur Foundation Study of Aging）得出結論：一旦人們到了六十五歲，他們的餘年不會對醫療成本造成重大影響，不過當阿茲海默症患者的人數增加，情況可能改變。[22]超過八十歲的人在生命末期的照料成本確實低於六、七十歲的人，或許因為主動的介入變得不常見。即使身上的慢性疾病愈積愈多，這並不會使大

多數美國老年人無法在生活中正常運作、幫助鄰居、享受人生。

● 迷思三　老年人拖累經濟

事實絕非如此。五十歲以上的人推動了重要、快速成長且往往被忽略的「長壽經濟」。根據美國退休人士協會（American Association of Retired Persons, AARP）的說法，五旬年紀人口在二〇一五年的消費金額總計達到五萬六千億美元。將這個直接花費列入經濟循環中考慮時，對國內生產總值的貢獻達成七萬六千億美元。整體而言，這筆花費在二〇一五年提供了八千九百四十萬個工作機會，占全美工作機會的百分之六十一。[23]截至二〇三二年，超過五十歲的老年群體預計將推動一半以上的美國經濟活動，因為他們的開銷為包括服裝、保健、教育、休閒娛樂在內的產業提供動力。[24]這是一股全球性的趨勢。如同麻省理工學院老年實驗室（AgeLab）主任喬瑟夫．庫格林（Joseph Coughlin）在《長壽經濟》（*The Longevity Economy*）中所述，「全世界最先進的經濟很快的將以祖父母的需求、欲望、一時興起的念頭為中心，這麼說並不誇張。」[25]美國也擁有比以往更多的年長員工。藉由更長的就業時間、產生稅收、持續賺錢與消費，現在的老年人比過去的世代更長時間地推動經濟成長。當他們老到退出工作崗位時，會需要更多諸如居家修繕、開車、縮減開支等方面的協助，這全都能創造工作機會。老年人也會帶動許多新產品和服務的投資，尤其是技術創新的產品和服務。儘管「創業家」一詞可能讓人想起車庫裡的小伙子形象，但許多成功的美國創業家年過五十，其數量是二十出頭的年輕創業家的兩倍。[26]勞動力統計數字只掌握住年長美國人的一部分經濟貢獻，他們在二〇一五年無酬的志工工作，據估計價值七百五十億美元。如同退出勞動力市場的嬰兒潮世代，這個數字將會上升。[27]

•迷思四　一個世代受益讓另一個世代付出代價

首先，認為個別的「世代」共享與代表某套經驗和特性的看法，雖然常見且直覺上吸引人，但其實並無科學根據。某特定群體，例如一九八〇至二〇〇〇年出生的人，其成員的**內部**差異，大於世代之間的差異（特定種族或族群的情況也是如此）。宣稱要證明世代差異的大多數研究都顯示出相反的結果，就像那帶有年齡歧視的說法，認為職場裡的千禧世代被寵壞且心懷不滿。但X世代和嬰兒潮世代的人在相同年紀時其實也被那樣看待。當我們年紀漸長，我們往往會進到比較適合自己的工作。那是年齡效應，而非世代效應。[28]

世代之間的緊張關係確實值得研究，但多半用來轉移注意力，以及作為老化如何已被重構成一種問題的表徵。美國的戰後世代有幸在和平繁榮的時代蓬勃發展。我們可以理解較年輕的人怨恨這種好運，並感覺彷彿嬰兒潮世代的人隨後拉起了吊橋。然而挑撥群體彼此對抗——老年人對抗年輕人，或者在這個情況下反過來，是一種古老的策略，富裕和有權力的人用來分化可能團結起來對抗他們，為大家追求更公平的世界的人。這就像讓低薪的工人團體彼此對抗，或者挑撥全職家庭主婦和職業婦女。根本的問題是讓大家都能夠維持生活的薪資，而要矯正問題需要集體合作。當問題轉而被建構成零和關係——「他們」多得意味著「我們」少得——就比較難看出公眾利益遭受危害，而且這個問題影響到每個人。

由於衝突能賣錢，媒體於是想讓世代間的競爭不可避免的迷思長久存在。建立障礙要比建立溝通的橋梁容易。但這麼做大大減損好處，最起碼是種短視的思維，就像熟齡者抱怨學校稅。難道他們不希望替他們運送氧氣筒的小伙子能讀懂操作指示？擁有受過教育的勞動力對每個人來說都更好：對個人、家庭、社區、乃至社會整體都是。

激起世代的對抗也遮掩住收入不平等，並非以年齡為區隔的關鍵事實。百分之一最富有的人由各種年齡的人組成，就像其他百分之九十九的人。如同頂尖的經濟學家許多年來一直主張的，不同年齡群體內（而非之間）的財富不均等，構成一般美國人縮小期望的基礎。世代之間的不安大多集中在「老年依賴人口比例」（old-age dependency ratio）這個使人誤解的術語上，這個術語比較六十五歲以上與十五至六十四歲的人口數目，即典型的「依賴者」與「工作適齡人口」。隨著超過六十五歲人口的增多和勞動人口的減縮，得到的推論是：在數量上不及的年輕人口——往往指X世代、千禧世代、Z世代——將負起重擔。事實上，過去一百年來，年長工作者的比例一直相當平穩地下降。如同穆蘭對英國所做的觀察：「『供養』每位領養老金者所需的工作人口，已從一九〇〇年的十四比一，減少到一九九〇年的四比一，而且幾乎沒有人注意到。」[29]

近年來已有許多學者批評以這個依賴比例作為一種量測方法太粗糙，以及公然反老年的意識形態。[30]它是奠基於人們一旦進入六十五歲，便成為經濟負擔的假設上，然而真實的情況更複雜微妙。退休的美國老人大量利用自己的資源，許多人從未完全依賴政府援助。不少人早在六十五歲之前便需要救濟金，也有愈來愈多的人在六十五歲後持續就業。

幸而世界銀行已經發展出遲來已久的替代公式，稱作「成年依賴人口比例」（adult dependency ratio），將這些趨勢納入考慮。此比例並非老年與年輕工作者的比例，而是「不在生產狀態的成年人」與「保有經濟生產力的成年人」的比例。這個比例直到最終下降之前，或多或少是固定不變的，並且描繪出更加令人放心的經濟預測。[31]經濟依賴鮮少是單向的。更多的資源總是一直從年長的世代流向相對年輕的世代，而非反過來。熟齡者提供給我們的照顧，和他們得到的一樣多或者更多，而且七十五歲以上的人比年輕人花費更多時間照顧特定的人，通常是丈夫。[32]二〇一二年，皮尤研究中心（Pew Research Center）提出報告，表示每十個美國兒童中，就有一個與祖父或祖母同住，最常見是在祖父母家中接受照顧。[33]許多嘉惠老年人的計畫，同樣使年輕人受益，例如社會福利和醫療保險給付，讓子女忙著撫養自己孩子的老年人能自足。在薪資停滯不前和學費漲價的年代，有愈來愈多熟齡者幫助孫兒支付大學學費。

家庭畢竟是由多重世代所組成。當住房和工作市場的根本問題得不到解決時，每個人都要受苦：千禧世代中無業的「回力鏢世代」與父母同住，他們的「三明治」父母擔負賺錢養家、照顧老小的大部分責任，而在更加長壽的世界，甚至有「總匯三明治」世代的成年人，他們必須照顧孫子女，幫助子女，往往還得照顧自己九十多歲的親人。儘管這種協助是無酬的，但具有經濟價值，並且讓其他人得以從事有酬的工作。正因如此，麥克阿瑟基金會的報告〈關於老化中的美國的事實與虛構之事〉斷定沒有證據顯示「在老年的應得權利上存在著重大的世代衝突。事實上，情況似乎正好相反。」[34]

另一個錯誤的二分法是熟齡者奪走年輕人的工作。當工作稀缺時，在最嚴格的意義上這是真的，但不同世代的人很少競爭相同的工作。二〇一二年皮尤研究中心另一項針對近四十年就業率所做的研究發現，年輕人和熟齡者的就業率實際上是正相關。[35]換言之，當更多的熟齡者在職，年輕人的就業率和工作時數亦隨之增加。二〇一五年英國的某研究也發現熟齡者的就業率愈高，年輕人愈受益，因為前者有更多錢可以消費，因而創造更多工作機會。[36]挑戰在於創造足夠的工作，避免產生影響到世代間關係的怨恨和妒忌，並創造出一個世界，按歷史學家費舍爾的話來說，「承認且尊重老年人和年輕人之間深刻永久的差異，而不會形成一種社會不平等制度。」[37]

• 迷思五　社會福利破產！醫療保險消耗殆盡！

大量超過六十五歲的人口將使聯邦計畫吃緊，而且如今資金短缺的政府，將來確實面臨重大的財務債務。目前在低成本下管理良好的社會福利，只要進行相對小的調整便能保持不變，例如提高課征所得稅的切割點。（因為高端收入增加的速度快於平均值，美國目前僅約百分之八十三點五的所得被課稅，低於一九八三年的百分之九十。）[38]美國健康保險制度的混亂也不該歸咎於壽命的激增。其失敗之處在於制度規劃的方式。設計作為急性照顧計畫的醫療保險需要徹底檢修，以履行對失能和慢性疾病患者，亦即美國老年人的照顧管理。

比較美國與加拿大，後者的國民享受免費的全民健保。二〇一二年，加拿大健康資訊學會（Canadian Institute for Health Information, CIHI）檢視三十五年來的健保成本，將焦點放在老年人口造成的影響。該學會報告指出，與老年人有關的照顧實際上每年增加公部門健保支出**不及百分之一**，不同於傳統上認為的，老化人口將使醫院人滿為患並榨乾健保預算，儘管老年人是較高比例使用醫院與醫師服務、居家照護、處方藥的使用者。[39] 換句話說，用於熟齡者開銷的成長速度，並未高於整體人口開銷的成長速度。終身有政府協助已降低加拿大人在老年時容易生病和失能的風險。

另一方面，美國人仍顯現出一個置窮人於不顧的制度——無論年老或年輕——所造成的終身影響。窮人是最需要健康保險的人，所以他們不能生病，更不能久病。請注意：是**一輩子**。由於貧窮、壓力、惡劣的工作環境，隨著時間而累積下來的影響顯現於疾病，卻往往被歸咎為老化，但事實上是反映出持續存在的不利條件。隨著疾病的增加，個人和財政的後果反映因整體社會不平等而增加的成本。

• 迷思六　我們負擔不起長壽的成本

如果願意，我們付得起。二〇一五年，由衰老組織領導會議（Leadership Council of Aging Organizations）所召集的頂尖專家小組一致同意，只要更有效率地運用現有資源，我們付擔得起美國老年人的健康和退休收入保險。[40]這在經濟與倫理上都是正確的措施。上個世紀以來，全世界的國內生產總值連同壽命，都已快速增加。[41]健康與長壽能產生財富。在老年人身上花錢往往被描述為一種成本。但這其實是一種投資，不只因為倫理因素，也不只因為每個人都會受益。更完善的健保制度不但會降低成本和使人們更健康，還能延長工作年限，對經濟做出更多貢獻。可永續的長照制度，能讓目前無酬從事大部分照護勞務的婦女留在職場，讓嚴重失能的人能繼續他們想要的生活方式，以及促進風險分擔和社區的凝聚力。支持老年人參與藝術和教育活動能增進認知能力、強化社交關係，並提升相關的每個人的生活品質。

老年人的確了占用數量不成比例的政府和福利開銷：更多的保健和個人社會服務，當然還有種種退休津貼。難道這真的是可憎或者令人訝異的事？這不正是制度設計的目的——為再也無法為自己做準備的人做好準備？如今約有五分之一至三分之二的美國老年人尚未存到足夠的錢退休養老。[42]如同作家蘇珊．雅各比（Susan Jacoby）在《別輕言放棄》（*Never Say Die*）中所言：「大多數情況下，個人無力為自己籌措像樣的老年生活。」[43]要為邁入八十和九十歲的老人提供一絲財務安全感，需要政府的大力資助。

政治意圖和長期規劃比高額的國內生產總值更重要。美國並非先天缺乏資源，其軍事費用幾乎是全球所有國家的總和。[44]這種「缺乏」是在最年老和最年輕的國民受到輕視和忽略的社會中，因政治決策造成的結果。

壽命長短是幸福最基本的衡量標準。當你活到九十歲時，最好嘗試變成富有的亞裔美國人。然而更明智的選擇是移居安圭拉、奧地利、澳大利亞或其他四十二個在二〇一七年全球壽命排行中高於美國的任何一個國家。[45]（摩納哥以八十九點四歲名列第一；美國的八十歲排名第四十三；查德最後一名，是讓人驚駭的五十點六歲。）

可恥的是歷史逆轉，最貧窮的美國人壽命正在下降。若干研究描述了一個以社經地位為命運的社會。二〇一六年，布魯金斯學會（Brookings Institution）的經濟學家發現，出生於一九二〇年、收入在前百分之十和後百分之十的男性，平均壽命相差六年。出生於一九五〇的男性，壽命差異超過兩倍，達到十四年。而女性的壽命差異從四點七增加到十三年。[46]在較高收入和教育程度的地位，壽命上升。因此，即便男性與女性以及黑人與白人之間的壽命差異縮小，但有錢人和窮人的壽命差異卻加大了。

卻阻止許多美國人活到晚年，更別提活到高壽。並非每個人都能好好地變老，原因出自他們的性情（抑鬱、魯莽、極端的自我關注），或者他們的狀態（貧窮、脆弱、被孤立、非裔美國人、美國原住民、女性），許多人沒有活到變老的時候。

然而，對於享有健保和教育的人來說，四代同存在人類歷史上將首度變成司空見慣。我們會有更多時間思考自己想要的人生，有更多時間實現這種人生並分享所知，以及和我們所愛的人一起放鬆玩樂。

若要利用這個「長壽紅利」，我們必須戒除反射性的焦慮、挑戰構成年齡歧視的假定，並從現實和想像的層面思考一個公平的未來所需的世代間契約，這是各個年齡層都能一起參與而獲益的事。剝奪老年人的貢獻能力，會對年輕的成年人造成真正的重擔——他們理應結婚生子、成家立業並在三十五歲左右開始為退休生活儲蓄，這是年齡歧視影響**每個人**的另一個實例。對彼此都有好處的替代方案是視年齡為一種資產。我們應該利用這群新夥伴的「經驗紅利」，承認老年人不僅僅是負擔，他們也對社會有所貢獻，而且他們身為人類的價值不是取決於傳統的經濟生產力。如同未來學會（Institute for the Future）執行董事瑪利娜．戈爾畢斯（Marina Gorbis）所言：「生產力是給機器用的。」

文化的改變掌握在我們手中。依據白種人或男性來分配資源，如今似乎是難以置信的事，但在不久之前仍未受質疑（在許多領域，情況依舊如此）。奴隸制度曾是美國經濟的基礎，直到廢奴運動使之成為危機。殘忍的種族隔離政策曾是南非黑人的現實，直到種族隔離運動起身對抗。在女權運動出現之前，婦女不曾質疑她們自己的次等地位。所有這些奮鬥還在進行中，過程並不輕鬆。美國女性花費一個世紀的時間才爭取到投票權，這場奮鬥因為主張婦女參政權的白人女性的種族歧視而遭到玷污，奴隸制度的醜陋遺毒繼續摧殘著非裔美國人的生活。要發展出承認和反映新興長壽意義的文化需要時間，但對話正在展開。讓我們翻轉局面，如同史丹佛長壽中心（Stanford Center on Longevity）主任蘿拉・卡斯坦申（Laura Carstensen）的建議，「從即將變老的人，成為活得長壽的人」。

CHAPTER

2

我們的年齡與我們自己：身分

Our Ages, Ourselves – Identity

在我展開寫作計畫時，「你覺得自己有多老？」看起來不像是個誘導性問題。年紀少報幾歲這種普遍的傾向，似乎頂多可視為樂觀，最壞也無傷大雅。我在五十五歲時**感覺**全心投入人生，處於智能的巔峰，不願把我的比基尼換成帶著小裙擺的連身泳裝，或者在其他方面做改變。換句話說，我感覺「年輕」。同樣的，感覺「年老」必定是種抱怨，意味著感覺不健康或沒有吸引力，或許有點憂鬱或遲鈍。

當時我尚未確定語言如何強化了感覺良好＝感覺「年輕」，而感覺不好＝感覺「年老」的概念。為何要使用引號？因為這些心境在本質上與我們的年齡大小並無關聯。我們弄斷腳踝會感覺衰弱；我們獲得晉升會充滿自信。失去所愛之人使我們沮喪；結交新朋友則讓我們感到活力充沛。這些感覺就像這些事件，會出現在生命中的任何時刻。我們對於青春的執念，使我們看不見這個事實。

「年輕」和「年老」是帶有特定含意的有用詞語。年輕意味著「活了一段短時間」，年老則是「活了很長時間」或「不再年輕」（不過我偏好「年老」的第二個意思）。這些用語不代表迷人／醜陋，或時髦／脫節，或愚蠢／明智，它們並非二元對立。如果我們沉溺於否認年齡，便不會注意到這類問題的謬誤。問題不在於我們覺得自己有多老，而是我們對「老」或者說不再年輕，有什麼感覺。

老年如此被污名化，致使我們不餘遺力要與之劃清界限。醫療社會學家安・卡普芙（Anne Karpf）的絕佳入門書《艾倫・狄波頓的人生學校：關於變老這件事》（*How to Age*），提到一名六十一歲的女士說當她走進房間，看到裡面全是滿頭銀髮的人，有那麼片刻，她真的忘記自己也和他們一樣。（我不是雷–第一階段！）卡普芙表示：「這就像人們說的，『我不覺得自己老』，彷彿年齡帶來某種特殊的感覺，不是如其本然，而是更老。」[1]我們不會在某天早上醒來，就突然被年老綁架。當歲月流逝，我們依舊是自己，只不過變老了些。當然我們不知道未來會如何，但不再青春似乎是可怕的事，所以緊握年輕不放好像是唯一的選項。隨著更多時間過去，這項策略愈是損害我們的自我感和在世界的定位。

年輕概念悄然浮現

在十九紀下半葉之前，柯恩（Patricia Cohen）在《我們的全盛時期：中年的發明》（*In Our Prime: The Invention of Middle Age*）中解釋：「年齡並非一個人的身分要素。」[2] 諸如結婚、生子、生病的里程碑，足以將人口分成以十年為界的群體，而且當時的壽命比現在短多了。一八六〇年由布蘭德利（Milton Bradley）創造的最初版〈人生遊戲〉（The Game of Life），玩家從「嬰兒期」開始攀登，可以到達對角標示為「五十歲——快樂老年」的角落。

到了一九〇〇年，隨著人類壽命的增加，更窄的分類範圍在統計上更有用處，人口普查開始要求明確的出生日期，而「你幾歲？」成為各個年齡層美國人的首要識別符號。不久之後可能就出現少報幾歲的普遍傾向，因為歲數的社會意義改變了。這種悄然的改變顯然部分奠基於社會變遷。以往的年輕人在二十歲出頭時便完成學業和結婚生子，現在的年輕人往往得花好幾十年才能通過這些里程碑。一九七八年，《韋氏字典》（***Webster's Dictionary***）定義中年為「介於四十和六十歲之間」。如今線上韋氏字典（Merriam-Webster Online）限定中年「大約是四十五到六十四歲的時期」。

一九六三年以一千七百名年長美國人為對象的一項研究中，只有少數的六十歲受訪者將自己歸類為老人，而占小比例的八十歲受訪者中，幾乎一半堅稱自己還年輕。[3] 皮尤研究中心在四十六年後所做的研究不僅證實「不管你多老，都能感覺年輕」，並顯示「人變得愈老，愈感覺年輕——相對而言。」[4]「三十九歲症候群」——拒絕承認你已經超過四十歲，順便一提是男性的偏好，而非女性的——在大約五十歲時達到高峰，但不會完全消失。喜劇演員傑克·班尼（Jack Benny）以慶祝三十九歲生日達四十一次聞名。

不只是數字而已

仿傚班尼是件多麼誘人的事，不管說謊、捏造或只是忽略那個討人厭的數字，只要能逃避就好。我成長於讚頌青春的六〇年代，難道我的世代不能要求一點額外的縱溺？大多數人肯定都能認同金融家柏納·柏魯克（Bernard Baruch），他活到九十五歲，並宣稱老年「永遠比我老十五歲」。大多數三十五歲的人的確難以想像八十歲的樣子，但連他們的父母親也假裝辦不到，使得這事更不容易。年齡確實「只是數字而已」，只要這個數字是反映我們環繞太陽多少圈。

退休的心理治療師比爾·克拉庫爾（Bill Krakauer）就像我訪談過的許多八旬老人，每次照鏡子時都流露出「一絲震驚」，說「我感覺自己像年輕人」。我明白這種感覺，但現在我知道這是近乎普遍的現象，所以比較不會感到不安。克拉庫爾展開演員新事業時，他告訴經紀人：「再過幾個月，我就八十歲了。」經紀人倒抽了口氣，發出噓聲說：「別跟任何人說，**無論對誰**都不能說。」她不想讓人以為他老得不適合扮演某個角色，而他不希望別人對他小心翼翼，所以兩人樂得同謀。

我母親用油漆塗掉她浴室的鏡子，這不是我會推薦的策略。作家暨電視評論員安迪·魯尼（Andy Rooney）採取比較拐彎抹角的辦法。看到自己在商店櫥窗上的映象時，他會納悶：「那個駝背的老頭是誰？」他於是不再看櫥窗。魯尼擔任《六十分鐘》節目的主要評論員長達三十年，在九十二歲時從電視主持工作退休，但並沒有停止寫作。否認是有用的，至少在非得面對之前。

如果隨機讓一群七十歲老人排成一列，我們會難以相信他們同一年出生。因為我們以非常不同的速率變老，造成某種拒絕認同實齡的感覺。這是許多八旬老人深信他們內心仍感覺只有五十歲、四十歲甚或三十歲的原因之一。另一個原因是內化的年齡歧視，這是否認實齡何以如此不妥的原因。這賦予歲數超過其應得的權力，促成關於年齡代表的意義，以及關於老年應有樣貌刻板印象的年齡歧視假定，並且使我們疏遠我們的同伴。

內化的刻板印象變成自我實現的預言

沒有人天生是年齡歧視者，但年齡歧視從年輕時開始。研究顯示兒童在童年初期開始發展出對老年的負面刻板印象，大約是開始對種族和性別形成歧視態度的相同時期。[5]從小我就知道自己決不可能成為那種令人費解地喜歡安坐勝過四處遊走的大人，還有我瘀傷的小腿和結痂的膝蓋將使我永遠被放逐於長襪和高跟鞋的世界之外。我顯然發育遲緩和不開竅，一直到五十幾歲才注意到變老這件事。我們緩慢地變老，這是我們沒有太注意其無情樣貌的原因之一。負面的刻板印象大量存在著，當我們年輕時，我們看不出有什麼理由對它們做批判性的檢視——這是件辛苦的工作，另一個抑制因素。

這些未經檢視的看法和意見變得固定下來，形成心理學家所稱的「過早的認知介入」——即使當它影響我們的利益和甚至實際行為時，我們也不可能重新加以思考。舉例來說，社會科學家要一群大學生解讀含有如健忘、佛羅里達、賓果遊戲等詞語的句子，藉以灌注負面的年齡刻板印象。之後的觀察，這些學生比起控制組**明顯更緩慢地**走向電梯。[6]腳步之所以變慢，純粹因為潛意識的劇本說要蹣跚走路。

現在我晚上跳完舞後，會洗個熱水澡並在雙膝放上冰敷袋。（看起來可笑，但十分舒服。）以前我一直以為這就是承認我年齡的代價。我忽視了我的背部感覺無恙，或者跳來跳去對我那些較年輕的舞伴也可能造成損傷的事實。換言之，同樣或更需要歸咎的是工作或環境——混凝土地板、長時間趴在書桌上、煮四十人份的飯菜。當我向當時二十六歲的高空特技演員凱斯・馮艾默勒（Keith VonEmmeler）提及此事，他皺起眉頭。「前晚我訓練了幾個小時後便痠痛起來，還對自己說：『要命，我這麼年輕，不該這樣痠痛。』但當我仔細思考，便明白那是因為我超過一星期沒有做伸展或鍛鍊了。」

除非我們直面這些損傷和微小的預期心理，否則它們會在幾十年間累積，使熟齡者本身成為最糟糕的年齡歧視者。我們預先排除某些活動或服裝或關係，因為它們可能不「適齡」，尤其是沾染上性色彩的任何事物，那是雙倍的禁忌。當與年齡有關的刻板印象隨著時間變得更切身，人們往往表現得彷彿這些刻板印象是正確的，而創造出自我實現的預言。[7]我們將每次的疼痛歸咎於年紀，將每次的記憶閃失歸咎於初期的失智，卻忽視了另一邊膝蓋不會痛，以及孩童也老是忘東忘西的事實。

耶魯大學心理學家暨老年學學者貝卡・利維（Becca Levy）稱這種行為為「刻板印象具體化理論」。在一連串的實驗中，她在螢幕上閃示一系列與老化有關的正面或負面詞語，時間短到受測者難以察覺。實驗證明，暴露於正面訊息的熟齡者比起暴露於負面訊息的熟

但我突然感覺自己像個旅行團裡脫隊迷路的團員。瞬間我走路開始變慢。一個簡單的問句，造成了我身體和心理上的改變。」

回家途中，她和一位同伴在牛仔俱樂部吃油煎響尾蛇，然後開著她們的敞篷車，停在塞多納（Sedona）著名的旋渦——據信能導引能量流動的岩石構造，並開始爬上一道礫質的沙岩斜坡。貝蒂穿著牛仔褲一路攀爬，直到她無意中聽到「一個老年團之間的一段對話，說他們其中一個人因為害怕而兩腿癱軟，進退兩難，『噢，真可怕！』我於是停下腳步。因為突然間我感覺自己不是和那位帶頭爬上斜坡、比我年輕二十歲的友人一夥，而是和站在附近的老年人一夥。」我們都很容易在某程度上被他人的預期所形塑。這需要我們的默許，貝蒂對此十分明白。她指出，「是我給了他們那項權力，因為我其實能夠毫無困難地繼續爬上那道斜坡。」

異常積極的貝蒂能擺脫那種心態，但美國的「樂觀進取」精神可能和年齡歧視者的習得無助劇本一樣有問題。失能人士有一個用語，用來描述失能者做到其他人不期待他們能夠做到的事（例如滑雪或接吻）的振奮景象：「inspiration porn」（勵志的色情片）。這些主角還有個名稱：「supercrips」（超級殘障者）。你不妨也輸入「supergeezer」（超級老頭）這個單字查看一下。日本登山家三浦雄一郎在八十歲時三度成功登上聖母峰。時裝設計師葛洛麗亞．范德比（Gloria Vanderbilt）在八十五歲時出版一部火辣煽情、直言不諱的情色小說。美國前總統喬治．布希用飛機跳傘來慶祝他的九十歲生日。

少數幾位年屆八旬的執行長、九旬的表演工作者、取得學位證書的百歲人瑞，成為大家的標竿。媒體愛戴他們。然而將他們奉為偶像，卻轉移了對限縮大多數老年人和失能者世界的社會與經濟因素的關注。這也反映出一個以強化年齡歧視、種族歧視、性別歧視刻板印象的方式，尊崇演員、音樂家、運動員的文化。

名人文化是原爆點（ground zero）*。「流行音樂：因性別歧視而來，為年齡歧視而留。」樂評人弗里爾－瓊斯（Sasha Frere-Jones）評論小甜甜布蘭妮（Britney Spears），注意到這位三十二歲的前童星「在當流行偶像的日子裡長期面對變老的幽靈」。[10]（偶像明星年紀的算法像狗年紀的算法？）運動員的處境好一些。他們的粉絲不願承認某位偶像的體能已經走下坡，共謀假裝這些速度變慢的運動明星，例如難得能在四十歲風光退休的洋基隊游擊手基特（Derek Jeter），只不過較遲迎來他的暴落。「否認」將自然的老化過程變成了個人的失敗。

認為戰後世代會一路搖滾到老的概念，是另一種年齡歧視的迷思。許多熟齡者只想

* 軍事術語，指原子彈的著地點，亦泛指任何大規模爆炸的中心點。

著能應付帳單，以及和所愛之人一起做他們喜歡的事。另外也有老年人，包括我在內，懷抱著比以往更遠大的計畫。變老並無平均、基準的方式，倘若否認年齡（也就是「不老」）不是超級老頭和名人劇本的要素，這個事實便會十分清楚。日常生活中的奮鬥也需要相同的勇氣，渺小的人生同樣充滿意義。從媒體中我們可以舉出更多例子，說明更多數的老年人過著比較平凡的生活，既不讓人垂涎，也不令人驚羨。當然那樣的例子賣不動報紙，也得不到點閱率，因此我們得靠自己將大量且多元的中數情況視為同樣具有價值的老化範例。

老年帶來滿足

哪一個群體比較快樂，三十五歲或八十五歲的？三十五歲的，對吧？兩個群體都這麼回答。然而要每個人評估自己的幸福程度時，較年長的人勝出——從澳大利亞到辛巴威的研究一再如此顯示。華威大學（University of Warwick）針對八十個國家的兩百萬人做研究，人得到的資料顯示非常一致的型態：無論貧窮與否，單身或已婚、無子女或生育了小孩，人們在中年時最悲慘，在童年時期和人生將盡時最快樂。[11]

八旬和九旬的人已然承認人生是辛苦的，而且會愈來愈辛苦，但他們也會謹記使生命變得有價值的事物。這種有意識的滿足似乎出自內心，極富人性，而且是變老過程固有的。老化賦予我們大多數人極有效的應付機制。或許這種改變是基於大腦化學作用，或者只是我們更能欣賞擁有的東西。無論其基礎為何，當我們走到人生的最後階段，大多數人會與過去講和，以前所未有的方式享受現在。

我們各自以不同的方式變老：在心理、生理、社會層面

人類的多變性使實齡愈來愈不可能作為評斷任何事的基準：她看起來「應該」是什麼模樣，該聽信什麼，或者對人字拖鞋或物聯網有什麼感想。分類使生活變得簡單一些，而歸納無可避免，不過依據能力和偏好進行分類會更有道理。從六十歲到九十歲的生活方式，事實上還多於從三十歲到六十歲。因此「以你的年紀來說，你看起來很棒」這句話會冒犯人：它奠基在內化的年齡歧視上使之成為一種恭維，並暗示「你的年紀」的人看起來該有特定樣子。老化的確具備一些標記，皮尤研究中心機智地鑑別為健忘、膀胱控制問題、性活動減少、退休，以及有孫兒和白髮。如果我們活得夠久，有些事情是不可避免的，然而是哪些事情，在什麼時候發生以及我們如何處理，則有極大的差異。

沒有所謂「適齡」這種事

老化明顯是一種過程。我們活得愈老，身分的層次愈複雜，貯存我們的自我感的知識和記憶分類檔案夾也愈厚。琳恩．席格（Lynne Segal）在《不合時宜：老化的愉悅與危險》（*Out of Time: The Pleasures and the Perils of Aging*）一書中展現達觀的反應，她說真正重要的是我們所創造的論述，「我們告訴自己如何『在我們變老時合於該年齡』的故事」。[12] 換言之，核心的任務在於想清楚在那個時間點適合我們的事，而不必然是生物學所預測的或年齡歧視文化所規定的事。並沒有所謂適齡這種事。

當我們敏銳地覺察到改變的巨大幅度時，我們也有相同的感覺。這是許多人堅稱「我的內在依然是個小孩」的原因。這種感覺不假，但反映出年齡歧視文化將我們區分成年輕和不再年輕的作法。我們將這種體驗視為衝突：一個「真實」且更愉快的自我，被眼袋和皺紋遮掩，拚命想要維持能見度和重要性。這種思考方式是一個陷阱。

年齡是真實存在的，但並非固定的特徵如眼睛顏色、膚色，或典型的性別。年齡是相對於別人的自我定位觀察。如果你問一個八歲的孩子，小孩子在哪裡，她一定會掃視房間，找尋比她更小的孩童。年齡既固定又流動，如同我們所體驗到的。在撰寫本書時，我六十六歲。我在特定時刻對於這個年齡有何**感覺**，取決於我是否膝蓋疼痛、公車上是哪些人，以及其他不可勝數的可變因數。不同的心理和身體狀態並存。「我們在每個時刻都變得更年輕和更老。」溫蒂・勒斯貝德（Wendy Lustbader）在她的書《生命變得更美好：變老的意外樂趣》（*Life Gets Better: The Unexpected Pleasures of Growing Older*）中寫道。[13]在提及「老年的根本矛盾」時，席格稱這種迷向為「時間的暈眩」。當我們變老，她寫道，「我們也在某種形式上保留住曾經擁有的一切自我痕跡……使得我們某種程度在精神上處於各種年齡和無年齡。」

瑞典社會學家拉爾斯・托斯坦（Lars Tornstam）研究老化過程達三十年，見到許多熟齡者持續在社會和心理上成熟，他稱這個過程為老年的超越（gerotranscendence）。他描述第一個「老年的超越之跡象」是同時感覺像小孩、年輕人、成年人、中年人、老年人！」多麼豐富的感受！雖然有許多我不記得的事情，但我同樣記得許多事，從擦破皮的膝蓋到學會打字和親吻，還有性愛和安撫嬰孩，以及就在去年冬天學會如何在冰上走路（重心放在前腿，像企鵝一樣）。除非我們淪為極少數被嚴重晚期失智症綁架的人，否則直到活著的最後一天，所有這些自我依舊是我們的一部分。

如同關於老年的一切事物，人們無疑會以數不盡的獨特方式經歷這些改變，有些人擁有日益純淨的自我感，有些人則探索多重的身分。在電視影集《大寫C》（*The Big C*）接近結局時——劇透警告！——蘿拉・琳妮（Laura Linney）飾演的角色搬進安寧病房，一天晚上她將所有住院者年輕健康時的照片掛在他們脖子上，以提醒餐廳工作人員這些垂死的人曾經在這世界上占據一席之地。在我們曾寓居的自我之間所上演的舞蹈，年復一年不會休止。根據作家瑪德琳・蘭歌（Madeleine L'Engle）的說法，「變老最棒的事，是你不會失去曾經歷過的所有年紀。」

這裡指的並非「凍齡」（agelessness＊）。「凍齡」提供了中立地帶，一種在所有這些混亂含糊中的迂迴閃避，聽起來誘人，不是嗎？在眼霜軟管上，「凍齡」承諾抹除歲月的痕跡。在流行文化中，這詞常用在描述年過五、六十還「保持青春」的人。在老年學中，則暗示在老化的身體中依舊可以有年輕的精神。這些情景都是不可能的，而且全都是年齡歧視。如同社會學家莫莉・安德魯斯（Molly Andrews）所言，「目前的『凍齡』趨勢，本身便是一種年齡歧視的形式，剝奪了老年人最辛苦獲得的資源：他們的年齡。」[15]

這裡談的是「積存之齡」（agefulness）：一切我們存在過的身分，曾做過之事的累積，不經編排或策劃，隨機地貯存於我們的骨子裡和腦海中，就造了現在的我們。醜老太婆、乾癟老太婆、老嫗？老頑固、老傢伙、老色鬼？小老太婆、老不修、老可愛？怪老頭、嘮叨老女人、老怪物、蠢老頭？我們必須抵制或推翻這些刻板印象，以取得更吸引人和讓人夢寐以求的身分。此時我正在學習成為醜老太婆，去年我開車撞上某輛汽車的車尾箱，車衝上行人穿越道後，車裡的駕駛就是這麼喊我的。醜老太婆，你從莎士比亞的年代跑出來嗎，搞什麼呀？也許是因為我古怪的貓造型人造毛皮帽讓他心煩。

「但願我能再年輕一次。」人們總會這麼說。然而一但被逼緊，幾乎沒有人願意真的把他們的棋子擺回棋盤的起點，或任何接近的位置，除非能將他們現在的覺知也運回過去。再一次的青春期？不必了，謝謝。我喜歡我十八歲時柔軟的背，但我現在舞跳得更多，因為我比較不忸怩，而且更能按輕重緩急處理事情。不管我們有什麼樣的人生軌跡，究竟如何經歷戀愛和放手，是否有子女或房子或夢想，我們是這些經驗和從經驗中所學到事物的總和。它們就造現在的我們。那就是積存之齡，豐富、深刻且寶貴。

＊編按：此處的 agelessness 與下文相對應的自創字 agefulness，兩處皆採非直譯處理，以使中文語境貼近文章脈絡。

反擊！拒絕造假的年輕／年老二元分法

當《紐約雜誌》二〇一一年秋季時尚號被放進我的郵箱時，封面上是一位時髦的年輕女子。令人呵欠哪。「在替封面選角時，我們決定……接受一種更開闊的審美觀點。」編輯札記解釋：「我們想出四個封面主題：八十一歲的婦女；扮成女性極有說服力的十九歲男子；媽媽和女兒；還有老派但新奇的女神。」結果我手上雜誌的主角是那名十九歲男子，我的哈欠沒了。他是塞爾維亞－克羅埃西亞的青少年安德烈．佩伊奇（Andrej Pejić），是展示女裝也展示男裝的模特兒，在法國Vogue雜誌讓他穿上裙子時一炮而紅。當時他說，「我讓我的性別開放給藝術詮釋。」[16]，這位模特兒從此過渡成女性。

像佩伊奇這樣的性別酷兒先鋒勇敢地拒絕生物與文化的限制。而文化也做出相應的改變。性別以往被視為一種男性或女性的僵固二元對立，但我們現在了解性別有更大的流動性。如果我們這般看待**性別**，為何不能如此看待本身顯然是個連續體的年齡？尤其當我們考慮到在晚年時，隨著荷爾蒙的變化，人類性別角色開始融合的事實。許多女性變得比較獨斷，而男性更加理解情緒。年齡是相對的：我們總是比某些人年輕，同時比其他人年長。

即使九旬老人也能很快指出大廳裡的某某太太比他們還老。如果我們能擺脫比較死板的性別枷鎖，為何不能擁抱一個更流動、友善，老實說也合理許多的年齡觀點？

任何的區分都會有問題。就以許多人當作救生墊緊抱不放的「中年」為例，現在有誰知道中年的界線何在？根據柯恩的說法，「中年」一詞大約在二十世紀之交被發明出來，當時大量人口開始比生育年齡多活了幾十年。資本主義、虛榮加上對死亡的恐懼，三者迅速結合起來，使這個討人厭的發展被當作疾病治療，並使補救的辦法變得商品化。聽起來不陌生吧？當然，重點在於相同的態度被應用到對人生晚年的典型看法。

這種懲罰性的年老／年輕——事實上應為年老／不再年輕——的二元對立，將我們三分之二的人放逐到二等地位，只不過屬於自我流放，流放到紅絨柱錯的一邊。這種流放甚至在更年輕時便開始。在描述《紐約雜誌》的網路名人專欄時，紐約大學Local部落格寫道，「它使我們感覺到某種異化疏離、自以為是、懷舊的有害組合，像一種拼湊出來的惱人事物。我們覺得自己老嗎？唯一的救星是默默死亡？」[17]這些部落客是**大學生**——依舊站在紅絨柱「對」的一邊，但已經受到年齡歧視基準的壓迫。生日卡片架設下二十九歲的限制標準。雖然我不願承認，但我在二十九點九歲結婚的原因之一，是我不想到三十歲還單身。結果婚姻和我原本想像的非常不一樣，一如到達四十歲、五十歲、六十歲的實際狀況，我敢說往後的生日也會年年包裹著驚奇。

承認你的年齡——並質疑其含意

很少人會坦然承認自己的年齡，更可能的是在報出年齡時認命地聳聳肩，或者說件自嘲的趣聞。好心的讀者會定期提供小道消息給我的一位新聞工作同事，她負責報導「老年範疇」並自稱是「老齡記者」：想必她是一時不慎才促成這個令人後悔的關聯？假使有更令人愉快的頭銜，想必她會過得更好？

出櫃通常意味著確認某項原本被隱藏的屬性，並提供加入某個表示歡迎的社群的會員資格。另一方面，確認自己年老，據批評家伊蓮．蕭瓦特（Elaine Showalter）所說，「是承認某項人人看得見的事情，因此比較令人羞愧，更像是帶著某種污名。我們理當否認變老，因為年老被視為一種侮辱，或至少是不受歡迎的自我描述，除非是開玩笑和以婉轉說法為緩衝。」[18]即便有緩衝，也是一種輕視。而婉轉的說法即是貶抑，例如報導比賽實況的轉播員大喊：「黛安娜．耐德（Diana Nyad）芳齡六十四！」當時這位長泳選手五度挑戰從古巴游到美國佛羅里達成功。我們最好記住耐德透過乾渴腫脹的嘴唇所說的話：「你決不會老到無法追逐夢想。」

替代方案是接受你的年齡：承認到目前為止你所達到的成就——無論你目前年齡多大——並與之和解。從接受到表明的距離不大。如果我們揭露自己的年齡，那並非「年齡爆料」，而且當我們掙脫文化的套索時，便使數字失去影響我們的力量。舉例來說，許多人回想起第一次少報年齡，或者被建議這麼做的時候，他們真的感到驚慌。如果當中不存在羞愧感，那麼對年齡打點折扣只像是不帶猶豫的破盤價作法，更別提感到屈辱。

當別人問起「你多大年紀？」，什麼是最好的答案？說實話，你可以反問這為何重要。問問提問的人，一旦他們得到一個數字，他們的想法有何改變。問問他們為何認為需要知道這個數字。年齡資料感覺基本，但其實不然。我們之所以問起，部分純粹出自習慣，從童年時期延續而來，當時一個月就算長，而每過一年都標誌了成長發展的變化和新的自由度。「這些小孩快煩死我了，一直問我幾歲了。」八十歲的底特律教師佩妮・凱爾（Penny Kyle）說。「我不介意說出我的年紀，但我知道這可能對我的工作造成麻煩，所以我總是說我一百零四歲。」哈！

我們問別人多大年紀，有時是將年齡作為一種簡便的速記方法，好為其成就提供參考背景和校準期待。然而這是惰懶、全然不可靠，而且可說是相當不禮貌的事。來聽我演講的某位女士以反問回擊這個問題：「那麼你的體重多少？」科學家席薇亞・古拉多（Silvia Curado）拒絕透露她的年紀，不是因為希望人們以為她更年輕，而是因為她拒絕被以「簡化且經常出錯的」方式分類。她的覺知使之成為一種政治行動。社會工作者娜塔莉亞・格蘭傑（Natalia Granger）有另一個激進的建議：仿傚性別不服從者，他們拒絕接受出生時被分派到的性別，及隨之而來的角色設定和刻板印象。在被問及你的年齡時，表明你的年齡不服從。

作家暨環保行動主義者科林・比溫（Colin Beavan）在臉書上宣布自己「出櫃為年齡酷兒。我對於與我生來這副軀體的年齡相關的角色和刻板印象感到不舒服。」他寫到：「我的身體年齡不是我的年齡。從現在起，我認定我三十七歲。」我喜歡這位文化駭客，但想要加以修正，因為認定為三十七歲（依舊是「年輕」）是一種否認的形式。科林現年五十幾，我比他年長十一歲。我對這個年紀沒有意見，他也快到這境界了。經過一次反覆，他決定停止認定某個特定年齡。我想要當個年齡酷兒，不是藉著拒絕我的年齡，而是拒絕人們分派給年齡的僵固意義——科林也不願遵守的角色和刻板印象。我則領受我的年齡，同時質疑它作為一種指標的重要性和價值。

抵制以年齡作為識別符號（將它想成一種思想實驗）

想知道別人年齡的習慣難以戒除。這是當朋友說他們與某個新對象約會時，人們心裡想到的第一個問題，不過我已經不再問這個問題。以在報導中提及年齡的新聞慣例來說，同一星期內有兩篇報導，一篇是關於一位四十二歲的護校學生競選返校日皇后，另一篇是關於一位九十一歲的市長詐取阿拉巴馬州河瀑市（River Falls）二十萬零一千美元公款的事，令我陷入思考。資深美聯社記者多洛雷斯．巴克萊（Dolores Barclay）巧妙回答我的問題。

「這只是關於我們報導對象的其中一項基本事實，屬於被報導者的一部分。」巴克萊回答。[19]「年齡往往也在某些報導裡關係重大。舉例來說，如果我們寫到某位『老年人』或『熟齡者』首度從事高空跳傘，若主角是七十歲或九十九歲，會不會讓這篇報導更有衝擊力？又或者當我們描述一位傑出音樂家令人驚奇的職業生涯，難道我們不會想知道他的年紀？萬一他只有二十四歲，而我們讀這篇報導都以為他已經六十歲了呢？」

好個萬一？上個星期我剛好去參加南韓古典吉他演奏家樸葵姬在卡內基音樂廳舉行的美國首演。她可能十三歲，可能二十三歲，當時我很想知道。結果她二十七歲，但並沒有減低我對這次經驗欣喜若狂的感覺。但我確實希望當時花更少的時間為這種好奇分心。媒體無情地關注名人的年齡，尤其對於像瑪丹娜這樣「優雅變老」的女性。瑪丹娜說：「我發現每當有人寫到關於我的任何事，我的年紀都緊跟我的名字後面。他們簡直就像在說，『她上場了，但要記得她現在的年紀，所以她已不再那麼重要。』或者『我們來提醒她和每個人，藉此懲罰她。』當你寫出某人的年齡，你是在限制他們。」[20]

或者在保護他們，這樣絲毫沒有更好。第一種態度是去性別化，第二種態度是奪走能力。河瀑市市長瑪麗・希克森（Mary Ella Hixon）的十年刑期減輕為五年緩刑，她為何不該為偷取市民的二十萬零一千美元公帑而服一些刑期？希克森的辯護律師主張她「被人利用」，儘管他的當事人顯然精神健全。科溫頓郡（Covington County）地方檢察官告訴美聯社，「倘若她不是九十一歲的婦女，我一定會盡最大努力確保她入監服刑。」顯然知情的市民不願告發，他說，「因為擔心被排斥，也因為那是眾所週知的『小老太太』。」[21]報導中唯一非年齡歧視的立場是承認希克森有足夠的力量使批評她的人噤聲。反觀四十二歲的返校日皇后？那才叫新聞！

報導對象的年齡顯然應該出現在訃聞或天才兒童的簡介裡，但反射性地將年齡資料包含在其他類型的報導中，只不過是一種壞習慣。現在種族不再是報導對象的必要部分，除非是種族相關報導——事實上因為相同的原因而正好相反。因為有性別歧視者才凸顯出女性的婚姻狀態，如今 Ms. 已經取代 Miss 或 Mrs. 作為識別符號。為何年齡應該有不同的處理方式？在年齡確實重要的極少數事件中，有許多辦法可以提供讀者線索。一點點的混淆可以動搖我們對於人們在特定年紀能做什麼事的許多假設，或是他們在越過某些年齡分水嶺後的共通點，這是有益處的事。

另一項思想實驗：假設從醫療紀錄中刪除出生日期……無法想像，對吧？好吧，或許把出生日期藏在第三頁。但如果醫師能依據每個人的身體和心理條件進行評估和開處方，免去了認為哪些病症可能發生在特定生命階段，以及哪些病症「值得治療」的偏見，難道不是好事嗎？正因如此，老年病醫師馬克．拉克斯（Mark Lachs）將他的書取名為《治療我，而非我的年齡》（*Treat Me, Not My Age*）。

向失能權利手冊借鏡：先考慮到人

為了避免將人化約成標籤或醫療診斷，失能禮儀規定「以人為優先」的語言：有心理疾病的人（而非精神病患）；有自閉症和癲癇的人（而非自閉症患者或癲癇症患者）；輪椅使用者（而非被束縛或受限於輪椅），諸如此類。失能是這人的特徵之一，不能用來定義他。

當我第一次聽到「以人為優先」的語言時，覺得似乎累贅而且有些無聊。「健全主義」（ableism）這個用語至少已經被使用了三十年，用來描述對於失能者的歧視，但它似乎是「政治正確的思想警察」（Politically Correct Thought Police）的惱人發明。一位在該領域工作的朋友以刻薄的言語說服了我：「你現在不會提起『我那如癌症般的母親』了吧？」值得記住的是，癌症直到最近之前一直被深深地污名化，被當作一種可恥的家族祕密。現在改變許多，感謝老天。

因此這裡還有一項思想實驗：何妨向失能權利運動學習，嘗試說服自己和我們周遭的人，使用「有歲數的人」這種說法，而非X歲或Y歲的人？年齡變成只是另一個屬性，就像擅長拼字的人或菲律賓人或小熊隊球迷。人們可以「有歲數」，就像患失智症的人「有思考事情的障礙」，或者有的人具備安撫別人的本領，有的人重聽。年齡不需要被凸顯出來，也不必區分於其他識別符號。以人為優先，如同克拉庫爾開始上表演課的發現。「所以這裡有一群小鬼頭，他們則看見一個老傢伙，沒錯吧？不久之後，事情就平靜下來。經過幾個星期，大家就忘記這件事了。我不再把他們看成年輕人，他們也不再把我看成老人家，我們都只是人罷了。」

鼓起精神：沒有所謂「對的」路徑

「我們不都應該嚮往『積極地變老』嗎？」倫理學家穆迪（H. R. Moody）在他的《老化的人性價值》（*Human Values in Aging*）通訊中問道。[22]或許不，他提議。或許少做一些事能讓我們騰出手，去完成更多對我們來說重要的事。也許竅門在於想清楚什麼是最重要的事——考慮到大多數美國人的自我價值建立在自力更生之上，與傳統經濟生產力緊密連結，這是一項苛求。美國人重視**外在行動**勝於**內在本質**，我也不例外。一想起我正在人生跑道上繞第三圈，忍不住就想要快速完成此生必做清單。「難怪在輕視內在本質而過度重視外在行動的文化裡，人們如此地蔑視與害怕老年！」卡普芙在她的《艾倫・狄波頓的人生學校：關於變老這件事》中表示。[23]關於「好好地」變老，她說，要緊的是盡可能從社會期待中解放，以我們感到自在的事情為優先：對雷而言是伴隨潮汐吹來的微風，對我而言則是城區的都會煙霧。

要抗拒「成功的」或「有生產力」的老化模範可能不容易，因為它提供了標準衰退論述的樂觀對比。老年學家喜歡術語，因為術語令人樂觀。保守黨黨員喜歡術語，因為它合理化了縮減政府援助，而將老化的重擔放在個人身上。正面表述的語言很誘人，如同其承諾，因為我們真的非常想要以為我們能永遠做著喜歡的事。某種形式上來說，我們往往也能夠做到。動機很重要，還有保持身心活躍、維持生計、幫助別人、懷有目標，那一切好事都很重要。但我們的終點改變了。我們最好記住，這些活動有許多是夠幸運和一定程度富裕的人才會擁有，也不能再一如長年以來地以賺錢能力和體能衡量自我價值。許多事情不在我們掌握中，許多支援需要政策層次的履行。

經過消毒或浪漫化的「功成變老」模範——那些在遊輪甲板上跳著華爾滋的銀髮夫妻——設定出不合理的標準，並暗示比較「不成功的」老年人得為自己的處境負責。為何全國公共廣播電台（NPR）的伊娜・賈菲（Ina Jaffe）對「成功變老」這個用語如此深惡痛絕？「這代表我多了一次失敗的機會。」[24]如同老年學學者瑪格麗特・克魯克尚科（Margaret Cruikshank）的觀察，這個模範忽略了階級在決定誰有機會變老的前提上，扮演了極重要的角色，更別提要多麼「成功地」變老。「勞動階級或有色人種無論個人再怎麼努力或堅強自立，也得不到白人中產階段，尤其是男性，所享有的有利條件。」她在《學習變老》（*Learning to Be Old*）中寫到。[25]每個人都能做出明智的抉擇，但諸如沉重的照顧責任、不足的健保，以及資源相對稀少的地區等，都是使之變得困難的障礙。指責窮人做出「不好的抉擇」——以及將貧窮本身歸告於他們的缺點——使老化成為另一個競技場，當中我們的成功或失敗奠基於一點也不中立的條件。

許多抉擇未必取決於我們，而且無關意志力或個人美德，或我們的軟體技能是否跟得上時代。失敗和快樂都可能出其不意降臨在我們身上。「我們在中年所犯的錯誤，是以為持續我們五十歲的生活方式就能順利變老，但情況未必如此。」托斯坦說道。[26]他反倒看見許多熟齡者在社會面和心理面上持續成熟，其程度令人驚訝或驚慌。這個過程的特徵包含比較不畏懼死亡和疾病、與更少數的人形成更深的關係，加上愈來愈渴望獨處以及縮減舊習慣、生活常規、原則。認為熟齡者變得「積習難改」的假定是一種年齡歧視的陳腔濫調。生活確實會受限於失能，或以固定收入維生，或得配合某機構的時程表。但孩童才是終極的習慣產物，而且在生活常規中找到舒適感的人很可能永遠就會那樣。

倘若我每發送一則熟齡者跳凌波舞或當ＤＪ或跳繩的故事就能得到五美分，我早就發財了。我不貼出這些故事是因為不需要我插手，它們就已被大量報導，也因為這麼一來強化了一個概念，亦即應該受到欣賞的老年人是行為舉止和外貌比較年輕的熟齡者。這些表現超過預期的老年人是特例。他們非常棒而且鼓舞人心，但只是坐在門廊也沒什麼不好。如果某位媽媽的旅遊癖消退了，或某位叔叔退出他的保齡球隊，我們可能會擔憂，並歸咎於他們生病了或意志消沉。事實上這種轉變可能反映出更高的自信心、自發性，或只是需要時間思考更深遠的問題——托斯坦在他的老年超越理論中描述為「一種後設觀點的轉變，從唯物和理性的世界觀，轉變到更廣大無窮和超然的觀點，通常伴隨著對生命更多的滿足感。」有愈來愈大量的證據作基礎，證明幸福感隨年齡增加。

成為見習中的老年人

那麼要如何連結個人與政治的事務？如何結合現實與夢寐以求的境況？我在二〇〇八年聽聞老年病醫師喬安・林恩（Joanne Lynn）描述自己為見習中的老年人，從此之後我也成了一員。我知道我並不年輕，也自認為年老，我知道許多人有相同的感覺。他們陷入殘忍的矛盾中：他們渴望變老，但害怕其前景。他們耗費許多力氣維持**我們**並不老的假象。成為見習中的老年人彌合了我們與他們的區隔，並擺脫這個使人精疲力竭的假象的控制。

成為見習中的老年人承認變老之不可避免，並將它託付給未來，儘管距離未來愈來愈近。成為見習中的老年人用目的和意圖取代害怕和否認，以移情的方式連結我們和未來的自我。如同西蒙・波娃（Simone de Beauvoir）所言，她的說法更加堂皇：「如果我們不知道自己會成為什麼樣的人，我們無法知道自己現在是誰：且讓我們承認這個老男人和那個老女人之中的自我。如果我們要承擔起身為人的一切責任，這是必須做的事。」在這個日益被種族、階級、年齡所分化的世界，最根本的作為是跨越這些分隔，承認我們全都會踏上的那條路。

成為見習中的老年人意味著拋棄成見，仔細查看和聆聽我們周遭的熟齡者，並重新想像我們在他們之中的位置。這代表要注視熟齡者，而非只與他們擦身，記住他們也曾經是我們的年紀，看見活力與衰弱同在，讓感官全開，擴展我們對美的見解，並承認一間公寓或一間房間，甚至只是一張床，也可以是一個和我們一樣豐富而且可能更豐富的內在世界的棲所。這意味著透過開放心胸的潛望鏡，注意窺看我們總有一天將寓居的領域。

思考未來並不是自然而然的事：人類這個物種演化成選擇現在的滿足，勝過未來的幸福。這正是為什麼成為見習中的老年人需要想像力。在《長久的光明未來》(*A Long Bright Future*)中，史丹佛大學心理學家卡斯坦申描述對於未來的自我產生合乎現實與人性的願景——我們將來想要和能夠做什麼——並著手進行能使我們達到目的的任務，做出改變和犧牲，這一切有多重要。「如果我們無法想像自己在九十歲和一百歲時傳授所知、開懷大笑、付出愛、貢獻社會，要達到目的就只能靠好運了。」她寫道。[27]

身為見習中的老年人，我看見九十歲的我憔悴蹣跚，但保有好奇心且滿足。光憑想像不會使這個她成真，但我確信如果沒有這種渴望，我無法達到目的。這意味著要努力抗拒我們人類天生低估在未來能做多少改變的傾向。豐富複雜的往事往往產生含糊平凡的未來投射，感覺事情也會差不多。也許是因為未知孕育出不安；也許是因為預測未來比緬懷過去更困難；也許這項任務在以年輕人為中心的社會比較不吸引人。克服了這個問題，我們就比較能想像自己身處尚未造訪過的地方，和新朋友一起做不同的事，或者待在家裡，只要我們樂意。

年過八旬的人對此已有了悟，他們一致認為，年輕人過度擔心變老的事，因此我們愈早做出想像的躍跨愈好。我們愈早為這個持續終生的進程消除反射性的恐懼，愈有能力從其豐富我們人生的無數方式中獲益。有些人天生帶著這種覺知，因此有較長的時間培養日後對他們極有用處的能力。卡普芙描述這些能力是一種結合新朋友、重視內在資源、懂得放手的能力。她也提到在工業化世界中最受青睞的價值觀——高度個人和經濟的生產力——無助於我們應付變老的問題。如果我們拒絕這些價值觀，轉而追求更人道和公有精神的價值觀，將有益於我們自己和這個世界。

以「積存之齡」為目標

成為見習中的老年人也讓我們更容易進行批判性的思考，思考年齡在這個社會中的意義，以及描述老年人無用可悲的背後力量。羞愧感會損害自尊和生活品質，一如外在強加的成見。成為見習中的老年人是一項政治行動，因為它干擾羞愧感和自我憎惡，消除驅動年齡歧視（以及種族主義和民族主義）的「他者性」（otherness），為同理心和行動創造空間。它使諷刺乾癟老太婆和怪老頭的喜劇手法喪失力量，並解放我們，讓我們成為完整的老年自我。

我可能只會跳上講臺而不是跳出飛機，我距離「矯枉過正」的前線還很遠，但我沒有逃避變老。這使我有別於那些被視為成功模範的超級老頭，有別於其他致力研究老化的困頓模式（幫助虛弱和貧窮的老年人）或誤導的對立面（成功的老化！）的老年專家。我希望樹立一個激進的老化榜樣：承認死亡的必然；接納老化為一種自然的進程；全力對付關於老化的無數悖論（曾有一小段時間我這個計畫的標題是**兩者皆真**）；以及一路上呼朋引伴。我們全都是見習中的老年人，無論我們有沒有此自覺，而且當我們拒絕那些貶損人的刻板印象並為變老的自我發聲，我們的人數就會跟著增長。

CHAPTER

3

第三章　遺忘記憶：熟齡大腦
Forget Memory – the Older Brain

活動力變差的可能性從不會讓我夜裡睡不著覺。我可以用助步器或者靠魁梧的小伙子帶著我四處移動。但那種前景以往會令我感到害怕。每次「話到了舌尖」卻想不起要說什麼的惱火，難道不是意味著更多寶貴的神經元永久撤離？倘若我活得夠久，失智或嚴重失憶的卷鬚會不會不可避免地占領它們的地盤？不，還早呢。雖然這依舊是我最大的恐懼，但我不再認為此事不可避免或甚至有可能。

- 嚴重的心智衰退並非老化正常或不可避免的一部分。根據〈麥克阿瑟基金會成功老化研究〉的說法，「衰退鮮少影響所有種類的認知表現；再者，大多數認知喪失發生於晚年；第三，許多熟齡者即使心智能力輕微喪失也未有顯著影響。」[1]
- 大多數的健忘並非阿茲海默症或失智症，甚至不是認知能力受損的跡象。[2]

- 大約百分之二十的九旬老人似乎完全免於認知衰退，並持續表現得像中年人一樣好。[3]

即使人口逐漸老化，失智症比例正在大幅下降。案例總數雖然會隨著人口的老年人數量而增加，但特定個人罹患失智症的可能性已經愈來愈低。而且診斷出失智症的平均年齡愈來愈高。[4]然而老年學學者瑪格麗特．格萊特（Margaret Gullette）所稱的「我們對遺忘的非理性恐懼」[5]已經深深入侵我們的心理，慣常的記憶漏失引發恐懼，而確診會引發自殺念頭。二〇一二年一項馬里斯特民意調查（Marist Poll）發現，阿茲海默症已經擠掉癌症，成為美國人最害怕的疾病。[6]為何我們對這種威脅的恐懼如此失衡？因為在我們的現代「資訊社會」，最關鍵的競爭在於心智靈活度。因為大腦是自我寓居之處，所有的恐懼莫甚於此。由於最深的恐懼最難面對，於是神經衰退成為我們進入九十歲後最陰暗的恐懼所在。還有因為在年齡歧視的社會，對於晚年的負面假定儘管不正確，卻往往在表面價值上為人接受。

年老與心智失能總是相伴出現的迷思，促成在許多方面的歧視

「老狗學不了新把戲」的迷思在許多方面造成惡劣影響。認為年長員工不值得訓練，因為他們學習緩慢、不會使用電腦而且頑固不化，即便雇主在表現和技能上給予他們高評價。[7]

這種刻板印象表現在碰到嘗試尋求社會、法律或財務服務的熟齡者時，人們語氣中的優越感。人們可能堅信他們「知道什麼最適合」老年人，縱使此人完全有能力自行做決定。就連有限度的心智受損也被當作強迫熟齡者放棄做決定和放棄資產的理由。較容易相信別人和對科技不嫺熟的熟齡者，在成為詐騙受害人時，往往因為心智失能的恥辱而羞於通報。從有智慧的長者淪為容易上當的笨蛋實在令人感到屈辱。

我們不停地提到神經，結果強化了它們與健忘和「老年的瞬間」（senior moments＊）之間的關聯。我曾經把這視為自嘲的妙語，直到我悟到自己在高中弄丟車鑰匙時並沒有將之稱為「少年的瞬間」（junior moment）。年輕人也隨時忘東忘西！任何關於衰弱的預言，無論是否成真，都會加深我們的期望和對自我感覺的損害，尤其一提及腦力。這種損害被陰鬱、廣為流傳、錯誤的假定給放大，認為日後演變成失智症是不可避免的事。

＊意指一時的健忘。

認知衰退帶來深深的恥辱

恐同症使愛滋病患者遭到排斥，就如同年齡歧視讓失智症患者被邊緣化：比老更糟的是非常老，而最糟的是非常老和不治之症的組合。還得再加上伴隨任何種類的心智損傷而來的巨大恥辱。如果考慮到家人往往也會連帶感受到被污名化，就是四重的致命打擊。

知名社會學家厄文・高夫曼（Erving Goffman）定義恥辱為「一種使人深感名譽喪失的特性」，並使承受者「從健全的平常人淪為被玷污、貶損的人。」[8]難怪一說到阿茲海默症——失智症最常見的形式，光是確診就可能對自尊和社交生活造成毀滅性的影響，而且通常伴隨著焦慮、意志消沉、羞愧、屈辱的感覺。曾有人以為阿茲海默症會傳染，一直到美國前總統雷根和鄉村歌手葛倫・坎伯（Glen Campbell）等公眾人物成為該症的知名面孔，這種恥辱才開始減低。

發展神經學家彼得・懷特豪斯（Peter J. Whitehouse）所稱的「人性的、生態的大腦老化架構」[9]將可使之擺脫這種污名。因為目前並沒有議定的方式區別阿茲海默症和正常的老化，近期也不會有，而在這個架構中，認知衰退只不過是人生過程中的一部分。懷特豪斯早期對於阿茲海默症和相關的失智症病理學研究，促成目前的藥物治療法，以及一種可能的革命性療法，但到目前為止，藥物試驗失敗已經超過一百次。由於阿茲海默症由數個因素引發，包括遺傳、生活方式、慢性疾病，例如糖尿病和肥胖，所以並無單一治療可能抑止或逆轉其症狀。[10]

懷特豪斯隨後發現一種可視為萬能藥的承諾，是由利益關係極大的大藥廠、其擁護機構、私人研究者所提倡的文化迷思。懷特豪斯沒有將大腦老化定義成一種疾病，並找尋解藥，而認為資源應該用於預防認知能力的喪失，以及協助人們應付這個問題。改變藥物學的定位，將可幫助失智症患者及其照顧者處理這個極為艱辛的過渡期，並專注於二者的生活品質。如此會減少恥辱感，幫助我們面對失智症患者時，不會覺得他們「輸」給一種不治之症——進而輸給我們——他們只是以不同的方式存在著，繼續擁有需要關愛、與人連結、表現自我的人類需求。這將有助於我們培養出對他們有意義和尊嚴的相處方式。

失智症往往看起來比實際感受的糟。二〇一〇年，英國阿茲海默症協會（UK Alzheimer's Society）調查四十名與失智症共存者的生活和經驗。這個群體包括少數民族族裔、LGBTQ*人士、有學習障礙者，以及住在安養院的嚴重失智症患者，換言之是面對額

＊女同性戀者（Lesbian）、男同性戀者（Gay）、雙性戀者（Bisexual）、跨性別者（Transgender）、自我性別疑惑者（Question）的縮寫總稱。

外障礙的人。他們的代理人，通常是負責照顧的家人，預期評估結果會與該疾病的進程相合：隨著認知功能下降，快樂也減少。但即使活動和社交變得愈來愈困難，這些患有失智症的人繼續享受他們的生活。他們拒絕失智症是他們最重要的事情的假定。報告做出結論：「在診斷出失智症之後，維持良好的生活品質完全是可能的。」[11]

或許因為她的謀生行當，老年照護機構負責人克勞蒂亞．法恩（Claudia Fine）對於母親的衰退從容以對——就老年病醫師的觀點，這相當可預測而且並非充滿危機。「桃樂絲喜歡去公園……喜歡樹葉……喜歡窸窣聲。她會指著上方，說『那那，那個……』」法恩的嫂嫂將這種失語視為難以忍受的失能，然而法恩表示，「桃樂絲顯然非常快樂。」桃樂絲住在安養院，但即使是失智嚴重的人，也能和家人一起快樂地生活上好一陣子，例如我的祖母，安。她擁有永遠無法滿足的好奇心，有一家常前往閱覽的圖書館，閱讀範圍從高爾基到以數種語言寫成的園藝書籍。到她年屆九十，短期的失憶使她每隔三分鐘就記憶打結，而且間隔時間愈來愈短。這對她的照顧者來說很難受，而我們的對話從真實的世界轉移到想像的境地，但我能和她溝通，她也能和我溝通。

失智症能解放人。作家蘇珊．哈瑪德（Sousan Hammad）的祖父在罹患失智症後，才開始說起他在英國託管下的巴勒斯坦小鎮成長的年代，使他的家族得知這些記憶。[12]哈瑪德寫了一篇標題為〈失憶的島嶼〉（Islands of Amnesia）的隨筆，而島嶼的隱喻也安慰了老年學學者格萊特，當她那合群的九旬母親開始喪失記憶時，她寫道：「我的母親也曾活在深淵之處的島嶼，時常感到滿足。我下定決心要和她一起住在這些島嶼上。」。[13]《遺忘記憶：為失智症患者創造更好的生活》（*Forget Memory: Creating Better Lives for People with Dementia*，本章標題的靈感來源）的作者安・貝斯廷（Anne Basting）敦促照顧者避免勸說失智症患者「記起」事情，並指出當失智症來襲時，「創造力和想像力是大量未開發的力量儲備庫」。[14]

傳奇鄉村音樂歌手葛倫・坎伯在七十四歲被診斷出阿茲海默症，他說他想要盡可能地繼續表演，並希望大眾能了解為何他有時會忘詞或重複。他的告別巡迴演唱會被以電影《葛倫・坎伯：我就是我》（*Glen Campbell: I'll Be Me*）記錄下來，而他的歌曲〈我不會想念你〉（I'm Not Gonna Miss You），贏得二〇一五年葛萊美獎的最佳鄉村歌曲。電影中有一個片段，當他努力要想起歌詞，跟上他的金曲〈加爾維斯敦〉（Galveston）的合音，台下數以百計的人開口唱出，「我依舊能聽見你的海風呼嘯」。一經提示，坎伯露出微笑，唱完了這首歌。

那是同理心的展現——在聽眾席陌生人之間共享的連結，其強大不亞於情人或父母與子女之間的。這使我們能不將認知能力受損的人看成病人或受害者，而是人類多樣化境況的代表，尤其是到了晚年。對於還在岸上的人，其艱難但必要的任務是改變我們對自家桃

我到底天殺的把眼鏡放到哪去了？

我們都認識一些頭腦依舊靈光的九旬老人，但他們畢竟是少數。其他百分之八十的人都不可避免地經歷某些功能的衰退。儘管這些改變不盡然與實齡有關，但記憶的處理速度、言語推理、視覺空間能力的確會衰退。清晰的記憶力（在需要時記住和想起名字和數字的能力）尤其受到影響，但絕大多數熟齡者不會喪失說話能力。

大多數人會比年輕時更難找到單字和回想專有名詞，以及記住我們進到別的房間要拿的那該死的東西在哪，假使我們還想得起那東西是什麼。我們不必為了忘記鑰匙放在哪裡，或者忘記某某人的名字而驚慌（不同於記不住鑰匙的用途，或者某某人是誰）。

熟齡者處理資訊的速度也比較慢。我們的多功能能力下降，注意力較容易分散，使我們得一次專注於一件事情才能有較好的效率。這些是令人尷尬不安，有時令人發狂的真正損失。應付這些問題，從便利貼到密集治療都是可運用的策略。為了彌補老化和受傷所造成的影響，我們的大腦極善於進行重整。我的訣竅是在起身時大聲說出任務的名稱——不過只在沒有旁人聽見時，我承認。

難以規劃和執行熟悉的任務，可能意味著比較嚴重的認知問題。如果某人似乎明顯感到困惑，他或許有輕度認知障礙（MCI），此障礙大約影響百分之十至二十的六十五歲以上人口。有輕度認知障礙的人會展現出朋友和家人可察覺的明顯改變，例如需要更常做筆記，或者弄不清楚當天是星期幾，但記得年和季節。這些改變不影響執行日常活動或社交的能力。大多數輕度認知障礙者不會發展成失智症。他們繼續順利過日子。

輕度認知障礙的標籤之所以成為問題，是因為症狀定義不清，以及可能毫無意義。臨床醫師懷疑阿茲海默症的製藥產業創造出一種新類型的病人和消費者，這些人很可能只不過是在經歷基本的腦部老化過程。這是利益驅使下將老化本身醫療化的趨勢的一部分。

在無疾病的情況下，這些腦部變化是「正常的」

這些神經方面的發展不代表失智症在即。我們誇大了其影響和嚴重性，而恥辱感與無知放大了焦慮。如同變老的其他每一個層面，腦部老化的軌跡因人而異。人們的運作方式主要取決他們如何適應這些改變。

我們的年齡歧視社會將自然的轉變當作一種疾病，而我們的消費社會販售給我們「修好」這些轉變的治療方式，例如荷爾蒙補充療法、勃起功能障礙藥物、臉部拉皮手術。我們的「超認知」以大腦功能為最高優先，由各式各樣保證能治療、控制、提升大腦功能的產品可資證明——從小小愛因斯坦（Baby Einstein）*到莎士比亞（《大腦的詩人》〔*Bard on the Brain*〕**）。當認知變成另一種可維持或增強的屬性，便可能成為另一種使正常老化成為問題的方式。消費文化構想出「腦適能」（brain fitness）一詞，就像體適能一樣，作為我們每一個人都應該嚮往的目標。的確，此事關乎生活方式的選擇，但認知的改變不代表我們有缺陷。

不少八旬和九旬老人還在打橋牌和玩Scrabble填字桌遊、或設計建築物和寫書，以及完成其他許多任務，這些任務所需要的高度技術和專注力會讓年輕同儕望塵莫及。健康老年人的大腦幾乎能做到年輕許多的大腦所能做的一切。有時這需要多花一點時間。其他的認知領域依舊穩定可靠或變得更好。

你可以做某些事情來避免認知衰退

當人們不再進行積極的體能活動時，肌肉顯然會開始萎縮。那麼心智活動又如何呢？那些花錢購買「提升腦力」的軟體和養生法的老年人，是否全都上當了？或許吧。目前並無決定性的證據證明商業販售的大量遊戲、裝置或練習具有任何保護效果。關於大腦的許多事情如今仍然成謎，包括記憶如何形成、貯存、恢復。

不過我們已經知道不少事。我們以往認為神經生成，亦即大腦長出新神經細胞的能力，結束於成年前期。現在有愈來愈大量的研究證實，大腦能持續產生新連結、吸收新資訊、獲得新技巧，即便病變也可以被克服。對認知能力健全的八、九十歲老年人所做的解剖檢查，往往揭露大量的異常，出現晚期阿茲海默症典型的斑塊。理論上認為他們所受保護來自神經科學家所謂的認知儲備（cognitive reserve）：建立與維持額外神經元及其相互連結的能力。在往後的人生，這會幫助我們對抗腦部疾病和心智衰退。想起我們可能在死亡時腦部布滿斑塊卻從來不知道，感覺雖然怪，但令人安心。

運氣很重要。基因扮演某種角色，尤其在早發性阿茲海默症；遺傳的智能有其影響；認知儲備也與較高的教育程度相關。證據顯示我們在任何階段都能建立或補充認知儲備。在國家老化研究所（National Institute on Aging）所做的實驗中，跑複雜迷宮的年輕老鼠顯示比

＊ 針對嬰幼兒而開發製造的一系列多媒體產品。

＊＊ 保羅・馬修（Paul M. Matthews）、傑夫・麥昆（Jeffrey McQuain）、黛安・歐克曼（Diane Ackerman）二〇〇三年合著的著作，副書名為「透過莎士比亞的藝術和腦部顯影科學理解人腦」。

年邁老鼠有更多的神經生成，但兩者都在記憶和學習的中心海馬迴長出新的神經細胞。[19]

我們如何建立認知儲備？藉由挑戰我們的大腦、維持社交網絡、運動。大腦就如同身體，需要鍛鍊以保持健康，這是山姆．阿德洛（Sam Adelo）在聖塔菲擔任法庭口譯員展開第二事業後的心得。他在成長期間講西班牙語，並經常聽父親的堂兄弟說阿拉伯語和法語，他們是來自黎巴嫩的移民，而他身為海灣石油（Gulf Oil）和雪佛龍（Chevron）公司的代表律師，曾經旅行世界各地。「當某人在說話時，你得歷經十九個認知步驟，設法想出如何以目標語言加以表述。」阿德洛解釋。「你已經知道文法、用語、上下文，然後你還得完全確認，因為那是在法庭上：某人的生命或自由岌岌可危。」他形容口譯員運用語言的方式，「就像在運用肌肉。」他相信他會持續進步，因為他不停地學習，並惋惜他的退休同僚抱殘守缺，然後陷入一成不變的模式。「舉例來說，許多人甚至不想學習如何使用電腦。不要光說：『我要去領我的社會福利金和養老年金，然後坐著悠哉看電視。』」

如同阿德洛，我訪談過的所有年長就業者，對於精通新技術幾乎都有一些話要說。美麗的女士米蘭達．派克（Miranda Pike），自豪於她的祖先可追溯至十五世紀新墨西哥州冷水鎮（Agua Fria）的第一代西班牙移民。她曾經身兼多職，包括當模特兒、簿記員，也經營過兒子的醫療事務所。不過在當地餐廳「玉米餅屋」開張需要女服務生時，她成了個大菜鳥。她的姪女認識餐廳經理，問他是否願意雇用七十歲的員工。他的回答是：「她做得來嗎？」米蘭達喜歡這家餐廳，當酒保職位出缺時，她說：「『我想要站吧台！』雖然我只懂基本原則，但我買了一本書開始研究，裡面有紐約市最受歡迎的一千七百種飲料。」米蘭達料到老闆期待她「淡出」，但她繼續在吧台後待了十一年。

光憑玩票是辦不到的，持續的努力是關鍵。加州大學爾灣記憶受損與神經疾患研究所（Irvine's Institute for Memory Impairments and Neurological Disorders）執行了一項名為「九旬之後」（The 90+ Study）的研究計畫，是全世界最大規模的老年健康與心智敏銳度研究，自一九八一年起追蹤超過一萬四千名六十五歲以上的老人。部分的研究對象——加州橘郡的退休社區拉古納伍茲（Laguna Woods）的玩牌高手——也屬於年過九十、沒有明顯認知衰退的百分之二十的美國人，因此科學家仔細研究他們。無論你的目的是贏下一手橋牌，或遏止氣候變遷，在生活中保有目的感會影響腦中的細胞活動，並增進其保護儲備。不僅如此，目的感愈強烈，愈能增加儲備。[20]

似乎並非所有的心智活動都相等，含有社交成分可能是關鍵。有一項發現令人不安，活到九十歲而沒有罹患失智症不代表安全過關，其風險會持續增加。更廣泛的調查發現每天投入大量時間——三個小時或更多——從事全神貫注心智活動的人，失智症的風險較小。[21]其關鍵要素是新奇、複雜，還有解決問題。因此如果你會打毛線，不要止於織圍巾；如果你正在造訪外國，試著熟背片語書，還有如果你需要一個目標，請幫助我終結年齡歧視。

活動筋骨出些汗

體適能與心智適能息息相關，具體而言，要定期從事使血液輸往腦部的激烈運動。對我而言這代表步行（快走，不是散步），而且我對於每週只要步行九十分鐘，便能改善腦部功能的發現堅信不移。不過根據一項為時二十一年、檢視何種休閒活動有助於防止失智症發生的傑出研究，有多樣化挑戰的活動最好。[22]桌遊棋戲名列第一，接下來是閱讀和演奏樂器。經常和舞伴一起跳舞，能降低風險幅度達百分之七十六，根據愛因斯坦醫學院（Albert Einstein College of Medicine）研究人員的研究，高於其他任何心智與體能活動。

請注意**經常**這個詞。這些活動的任何一種，偶爾為之都不會有效果，死記硬背式的重複也一樣。關鍵是涉及帶領或跟隨或學習新舞步的瞬間抉擇，或者適應風格或節奏的改變，這些同時整合數種大腦功能，並建立神經路徑。跳舞也是理想的運動，使人們健康，還具有社交作用。不可否認，我非常喜愛的那種沒有舞伴、不須技巧的隨心亂舞，不全然對認知功能有助益，但至少是有氧運動。最理想的組合是含有社交成分且涉及學習新東西的定期活動。

尼爾・蓋瑞（Neal Gray）使之結合。他曾在海軍擔任航空軍械人員，成為工業設計師，後來撰寫技術文件，最後則到了西圖艾特港遊艇俱樂部（Scituate Harbor Yacht Club）當雜務工。他也曾是專業賽車手，開著速霸陸（Subaru）汽車上班，但在車子出問題時，他會改開時髦的TVR雙門跑車。他生性愉快，但被人說三道四時會生氣，「『你要開車到波士頓？在晚上？』彷彿八十三歲的人不可能辦得到。」蓋瑞說。他開車大多是去參加所屬三個福音唱詩班的排練。蓋瑞為了每個唱詩班，正在熟習幾首新歌，「等到波士頓大眾管弦樂團（Boston Pops）過來時，我們必須再學會六首或八首。」他說，記誦能「使大腦保持活躍，並讓我保持年輕。」

唱福音歌曲也會面臨體力的挑戰。「有時候你得拍手，還要搖擺身體，而我有動作協調障礙。」蓋瑞說。他把原因歸咎於幼年為期十天的猩紅熱發作。「當時我熬過布魯克林有史以來的最高燒體溫——華氏一百零八度！」他花了好些時間協調身體動作。但他堅持到底，一路向前，沒有停下腳步。「我們有一首歌曲叫『我需要你』，我們有兩個人負責用手語表達這首歌，所以我正在試著為這首合唱曲學手語。我不必這麼做，但我想要學習。」

蓋瑞曾歷盡艱辛：為錢發愁、多次被裁員（「我待過的公司都倒閉了，太驚人了！」）以及痛失愛妻。同時，他體現了麥克阿瑟基金會研究[23]所辨識出作為老年心智功能強健預測指標的三個關鍵點：定期的體能活動、強大的社交支持系統、相信自己有能力處理生活的大小事。心理學家稱這種特質為「勝任感」：覺得你能達成某個特定結果的自信，就像那惱人的小火車軋軋說著：「我想我辦得到，我想我辦得到。」*勝任感強的熟齡者更容相信他們能維持或改善其認知技巧。如此能增加動機，促進努力，轉而提升他們達成目標時的自信。關鍵的起始點是：關掉只因我們超過特定年紀就無法完成某事的文化訊息，無論你是要建造門廊或精通中文。

老化過程本身賦予我們思考方式上的優勢

特別是在情緒領域，熟齡大腦更富於彈性。當我們年屆八十，腦部造影顯示額葉的變化，說明我們提升了處理諸如憤怒、妒忌、恐懼等負面情緒的能力。熟齡者較少經歷社交焦慮和社交恐懼症。即使當各別的處理技巧下降，正常老化的大腦仍賦予我們更高的情感成熟度、應付改變的適應力、幸福感。這些是快樂U形曲線的神經學基礎。

這是佩妮・凱爾重返代課老師崗位後發現的事。她感覺比以前在底特律的中學教室裡更有能力，即使學生相信她說她當時一百零四歲。「我現更老了，而且更有智慧。如果孩子們不想做作業，我只是說：『好吧，如果你們不想做作業，就保持安靜。』以前我會說，『如果你們不想做，會產生這樣、那樣的後果。』他們全都會讓步，開始做作業。」佩妮對於教書工作本質的態度也變得比較達觀。「別讓這件事把你逼瘋，如果教室裡發生的事不如你預期，身為代課老師，你能做的就只有這麼多。」她聳了聳狹窄的肩膀，提出忠告。

你可稱之為知識、經驗，或說是智慧都行。娜塔莉亞・譚納（Natalia Tanner）稱之為經驗，還說年屆八旬使她在各方面成為更好的小兒科醫師，「在臨床關係、與病童家長的關係和友誼方面都是。當你成熟了，你會變得更達觀。許多事情不會像以前那樣使你心煩意亂。年紀較輕的時候，我很來勁。『這位媽媽，別用那奶瓶餵小孩！』諸如此類。我現在比較放鬆，對病人的一切感興趣。」另一位醫師、老年病醫師希拉蕊・齊本斯（Hilary Siebens）表示，她的心境隨著她從五十歲進入六十歲改變。「我依舊對新想法和當天的事件感

＊ 出自美國三〇年代家喻戶曉的兒童故事〈The Little Engine That Could〉。

興趣，但也會突然聯想到發生過的事。這個比較老的心智為我手上的工作帶來一種有價值的獨特觀點。」

腦部變化也會增進創意。在七十多歲因關節炎被迫放棄刺繡後，人稱「摩西斯奶奶」的著名美國民俗藝術家安娜．摩西斯（Anna Mary Robertson Moses）開始畫畫。她活到一百零一歲。是巧合嗎？知名的老年精神病學家吉恩．柯恩（Gene Cohen）不這麼認為，他的《熟年大腦的無限潛能》（*The Mature Mind: The Positive Power of the Aging Brain*）描述人生晚年意料之外的心理發展，以及未經開發的創意和智能潛力泉源。柯恩將這些賦予力量的改變比喻成「友善隱喻的內在聲音說著：『若非現在，更待何時？它們能奈我何？』這給人們帶來安慰、自信、勇氣。」[24]

二〇〇一年出自杜克大學（Duke University）的腦部造影研究顯示，比較年輕的受測者主要倚賴某一邊的大腦（視任務而定），但熟齡者開始以比較同步的方式使用左右腦。[25]柯恩描述這是「四輪傳動的運作。以最佳化方式使用左右腦的任何活動，對大腦來說就像是巧克力。藝術便是如此。」最棒的是，你無須是億萬富翁或佛教徒，也能體驗到這些變化。老化的過程本身會在健康的大腦中提供這些體驗。

熟齡大腦取用更多資訊

老化帶來認知和情感方面的好處，儘管年齡偏見使它們較難被承認。當某個字或詞句在腦中花了點時間才浮現，這種暫停所反映的可能不是衰退，而是心智的運作。根據愈來愈多的研究，這種看似的失誤反映出一項事實，熟齡大腦在篩選終生累積的資料庫，過濾並將資訊置於脈絡中。對大多數人來說，注意力顯然正逐漸放寬。更多的資料點讓人更難擷取曾經和不知何人一起看過的電影片名，然而注意力分散未必是件壞事。比起注意力比較集中的年輕人，熟齡者會注意到細節或微妙的線索，或者看似不相干的資訊，最終可能有助於獲得更好的答案或解決辦法。熟齡者不僅知道更多，更廣闊的世界觀使他們能辨讀心情，防止錯誤的判斷，比年輕人更容易度過難以處理的局勢。[26]

近年來對於所謂的「衰老曲線」——亦稱為與年齡相關的健康成年人認知衰退——的懷疑與日俱增，連同察覺到不同的認知能力在人生的不同時期達到高峰。二〇一五年《心理科學》（*Psychological Science*）期刊的研究分析了各年齡層人士參與認知測驗的大量成績資料。結果發現有四種能力得等到人們進入五十歲才會完全達到熟練：字彙、數學、常識、理解力（涉及解釋為何事情如此運作的測驗，舉例來說，為什麼社區會有建物的分區法規）。[27]

其他證據來自德國圖賓根大學（University of Tübingen）的語言學研究團隊的資料開採，他們搜索了大量的字庫和詞庫。[28]由於受過教育的熟齡者比起閱歷沒那麼豐富的人擁有更大的字彙量，該實驗於是模擬熟齡大腦面臨的任務。熟齡大腦之所以花費更多時間找字彙，不是因為記憶力受損，而是這是一件更龐大的工作。研究的主要作者麥可．雷姆斯卡（Michael Ramscar）承認，一開始他堅信「衰老曲線」，但這些模擬如此準確地測繪認知過程，慢慢迫使他承認他完全無須訴諸衰退。

篩選資訊的能力對這項工作有好處。「他們使用諸如『智慧』等用語，來描述我可以提煉和壓縮團體所發生之事的能力。」帶領銷售團隊進行敏感度訓練講習的洛杉磯行為科學家斯圖亞特．阿斯金斯（Stuart Atkins）表示。阿斯金斯發現自己解決問題的能力「驚人地變快」，因為他能心無旁鶩，直接找出解決方案。「我不想要有任何人認為我已經在走下坡，只因為我八十四歲。老天爺，我的能力正處於高峰呢！」

更好的過濾器也更容易讓人知道何時該退出。前面提過的國家公園部門外展專員貝蒂．索斯金，發現她對於舉辦於大峽谷、與她工作無關的某個訓練講習不感興趣，於是望向窗外松樹上的積雪。「太陽會不時從雲朵後方露臉，還有巨大的水珠落到地上。我像是糖果堆裡的小孩。我**知道**這對我更重要。」索斯金沒有感覺疲懶或有所欠缺，而是興高采烈地發現她接觸到了「一種在約莫八十歲開始起作用的新過濾器。任何在接下來的四十八小時內非急迫，或不會運用到的事物，就過濾掉。」她爆出笑聲說道。「這樣甚至不會使我慢下來。這個過濾器留住所有的好東西。」索斯金在她的部落格中描述這種能力是「一項應得的資產，作為變老的好處之一，值得好好研究一番。」[29]這位公園管理員沒有停止動腦，她相信用了一輩子學到的對事情輕重緩急的判斷，而且更有選擇性地運用自己的注意力。她是這麼說的：「我的八十六歲不是拿來被否認的。」

智慧的神經學基礎

吸收和定出資訊重要程度的能力，讓人想到「智慧」一詞，十分適合用來描述熟齡者享有的優勢，結合了即時的資訊與重要的常識庫。我傾向於稱之為經驗，是時間賦予每個人的事物，不完全等同於智慧，後者是稀有非凡的品質。我們碰到有智慧的孩童會驚異不已，也都遇過許多似乎不知道半件趣事的熟齡者。因此我質疑這種將「智慧」與變老包裹在閃亮玻璃紙下，像工廠組裝的禮物籃發送給每位銀髮族的趨勢。的確，青少年的惱人是可預測的，而生活經驗往往促成更深思熟慮的決定和更有內容的談話，但假定智慧像皺紋一樣會隨著變老產生，其實是一種反向的年齡歧視。

不過心理學家陶德．芬尼莫爾（Todd Finnemore）想出一個我能接受的定義，而且是深植於熟齡大腦的神經學定義：「智慧是視環境為整體的能力」。我們的整合能力會隨著年齡而增加。熟齡大腦具備更多樣化的線路，比年輕大腦運用更多連結，因為我們已經在人生道路上創造如此多的聯想。智慧讓看似矛盾的想法或事件，能夠不那麼衝突地存在我們腦中。我們可以對所愛的人生氣，而不忘彼此的關係，或者被某個想法激怒，但不失去希望。我們不會冒然相信唯一的真理，只因為那是我們所知道的全部。並非所有的熟齡者都具備智慧，而且變老並不必然或神奇地創造智慧。但透過對經驗的關注，變老提供許多培養出智慧的機會。[30]

人們往往將智慧與消極配成對，這是我避免使用智慧一詞的原因。不過一直到我讀到華盛頓大學教授凱絲林．伍德華德（Kathleen Woodward）的〈反對智慧〉（Against Wisdom）一文，我才開始就政治脈絡思考這個用語。文中她要求以「暫緩使用智慧」（"a moratorium on wisdom"）作為老年的典範。[31]伍德華德認為憤怒與智慧是不相容的，因而將後者理想化會奪走熟齡者對自身和政治做出改變的強大催化劑。把老奶奶放在遠遠的搖椅上，比處理她想提供或有權要求的事物要來得容易多了，尤其當她帶著微笑屈服時。我們喜歡我們的老人家安靜怡人。強烈的情緒讓人為難，所以我們迅速將憤怒降級為反覆無常或性情暴躁。

伍德華德質疑這套劇本能適用於大多數的老奶奶到何等程度，並指出將老年的智慧理想化往往是作為年齡歧視的掩護。她引用心理學家史丹利・霍爾（G. Stanley Hall）經常被引述的《衰老》（*Senescence*）書中段落，該書是第一個針對霍爾所謂的後半人生（現在更像是後三分之二的人生）所做的重要研究：「老年人和青年一樣擁有情緒騷動的權利，而且同樣容易受到其影響。在這裡，如同在每個地方，我們遭到誤解且身為如此薄弱的少數，只得一再地放棄我們的衝動。老年的標誌之一，霍爾宣稱是「一種新的敵對態度」，而伍德華德稱之為「有智慧的狂怒」。在安慰和自信的支持下，憤怒是武器之一，用於駁斥我們因為太老而無法學習或感覺的看法，和作為被消音或被屈尊對待的回應。

滿足感隨著年齡而生：快樂U形曲線

第一次遭遇快樂U形曲線時，我料想是一些社會科學家圍住兩名八旬老人，給他們一根巧克力棒，然後突然拋出問題。熟齡者對於這個發現也感到驚訝，以為自己感到自我滿

「癌症戰爭」的醫療模式長久以來採行一次攻擊一個疾病，此種作法可能使我們獲得最糟糕的一種結果——非健康狀態的額外壽命。朝更整全的方式發展的共識正逐漸形成：介入老化過程本身，以期增加我們保持活躍的年數，並推遲失能和死亡的到來。**推遲**而非防止。

「不死科學」的空泛承諾

我們這個文化用來奠定自尊的許多事物——緊緻肌膚、運動能力、性能力——都是短暫存在的。熟齡者小心翼翼的步伐和變遲緩的反應，提醒我們這段「緩刑」為時不會太長。以為我們能永保青春，甚至可能逃過一死的錯覺會如此吸引人，其實並不奇怪。每週似乎都預報即將出現某種「抗老」的突破，舉幾個例子：利用幹細胞使身體組織回春的可能性，或者動員奈米機器人來巡邏身體和修復細胞損害，或者延長端粒。（端粒是染色體末端的DNA重複序列，隨著每次細胞分裂而縮短。）

領先群倫的是提倡從根本上延長壽命的人士，他們認為生物技術的進展很快就能使生物時鐘變慢或逆轉，而且我的世代可望比我們的父母長壽。許多倡議者相信生物醫學研究者奧布里・德格雷（Aubrey de Grey）所稱的「長壽逃逸速度」（longevity escape velocity）指日可待：屆時每過一年，平均壽命會增加一年，使壽命變得無限長。

上世紀人類壽命史無前例地增加，確實使我們站上新的革命性立足點。荷蘭老年學家魯迪・威斯滕多普（Rudi Westendorp）博士在紐約的西奈山醫院（Mount Sinai Hospital）發表演講，談論八十五歲之後的保健議題，他說出強而有力的開場白：「人類壽命沒有生物學上的限制。如同生物學家所言，『人的必死性』本身是有可塑性的。」白髮和用放大鏡閱讀提醒我們，機器終究會運作失靈，如威斯滕多普所言，「像廉價車一樣」。我們的細胞在面對傷損或疾病時，會隨著年齡愈來愈無法自我修復。儘管衰退是不可避免，但我們尚未達到生物設計的極限。

老化並非基因上不可更改的事。我們可以影響健康狀態。但當壽命延長，我們會愈來愈難使之進一步增加。「這是數學的必然。」人口統計學家歐斯漢斯基（S. Jay Olshansky）說，[3]他舉例說明從生物學現象做線性外插的危險，例如那樣會得出人類到了二四二〇年每分鐘可以跑一哩遠的結果，還是在屆時男性體重二百九十三磅，女性體重二百六十一磅的情況下。過了青春期，死亡的風險每隔七年倍增。如此指數式的上升是人類和其他許多物種的生物屬性。更長的壽命不會改變這種軌道。

我百分之百支持生物老年學——研究當人類變老時身體方面變化的學科。為何我們不應從諸如Google同集團的Calico公司所從事的老化生物學研究中受益，尤其因為資金嚴重短缺的國家老化研究所負擔不起大多數費用？在我們遠比現在更了解細胞和器官系統之前，任何促進健康的對策都不會對平均壽命和最大壽命產生重大成效。延長我們的健康壽命？顯然是有價值的目標。延遲老化？絕對是。**克服**老化？睪固酮、恐懼加上科技魔法的組合，也無法推翻熱力學第二定律：系統隨著時間崩解。

活著和老化是分不開的事。老化並非疾病。（否則活著也會是一種疾病。）老化無法被治癒。老化代表還活著。如同卡普芙告訴全國公共廣播電台的布萊恩・萊勒（Brian Lehrer）的話，「你無法對抗變老，正如同你無對抗呼吸。」[4]

保健上的年齡歧視意味著較少的治療、較差的治療，甚或經常沒有治療可言

一般以為熟齡者在醫療上的受惠程度低於年輕人，這是不正確的想法。治療所提供的好處，包括嚴重的介入例如心肺復甦術、移植、化療、洗腎，並非取決於年齡。愈來愈多

八、九十歲的年長者接受開心手術，而且存活率等同於年輕許多的病患。[5]當然，有些人並非合適的受治病患，即使只有四十幾歲。進行手術的決定應以臨床需求和個人的整體健康為依據——心臟、肺臟、腎臟功能——且不因年齡偏見而排除。

事實上，「沒有任何病痛應該被視為『老人』病。」老年學家暨《治療我，而非我的年齡》的作者拉克斯如是說。「以年齡作為治療病患的依據，意味著你可能遺漏非常重大、可治療的情況。」[6]但醫師習慣這麼做。二〇一二年，年齡歧視在英國國民保健署（National Health Service）成為非法行為，以倫敦為基地的慈善組織Age UK和皇家外科醫師學院（Royal College of Surgeons）共同發表一篇報告，顯示有些熟齡病患錯失了重大的外科手術。[7]兩年後的後續報告發現這個問題沒完沒了，接受手術的比例存在著廣泛的普遍差異，包括乳房切除、膽石、疝氣修補、結腸直腸手術、膝關節置換。[8]超過七十五歲的病患錯失手術的比例高於六十五至七十五歲的病患。

或許因為健康專業人士處理的是位於光譜比較衰弱端的人，比一般大眾更容易有年齡歧視的態度，也更可能認為衰老與疾病緊密相關。[9]一個朋友帶著他的八十三歲母親（她在中風之後坐輪椅）去找家庭醫師做檢查時，醫師驚呼問候他們，「你還活著呀？」許多醫師不想處理死亡問題——病人的或他們自己的。

這會造成什麼影響？熟齡病患的醫療問題是經常被誤診或未發現病因。即使正確診斷出疾患，治療上的偏見或缺乏資訊可能導致低於年輕病患的照護標準：

- 醫師和護理師往往認為平衡問題、失禁、便祕、失憶等症狀，是高齡不可避免的結果，而不是當作可治療的疾患。
- 他們時常表現出輕視的態度——「以你的年紀，還想指望什麼？」，而非視為可加以改善的病痛或不舒適。比起年輕患者，老年疼痛患者較難得到適當的治療。[10]
- 調查結果顯示，醫師與年輕患者的溝通比較良好，而且更可能展現關切，即使他們的醫療問題比較不嚴重。熟齡患者分配到的看診時間相對少，特別是後續追蹤，[11]還有不勝其擾的醫院人員較不理會他們。
- 醫師往往未能說明熟齡身體在吸收藥物方面的改變、檢查的副作用，以及考慮到接受多種藥物治療的影響。這使得熟齡者更可能遭受藥物反應不良和誤用處方藥。二〇一四年有多達十二萬四千位美國人死於藥物反應不良的交互作用，超過八十萬七千人遭遇美國食品暨藥物管理局所稱的「嚴重後果」，例如住院治療和造成生命威脅的失能。[12]這種情況不成比例地影響超過六十歲的人，他們服用一半以上的處方藥物。

年逾六十五的住院者，每六人之中有一人是因藥物反應不良住院，超過七十五歲時，比例增加到每三人之中有一人。這些影響鮮少得到研究。[13]許多熟齡者，尤其是安養院居民，面臨服藥過量的危險。

- 這種偏見反映於公共政策。例如在二〇一九年，向國家衛生研究院申請補助者理應將各個年齡層的人包含在內，或者證明年齡限制有其正當性，但許多研究是私人資助，其指導方針並未規定需積極徵募熟齡對象。難以辯解的是，即使研究的是晚年最常見的疾患，但排除熟齡者的比例卻相當高。[14]
- 國家衛生研究院的一九九三年《再生法案》（Revitalization Act）規定將女性和少數民族納入聯邦資助的臨床試驗，但不包括超過六十五歲的人，即便他們接受更多的藥物治療。超過八十五歲的人是人口分布中快速成長的區塊，但臨床試驗典型卻是年輕人。
- 許多醫師以為他們的熟齡病患不具備性吸引力，因此不會詢問性歷史，或進行例行的性病篩檢。熟齡者往往罹患愛滋病毒／愛滋病多年而不自知，因為他們誤以為諸如疲憊、體重下降、困惑等症狀是伴隨年齡而來的正常疼痛和痛苦，也因為醫師和病人都預設愛滋病是年輕人的疾病。
- 輔助的預防計畫，例如例行的癌症篩檢，時常忽略掉熟齡者，而且許多醫師未能為熟齡病患提供適當的預防建議。

關於心理健康的年齡歧視刻板印象，也是熟齡者所獲得的精神照護品質相對不佳，以及因抑鬱而有高自殺率的原因。熟齡者的抑鬱比例確實低於年輕人或中年人，但他們更可能是未被診斷出來。[15]抑鬱相關的認知缺陷被誤診為失智症也是常有的事。心理治療對所有年齡層都同等有效，但心理學家傾向於低估熟齡者的反應以及他們自我反思的能力。

熟齡病患的態度可能是問題的一部分。堅忍是成長於經濟大蕭條時期的世代奉行的圭臬，致使許多人根本不尋求醫療照護。許多人受到內化的年齡歧視制約，期待衰退而非康復。只有極少數有足夠自信的人，會指出自己另一側的八十六歲肩膀還堪上舉，或者無法上舉的那側肩膀迫切需要積極的介入治療。性別歧視使問題惡化，熟齡女性較不會在醫療場所暢所欲言、較不會被聽見，也因此較無法接受到積極的醫療處置。[16]熟齡女同性戀者的情況甚至更糟，而廣泛得到證明的種族不平等，進一步對有色人種的熟齡者不利。

醫療照護中的年齡不平等，促使了心理學家卡斯坦申投入老年研究。二十一歲時發生的車禍使她在整形外科病房待了二十個月。裡面大多數病患都是老年人，護理師派給她一項作業：協助她的熟齡病友適應。她整天與這些女性相處，看見她們如何受到差別待遇。

「物理治療師每天過來看我三、四次，我在進行復建，但她們沒有。」[17]卡斯坦申後來成立了史丹佛長壽中心，該中心的研究顯示，許多一度被認為無法逆轉和有生物學依據的改變，更多取決於人們如何察覺他們的未來。

從業護理師瑞秋・德羅利特（Rachel Drolet）投入老年照護工作的原因之一，是她看見熟齡病患比年輕病患更快遭受約束處置。「病患被標明為神智不清或可能『傷害自己』，只因為大家都覺得『老年人』比較容易神智不清。」她告訴我。身體疾患的最初症狀可能表現在心理或情緒上，而且行為的改變應該被當作嚴重的醫療問題處置。藥物的交互影響和不相干的疾病，在熟齡者身上可能造成失智症和譫妄。麻醉可能需要花費非常長的時間消退，熟齡病患或許會意識模糊一至兩天。這些症狀太常被當作「正常」認知損傷的徵象就打發過去。

還有許多我們還未知的事。舉例來說，熟齡病患不必然應該被置於和年輕病患一樣的療法系統。「我們所知關於老化的一切，比我們以為的更微妙。」卡斯坦申說。以睡眠為例，「長久以來，教科書說睡眠隨年紀而改變，年紀愈大睡得愈少。以往人們沒有區別其他因素，例如疾病和關節炎疼痛造成的失眠。事實證明如果治療老年人的睡眠失調，他們會和年輕人睡得一樣多。」睡眠障礙可能也是抑鬱的表徵，而抑鬱在任何年紀都同樣可以治療。

儘管數量空前的美國人活得愈來愈長壽，但全美只有不到七千名老年病醫師（換句話說，每一萬個年逾七十五的美國人分配不到四名），而且這個數字正在減少。[18]（老年病醫師是受訓處理影響熟齡者的醫療、社會、心理問題的醫師。）這代表老年病醫師必須擔任實際治療熟齡病患的醫師的教師和顧問。每年替哈特福德基金會（Hartford Foundation）分析這些資料的醫師克里斯多福・朗斯頓（Christopher Langston）舉例：「想像你得癌症好了，如果你的主治醫師去諮詢腫瘤科醫師，但一直都沒能讓腫瘤科醫師實際為你看病，你高興得起來嗎？那差不多就是我們現在面對的情況。」

到了二〇三〇年，老年病醫師短缺將成為重大問題，屆時百分之二十的美國人口將超過六十五歲。美國每所醫學院都要求學生進行完整的小兒科輪值，但只有百分之十的醫學院要求與老人病學有關的課堂作業或輪值。[19]不到百分之一的美國醫學院畢業生會選擇老人病學。平均而言，老年病醫師的收入不如其他需要研究訓練的專科醫師。部分是因為熟齡者需要整體照護，看診所需時間通常高於平均，在為了收費而服務、量化為主的制度中是一項不利之處。

另一項抑制因素？老年病醫師得不到敬重。如果你告訴別人你從事該領域的工作，得到的標準回應是「為什麼？」或者貶抑的「你人真好。」社工人員也聽聞相同的事，他們當中僅百分之三專職於老年病學。這都是因為年齡歧視。在進入老年病學領域時，薩米爾・辛哈（Samir Sinha）醫師被告知他是在浪費他的才能。辛哈目前擔任多倫多西奈山醫院與大學健康網絡（University Health Network）醫院的老人病學主任，他將已制度化的年齡歧視歸咎於老年病醫師的短缺：「一個輕視老年人的文化，不重視與他們合作的人。」[20]

病患本身內化的年齡歧視使這種偏見揮之不去：上帝不容任何人發現你在接受老年病醫師的照護！否認年齡注定了這種令人遺憾的待遇。諮詢老年病醫師，如同阿圖・葛文德（Atul Gawande）醫師在他的書《凝視死亡》（*Being Mortal*）中所言，「我們每個人都需要仔細思考生命中的無常，以及我們不可避免將會面對的衰退，以便做出加以重塑的必要小改變。當大家一股腦幻想我們能夠長生不老，老年病醫師不中聽地呼籲我們應該承認那是辦不到的。」[21]

醫科學生也會誤以為從事老人病學容易讓人憂鬱。但猜猜看，是哪一科的醫師一再於調查中顯示他們擁有最高的工作成就感？答案是老年病醫師。而最快樂的老年病醫師擁有大量年逾七十五且接受醫療保險的病患。[22]加州大學戴維斯分校針對六千五百名醫師所做的研究，將原因歸諸為何？「除了穩定的時數、認識令人振奮的年長者和持久的關係，這個專科隨著嬰兒潮人口的退休，愈來愈被需求。」然後他們並無諷刺意圖地表示，「相對不足的醫療保險給付，已造成全國老年病醫師的缺乏。」[23]那麼提高醫療保險給付率如何？利用工作成就感處理形象問題如何？還是給予見習中的老年病醫家債務減免呢？

我們不僅活得更長壽，還維持更長久的健康

六十歲不是新的四十歲，而是新的六十歲。更極積的生活方式、更健康的飲食、髖關節置換手術和荷爾蒙補充療法，搶先制止或預防了以往過了中年之後不可避免的功能喪失。如今美國社會不再區分成健康活躍的年輕世代和能力嚴重受損的熟齡世代。只有百分之三十五年逾六十五的美國人報告他們有聽力障礙，以及百分之八點五有重大的視力問題[24]——這些數字令人質疑駝背的老爺爺瞇著眼睛、手持喇叭狀助聽器的漫畫形象。即使在超過八十五歲的老人中，也只有四分之一需要旁人協助其日常活動，例如洗澡、打扮、穿衣、餵食。[25]

在紐約州的橘郡（Orange County）調查成年人生活環境的社工提姆．墨菲（Tim Murphy）發現「一整個新世代年近百歲的人，依舊在社區中過著相當獨立的生活，對我們而言是某種鼓勵。」這不表示這些百歲長者不需要各種協助。他們已經知道如何以及何時向人求助，

並積極地順利度過老化過程。他們接受並評論幫助他們活得如此健康長壽的治療、科技、資源。

嚴重的疾病往往集中出現在生命的最後階段。公共健康的目標之一是壓縮這段時期：盡可能長時間過著沒有疾病的生活。這是進步的基本指標，也是到了生命盡頭時，保健成本最高昂的原因。健康照護的成本**並沒有**隨著人口的平均年齡而按比例增加——這是常見的一個謬誤推論——大半歸功於教育和更完善的醫療照護，尤其是心臟病，熟齡美國人的失能比例於一九八〇和一九九〇年間下降，並在二十一世紀維持穩定。[26] 某些研究，例如二〇一六年哈佛大學研究與美國國家經濟研究院（National Bureau of Economic Research）所做的研究的顯示失能比例逐年下降。[27] 儘管美國人愈來愈早罹病，但我們得到更好的治療，而且更善加利用這些成效。換言之，雖然更長的壽命意味著更多年的生病時間，但「非失能狀態的平均壽命」增加得比平均壽命更快。

研究人員區分必要的日常活動（例如穿衣和如廁），以及「工具性」的活動（例如輕負擔的家務和金錢管理）。他們也以步行四分之一英里或舉起適重的物品為標準，進行體能的評估。這類限制因素的發生率正在下降中，再者量測它們對於生活品質的影響是高度主觀的。一個體格強健的人可能因為無法爬階梯而身心交瘁，而美食主義者會因為再也不能做菜而徹底情緒低落，但其他人卻可能輕易適應。

健康本身可以理解為一種相對的概念。一項為期二十五年、發表於二〇〇八年的研究，調查二千三百名健康男性長達四分之一個世紀。[28] 一九八一年展開研究時，受測者平均年齡七十二歲。到了研究結束時，其中九百七十名男性已經年逾九十。**這個群體慢性疾病的罹患率和總體人口的罹患率一樣**。其生活品質的差異及其為期的長短，關乎五個可預測也可修正的行為：不抽菸、控制體重和血壓、避免糖尿病、定期運動。

老化不是疾病

死亡的生理原因比一九〇〇年時更加可預測。多虧有乾淨的用水和抗生素，結核病和腹瀉疾病已經讓位給心臟病、癌症、中風。如果我們找到這些疾病的治療方法，那麼我們將死於其他疾病，但不會是年老，因為老化不是一種疾病。老化長久以來被視為疾病，因為最初的研究多在長期照護和療養場所進行，在那裡身體和大腦鮮少受刺激，而且許多研究對象確實生了病。隨著時代推移，例如起始於一九五八年的巴爾的摩縱向老化研究（Baltimore Longitudinal Study of Aging）等計畫，開始區分二者。科學家開始辨識促成健康變老和發展介入手段的因素，例如改善平衡和肌肉功能的運動，以延遲或預防一度完全歸因於老化的問題。這時研究人員在「正常老化」與疾病之間劃出一條清楚的界線。

就醫學角度而言，老化是持續不斷地喪失生理能力，例如免疫反應和體內平衡，導致更難抵抗那些主要的死亡肇因。（體內平衡是身體維持穩定內在狀況的能力，例如葡萄糖濃度或體溫。那是熟齡者遇寒往往裹成一團的原因。）其典型的表現是我們的感官變得比較不敏銳、皮膚變得乾燥、肺部缺乏彈性，更容易血壓高、精力和力氣減弱、骨質比較不緻密，以及身高隨著椎間盤縮短變矮。（以下是困境中的一點慰藉：我的朋友科琳娜在八十六歲時不再因椎間盤突出而疼痛。）

某些病痛確實與年齡有關，例如阿茲海默症、椎骨狹窄、關節炎。但許多我們歸因於年齡的變化，其實從童年期就已經開始，並受到諸如肥胖、營養不良、環境條件、社交逆境、甚至人格等因素的影響。這使得早期介入變得極為重要，並說明何以現今美國年輕人的失能比例上升值得憂慮，此事涉及包括肥胖和失業率在內的複雜因素。我們也必須記住與年齡有關的改變，其程度和比例因人而有巨大的差異。不僅如此，這種個人之間的差異也隨著年齡加大。這意味著當我們年紀愈大，別人愈難從實齡可靠地推斷我們的健康狀態（或認知、或語言和獨立的功能）。換言之，以年齡為依據來預測個人的健康與幸福是不可

程都是一樣的，都是無中生有的塑形。」

活動力是相對的。二〇一三年前往越南的旅程中，我和丈夫鮑伯遇見來自世界各地的旅人，他們大多比我們年輕許多，也有一些明顯比我們年長。卡蘿和馬帝斯也參加了我們選的河內下龍灣船上兩日遊行程，那裡有三千多座石灰岩島嶼垂直矗立於青綠的水面上。馬帝斯是退休的法國教授和納粹大屠殺的倖存者，是長著娃娃臉的八十七歲男人。他體重稍微過重，患有關節炎和椎管狹窄症（我有相同的毛病！），動過頸椎手術而有損平衡感，所以倚靠三輪助步車四處移動。馬帝斯略過幾個遠足行程，但在午餐時刻，他跨過船舷並舉起助步車，踏上很長、很不穩的無欄杆漂浮走道，走到另一頭用餐，這時一群年輕的東歐小伙子安靜恭敬地在他後頭等待。回到船上，他吐露自己怕水怕得要命。

馬帝斯和他的妻子（輕微發福，同樣地不屈不撓）以前曾取道緬甸來過越南，還租了汽車聘了司機。倘若他們手腳更靈活些，他們不會做此選擇，但在這個國家要四處移動並不容易，而他們遊遍各地。一個星期後，我們在昔日的法國殖民貿易中心會安市，和一位投宿同家飯店的女士聊了起來。她和丈夫是加拿大人，兩人已經七十好幾，曾經在紐西蘭住了四十四年。她的丈夫脊椎彎曲，迫使站立時臉部朝地，但這並沒有阻止他們上路。

他們當時來到六週越南之旅的末段行程，其間都玩得非常盡興，除了她在湄公河三角洲昏倒的那段時間，發現先前未被診斷出來而且證明幾乎致命的超高血壓。在胡志明市的醫院短暫停留監控治療後，她又繼續上路。「喝足大量液體。」她建議。當我稱讚她精力過人時，她告訴我，她曾在印度得到寄生蟲，還有在尼羅河的一艘小帆船上感染沙門氏菌，回家之後躺了好幾個星期。「煮得又老又硬的蛋，你難道不認為那是世界上最安全的東西？結果從我們餐桌這邊的籃子拿東西吃的人全都感染了沙門氏菌。」「但你又再度上路了，沒學到任何教訓？」我責問。「**一點也沒。**」她狡黠一笑與我擊掌。

鮑伯和我能輕鬆爬進上鋪，一路搭乘火車從河內到西貢，但最終我們會預訂下鋪，或者騎有邊車的機車。這些包括我們在內的人，代表光譜的一端，有經濟能力和熱愛冒險。許多擁有特定財力的熟齡者只坐著他們的高爾夫球車旅行，還有更多沒有資產的熟齡者只能透過螢幕或印刷品旅行。透過我的世代將輪椅徹底商品化，這產品將變得更酷，而多虧了一九九〇的《失能美國人法案》（Americans with Disabilities Act），輪椅能到達更多地方，但有許多目的地將依舊無法進入。將來會有數不清的妥協，如果這是讓我出門所需的代價，希望我會欣然接受。

失能讓人感覺十分受辱

我們毋需搔破頭，便能推知我們對於變老的極大憂慮根植於害怕失能。醫學進步讓更多人與失能共存，同樣也使愈來愈多的人久活到最終加入前者的行列。然而儘管有三分之一失能的美國人年逾六十五，我們表現得彷彿年長者決不會失能，而失能者決不會變老。老化不該等同於失能，但我們也須承認兩者的重疊之處，因為這麼一來削弱了年齡歧視和健全主義，並為集體倡議鋪路。一九七〇和八〇年代重構我們看待失能角度的行動主義者，有許多值得我們學習之處。他們將失能從個人的醫療問題，變成社會問題——這就對了！——然後要求無差別待遇、平等使用權等等各種平等權利。

無論年齡多大，失能者都背負著這個疾患及其社會成本。在我們了解造成疾病的原因之前，受折磨者遭到隔離或迴避。社會至今尚未跟上醫療科學的腳步。許多人仍會迴避失能者，因為他們使我們感覺不舒服。將恥辱內化比起疾病本身更能傷害自尊和生活品質。可怕的是，因為恥辱感如此之大，許多熟齡者拒絕使用輪椅或助步器，即使這意味著**足不出戶**。

有些人想出巧妙的權宜之計，例如我朋友溫蒂的八十六歲阿姨，她住在紐約皇后區高樓。當她們要外出時，她阿姨會把皮包拋進一輛直立式購物車，儘管她們不是要去購物。不久之後溫蒂便明白，阿姨把購物車當作助步器使用——看起不像助步器的助步器。每當腿抽筋，她阿姨就跛行過去倚著公車站牌，直到疼痛和緩下來。「這麼一來人們會以為我們在等公車。」她低聲說道。這是一個關於展現適應力的精采故事，也是關於羞於「顯露老態」的悲慘故事。

我的叔叔即使到了全盲的地步，也不願使用白手杖，寧可倚賴陌生人和計程車司機的善心。我有一位不滿四十歲的朋友在腳骨骨折後也拒絕手杖，而樂意使用拐杖，因為拐杖代表「受傷」，而非「年老」或「失能」。所有這些跡象顯示，弓身拄著手杖的人被籠罩在拉得如此長的陰影中。某位在康乃爾大學威爾醫學中心進行老人病學實習的醫師，描述一位七十八歲患有多發性硬化症的病人。「她是真的不良於行，連在自己家裡也不時跌倒，但當別人給她椅子坐，她卻**十分生氣**。」這位醫師是否希望她的病人接受座位？「是的！我也在不願使用助步器的人身上看到相同的情況。」

那麼關於聽力喪失呢？根據美國國家耳聾暨他類溝通障礙研究所（National Institute on Deafness and Other Communication Disorders）的說法，將近百分之二十五的六十五至七十四歲老年人，和百分之五十年逾七十五的老年人有造成失能的聽力喪失問題，但能夠藉由配戴助聽器受益的人當中，僅不及三分之一曾經實際使用。[29]費用是一個原因，另一個原因是否認。許多年長者堅稱自己沒有問題，他們告訴聽力師，「我聽見我想聽的。」無所察覺是另一項重大因素。聽力喪失通常是漸進的，由於我們無法察覺對我們而言已不再存在的事物，因此許多人一直未注意到這個問題。有些人認為聽力喪失只是老化的正常現象，所以不會有害。耳部在平衡上有其作用，即使輕微的聽力喪失也可能使跌倒的風險升高為三倍。聽力喪失也與抑鬱和失智症有關聯。根據以巴爾的摩縱向老化研究為基礎的研究，聽力喪失愈嚴重，認知衰退的比例愈急劇。[30]

在得知此事後，我去做了聽力檢測，部分因為我想要解決不斷發生的「你耳朵聾了」／「你得說大聲點」的家庭爭議。（我的丈夫有一副好聽的低沉嗓音，說話非常輕柔。我婆婆有嚴重的重聽，每隔幾分鐘就會問：「他說什麼？」，我轉頭對他說：「告訴媽你說了什麼。」唉，家人就是這樣。）結果證明我的聽力正常，雖然喪失一些高頻聽力，但在我的年齡層屬於常見的事。聽力檢測的第一個單字是「墨水池」（inkwell），讓我笑了出來，這個標準檢測顯然自二戰以來從沒更新過。

我很高興我不需要助聽器，但需要時我會配戴。我希望將來它會比現在的好用，或許甚至變得時髦。新式助聽器可以透過智慧型手機應用程式精準調整，強烈暗示它們是功能強大的失能輔助裝置。這種助聽器也非常不引人注意，有助於接受度，尤其如果使用者確實因此比沒有重聽問題的同儕聽得**更清楚**，而情況極有可能如此。像樣的聽力是完全投入日常生活條件的一部分，更別提不因此惹惱周遭的人。愈早做出診斷，接受適當治療的選項愈多，還有社交和認知方面的好處。

遺傳問題不像你可能以為的重要[31]

長壽的祖先是一項有利因素，但他們只能幫你到這裡，這是我從老年病醫師巴特勒那裡得知的。「重新創造你自己並培養不同的健康習慣，永遠不嫌遲。我們的健康大約只有百分之二十五取決於基因，百分七十五受環境或行為影響。」巴特勒告訴我。雖然我見過這個數字被限縮至百分之三十，但基因的重要性遠低於我原本以為的。再者，遺傳學的作用隨著年齡的增加而減少，而環境會發揮更大的影響力。許多風險因素，包括肥胖、高血壓、高膽固醇的可能性，總的來說不是遺傳所導致。換言之，如同〈麥克阿瑟基金會成功老化研究〉所言，「我們的生活方式和居住地點，深刻影響全身許多器官與年齡相關的功能變化，包括心臟、免疫系統、肺臟、骨頭、腦部、腎臟。」[32]

生命是不公平的。史上最長壽的人類珍娜・卡爾蒙（Jeanne Calment）享壽一百二十二歲，死於一九九七年，她不但嗜食甜品，喜歡廉價紅酒和油膩食物，到了七十七歲時還在抽菸。巴特勒回想起他大學時代結交的兩位摯友，其中一位曾在二戰期間擔任飛行員，並持續航海和打網球，依然有大多數的身體毛病。當時一通電話打斷了我們的談話，打來的便是這位八旬老人的私人教練。

負擔得起個人教練和保健費用會有幫助。能夠奉行一些基本原則也是：不抽菸、控制體重和血壓、少吃糖、多吃蔬菜、充足的睡眠。無論能否延長壽命，這些行為都是有道理的。我們不管在任何年齡都能提升健康狀態。

二〇一〇年《紐約時報》一篇稱作「百歲人瑞的祕密」的特別報導中充滿老生常談，這篇報導的作者專欄作家珍・布洛迪（Jane Brody）總結出「三個R——決心（resolution）、智謀（resourcefulness）、彈性（resilience）」[33]，並強調基因在長壽上扮演的角色相對不重要。這些「祕密」是什麼？運動、節制，以及強大的社會與家庭連繫。簡而言之是生活方式。讓我印象深刻的是多樣化的實例，在我自己做過的訪談中也是如此。有些百歲人瑞是共餐的絕佳良伴，有些則麻木遲鈍。有些體能一般，有些則活力非凡。黑姿爾・米勒（Hazel Miller）是我樂意和她一起吃飯或上路旅行的人。這位務實的百歲人瑞有何祕密？「別死就行了。」黑姿爾一向喜歡跳舞，「不過你也知道，過了某個年紀就找不到男舞伴，所以我開始跳排舞。」那便是彈性。

態度會有幫助

黑姿爾不會坐等男人出現，而是適應環境，以便繼續做她喜歡的事。另一位百歲人瑞將她的幸福歸之於「我受到祝福，而且一直努力著。你得勞動、保持愉快，還有找尋有趣的事情來做。這是一種健全的態度。」

《紐約時報》記者約翰．利蘭（John Leland）花了一年時間與「極高齡者」交心，寫了一本關於這個經驗的書，名為《快樂是你做的選擇》（*Happiness Is a Choice You Make: Lessons from a Year Among the Oldest Old*）*。他寫道，「本書書名源自這些年長者教給我的第一課，也就是即使當我們的各種機能衰退時，我們仍然能對自己的生活品質發揮極大的影響力。」[34] 他訪談的大多數熟齡者的生活因為健康不佳、貧窮或被孤立（或兩者皆有）而嚴重受限，

* 繁體中譯版書名為《老年的意義》（如果出版社）。

然而他們全都專注於此時此境依舊屬於他們的特有樂趣，而非失去的事物，藉以找到一種快樂之道。

如同好的基因，樂觀的態度賦予真正的優勢。研究顯示樂觀者比悲觀者更長壽，無疑也能享受他們多出來的壽命。但一說到「好好地變老」，有太多熟齡網站和權威大師過度強調樂觀態度所扮演的角色，有點像披頭四樂團哼唱的「你需要的只有愛」。這麼一來卻將大環境需負的責任置於個人身上，也轉移了對制度化的不利條件的注意，讓人更難展露笑容，或者只是繼續忍耐。開朗的性情也許有助於人們應付不當對待，但終究不能取代補救的辦法。

反擊！
保持活動：對於活躍的老年人而言，最大的威脅是最能補救的事

老年病醫師喬安・林恩（Joanne Lynne）在報告關於美國臨終照護的窘況時，用以下這個問題來開場：「你們有多少人預期死亡的來臨？」[35]林恩接著提供三個選項：癌症、慢性心臟或肺臟疾病，或者虛弱和失智。她的圖表描繪每種疾患的臨終情況（Y軸顯示功能，

X顯示時間進程），而她所描繪的每種疾患的傷害，讓聽眾和我感到吃驚。癌症通常在病患死亡之前有幾週或幾個月的急劇衰退期。慢性心臟或肺臟疾病的特點是幾次的重症，間隔著功能減弱、相對穩定的時期。第三種情況是可能伴隨失智症而來的擴大虛弱，包括長期緩慢的衰退，這是大多數人最壞的夢魘，等著降臨在許多熟齡美國人身上。他們通常年逾八十五，女性人數多得不成比例而且寡居。

我們不知道造成失智症的原因，因此難以預防，不過我們知道對於老化的積極態度能防止失智症，即使是遺傳上傾向於罹患該疾病的人。[36]對照之下，其脆弱指標（體重下降、虛弱、疲憊、步行速度變慢、活動減少）則易於偵測。可靠的檢測確實存在，但比起老年病醫師，一般醫師鮮少執行。隨著年齡而喪失肌力是自然而然的事，往往不被注意，但最終可能演變成無力跨出浴缸或爬階梯。我母親一輩子不喜歡淋浴，她在浴缸裝設了許多起初看來古怪的把手，但她變得太衰弱，根本無力撐起自己進出浴缸。

保持身體活躍可大大提升熟齡者的體適能、肌肉大小和力氣，並強化骨頭強度和平衡感。這麼做能改善和甚至預防認知衰退，配合飲食還可以補救和甚至逆轉促成虛弱的許多因素，無論你年紀多大或多晚才開始。[37]即使已然虛弱的更高齡熟齡者，也能從適度的介入措施，例如走路或從事簡單的重量訓練，獲得極大的好處。熟齡者也毋須比年輕人更努力，就能維持相同程度的健康。拉克斯醫師說，「要做的話永遠不嫌遲。這有點像是看見遠處的冰山。只要你修正一、兩度航向，就能完全避免撞上冰山。」[38]

讓「器官獨奏會」變簡短

「器官獨奏會」（organ recital）——我聽人這麼稱呼，指隨著年歲會愈來愈長的關於疼痛和疾病的叨叨絮絮——不必總是挾持了聊天內容。我想知道朋友健康問題的近況，但我確信我們能訓練彼此快速講完。我認識某位住在海外的女士，她每年都會回來跟上家鄉每個人的現況。她會提醒朋友，她回來是為了聽聽他們生活中發生的事，而不是內臟裡發生的事。一旦器官獨奏會開始，她便提醒朋友她不是醫生，並且轉身離開。「我花了好幾年時間，終於成功戒除他們這個習慣。」她露出笑容道。說起你的病痛，或許除了你媽之外，沒有人真正那麼感興趣。

在某場會議中，一位新聞工作上的同事問每位發言者對於逐漸變老的感受。我最喜歡的回答是：「就像有個疼痛的腫塊，它會到處移動。」我把它想成「一次只能有一個嬰兒哭」

的疼痛理論。當我們把老二從醫院抱回家時，他的兩歲姊姊突然哭了起來，我丈夫面無表情地宣布：「一次只能有一個嬰兒哭！」他實事求是地告訴她。這讓她嚇一大跳，給予我們足夠的時間克制住脾氣。現在如果我久坐或走太長的路或諸如此類，我會感覺疼痛，但如果我的背不舒服，我就不會注意到膝關節的問題。一次只能有一個嬰兒哭。

我必須提醒自己，疼痛就只是疼痛，不盡然與年齡有關。幾年前我那當騎師的女兒和我都被診斷出髕骨骰骨疼痛症候群，並且定期接受物理治療。我很難把這當成一早起來要記住的第一件事，結果便是東倒西歪地往門把扶，好幫助自己站直。我祖母所說的僵硬，我的整形外科醫師稱之為狹窄症，我的針灸師稱之為氣血淤塞，而我的全科醫師說是關節炎。我不跟別人多談這件事，一來因為無聊，二來是我不想給它更多頻寬。

我的目標是能繼續做我想做的事。到目前為止一切順利，雖然終點柱一直在改變。我前以會騎著單車一路颼颼急馳，現在改騎慢車道。我在人行道上仍然走得飛快，一旦非得慢下來，就像露絲・弗蘭德利（Ruth Friendly）那樣心不甘情不願。「你感覺自己仍然是五十歲、六十歲、六十五歲，就連七十五歲也好。」這位電視製作人說。她每週日開車從威斯徹斯特進城，參加家庭聚餐。「我們沿著河濱路步行，突然間我忍不住說：『你們能不能慢一點？』這不是我，我不喜歡這樣。」弗蘭德利告訴我。那是以前的她，不過較小的步伐並不能阻止她參與活躍的社交生活和吃力的工作。

「我的身體遲鈍許多，即使只與兩年前相比。」九十二歲的教師暨紀錄片製片人喬治・史東尼（George Stoney）說。「光是要走出我住的大樓，就不斷被所有人超前。我還是無法接受，這種情況始終令我惱怒。」那不是唯一的剝奪，但他不會否認以對。當某項學生評鑑抱怨這位教授的聽力時，史東尼立即購置了助聽器。在地鐵上幾乎總會有人讓座給他，「我經常很高興可以坐下來。」史東尼說。我也是，感覺被冒犯是件傻事。那是內化的年齡歧視在作祟，公車上讓人倒胃口的標語更是無濟於事。「你會不樂意讓座給年長者或失能者嗎？」標語的寫法充滿屈尊降貴的心態。標語應該這麼寫：「請讓座給任何看起來需要的人。」

承認生命之有限。有限的生命讓此時此刻充滿意義。

我們每天醒來都會變老一點，總有一天我們再也不會醒過來。我們愈早接受這個事實，愈能處之泰然。這時我們便推翻了老年病醫師湯瑪斯所稱的「仍然的專政」：以為只要我們仍然在工作、仍然穿高跟鞋、仍然跑著上階梯，一切就不會有問題的錯覺，無論我們的「仍然」是什麼。因為沒有事情永遠不變。湯瑪斯問我們為何一直在慶祝改變和成長，結果到了中年晚期卻開始讚賞相反的行為？為了緩和我們對老化及其不可避免之終點的十足人性的恐懼？為了掃除我們隱藏的焦慮？

否認不能提供撫慰。「戰勝老化！」無法作為使人鎮定的真言。其力量會隨著年齡的增加而減弱，而且這股能量可以發揮更好的用處。一如三分之二在皮尤研究中心「活至並活過一百二十歲」報告中調查的美國人[39]，我懷疑壽命激增的好處，並對於可能只有少數精英能獲得感到不安。我的主要反對理由關乎哲學：與不可避免的轉變達成協議，遠勝於瘋狂地追求生物醫學的機會以推遲這筆帳。更好的作法是承認現實，去處理而非抗拒不可避免的事。不理會變老便是不理會活著。

那是《今日秀》（*Today Show*）訪談老年精神科醫師馬克．阿格若寧（Marc Agronin）[40]下標的問題所在，標題是「平息你對老化的恐懼」。語帶保留的螢幕畫面底端塞滿失智症和自殺的統計數字，顯然沒有諷刺的意味。同樣的分裂人格明顯出現在國家廣播公司（NBC）首席保健醫師斯南西．奈德曼（Nancy Snyderman）身上。她指出嬰兒潮世代事實上正逐漸死亡，問說：「問題是你如何擁抱你的下半生並保有掌控權？」好問題，但她的答案卻頗有問題：「活得大器，做對事情，一路滑向本壘！」

萬一你只是勉強過著中等程度的生活呢？萬一你在三壘附近跌斷髖骨呢？有人會風光地滑回本壘，有人蹣跚而行，前者中有些人是大啖牛排的菸槍，後者中有些人是善良正直、嚴格的素食主義者。我們不知道未來會走向何方。當我們假裝事情不是如此，我們會付出個人和文化上的代價，而當我們渴望停滯和「不老」，我們會付出更高的代價。

當年老淪為疾病，想想誰會受益

如果熟齡者似乎被疾病和醫師約診占據，部分是因為年齡歧視的社會不讓他們獲得曾經賦予他們生活意義的許多事物。熟齡者加以配合，因為他們終身被灌輸健康會逐漸衰退的文化期待、習得的無助，加上媒體將熟齡者描述成處方藥、抗老治療等的消費者。

將熟齡者降級為各種衰敗狀態下的身體，容易將他們邊緣化。聚焦於病狀也是獲得資金來研究特定疾病的有效方法，儘管顧及整體的努力很可能更有成效。舉例來說，阿茲海默症的研究和治療，支撐起一整個臨床帝國，而照顧者危機卻多半未被處理。人口老化正驅動著疾病相關產品的快速成長，是製藥產業的主要利潤中心。

經濟上不再「有用的」年長者，卻「製造出某種極富金融價值的東西：疾病」，老年學學者克魯克尚科評論。「生病是老年人的職業。」[41]情況不會改變，除非我們對將老年簡化成身體衰退提出質疑，並仔細思考這種等同法照顧到誰的利益。現代醫學預設為執行昂貴、有利可圖且往往合乎法律規定的介入，特別是在生命終點時。健康鮮少是從整體健全的角度下定義，而且很少醫師有時間或願意花時間，研究熟齡病患的健康與生活品質之間的微妙關係，這些病患者可能得同時應付幾種慢性疾病。

克魯克尚科寫道，好好地變老，「意味著明白晚年疾病具備文化性和生理性雙重源起。」[42]換言之，如果你膝蓋疼痛，事情不只關乎軟骨的摩損程度以及能不能做點什麼處置。還關乎你認為這個疾患對你有何意義，以及你拒絕或接受何種詮釋。如果你聽到的是「到了這年紀你還指望什麼？」，這說明你其他部分還維持得非常好，還有換個醫生吧。許多八、九十歲的老人直到最後都精力充沛，他們沒加入由疾病占據中央舞台的社會指定排程。

拒絕年齡歧視的刻板印象：這些印象有害我們的健康

愈來愈多優質的研究證明了人們對老化的感知與其健康和行為之間的關聯。耶魯大學心理學家利維二十多年來一直在量測年齡刻板印象的影響。她與同事一再發現，相較於認為變老意味著變得無助的人，對於老化抱持積極看法的人，有不同的行為表現。[43]長期的研究顯示，對老化抱持正面態度與更好的健康功能有關聯，比起社經地位、種族、性別更能預測健康狀態。[44]

「不明說的介入」——在電腦螢幕上閃示正面的年齡刻板印象用語，例如「積極」和「有創造力」，停留時間短到讓人無法留下有意識的印象——不僅能提升自我感覺，還能增進身體功能例如平衡感。[45]對老化有比較正面看法的人在記憶力測試中有較好的成績。他們的筆跡也比較好看，這與良好的健康狀態有關。他們走路的速度比較快。《美國醫療協會期刊》（*Journal of the American Medical Association*）的一篇報告顯示，具備這種正面成見的熟齡者，從嚴重失能完全恢復的可能性多出百分之四十四。[46]而且他們的平均壽命確實多出七年半。[47]另一方面，一輩子無法克服內化的年齡歧視的人，比較不會尋求保健之道或運動，且較早死亡。

公共衛生與老化政策的目標之一是「增加健康的年歲，而非不健康的年歲」。想像一下翻轉年齡歧視刻板印象對於健康和人類潛能的好處，在它們扭曲了自我形象、讓步伐變小和限制展望之前。想想翻轉年齡歧視刻板印象的公共衛生運動，將延長的不僅是壽命，而是全體國人的「健康年限」。

CHAPTER

5

沒有保存期限：性與親密關係
No Expiration Date – Sex and Intimacy

年齡歧視中最具性別歧視意味、最邪惡的，莫過於性愛領域。大多數美國人認為熟齡者在性愛上不活躍、對性不感興趣、力不從心，而且說什麼也沒有足夠的吸引力來找到願意與他們從事性活動的對象。因此造就了「無性年長者」這個可憎的刻板印象。恐同症使熟齡的LGBTQ人口更難被看見。隨著清教徒渡越大西洋而來的正經道學，促使這個話題成為禁忌。因此，熟齡者的性愛研究不足、遭到忽略甚至輕視。其結果對健康、快樂、自我形象影響深遠。

「噁心」因素是怎麼回事？

滿臉皺紋的老人有性活動？噁！為何這個想法引發這麼多人近乎作嘔的感覺？性比其

他任何事物更讓我們覺得活在當下，享受肉體的歡愉直到最後，這樣的前景理應讓人高興而非驚慌。我們的身體隨著人生進程，以非凡且美麗的方式發生變化，尤其如果是女性，時間的流逝顯現在臉部通常更加明顯。比方說，四十與五十五歲之間的差異，或七十與八十五歲之間的差異，應該比不上十至二十五歲之間發生的變化更讓人懊惱。而我們卻內化了無數訊息，認為熟齡的身體不受青睞、醜陋甚至可憎，尤其是女性身體。

倘若人們對於「年長者的性愛」感覺自在，那必定是錯的。因為如此一來將顛覆所有產業和無數廣告費用所強化的傳統觀念，也就是性是結實肉體的領域，而滿足的測量標準是勃起的持續時間和高潮的次數。失能權利行動主義者西米．林頓（Simi Linton）在沒有為失能者提供性教育和生殖保健的世界長大成人，因此無法想像對這些事情的需求。她於是成為性教育者，鼓勵人們以口交或鼻子或腳趾或伸手可及的部位做實驗，「利用失能做為機會，以新的方式思考性和對他們重要的事。」她在回憶錄《我的身體政治》（*My Body Politic*）中如此寫道。[1] 林頓和她的同事喜歡若無其事地談論失能人士的健全性生活，讓人們窘迫不安，發現到連結兩者是件激進的事，因為這挑戰了關於歡愉、欲望、性能力的文化規範。

現在也該是時候把老年與健全性生活連結在一起了——以一切形式呈現的終生親密權——並檢視這些壓迫人的規範來自何處。芭芭拉．麥當勞（Barbara MacDonald）和她的伴侶辛西亞．利奇（Cynthia Rich）合寫了《看著我的眼睛：老女人、老化、年齡歧視》（*Look Me in The Eye: Old Women, Aging and Ageism*），是一部關於性別歧視與年齡歧視交集處的重要散文集。利奇認為身體嫌惡至少是一種壓迫工具。她寫道，「對年老女性身體的厭惡，其主源頭應該十分常見。那非常類似於反猶太分子對於猶太人；恐同者對於女同性戀和男同性戀；種族主義者對於黑人所感覺到的厭惡——壓迫者看見被壓迫者的身體而產生的畏縮。」身體嫌惡沒有理由，並且帶著恐懼偏見，運作起來像是「一種立即的抑制機制，出現在每當理性或簡單明白的公正平等正要引領我們前往開明之路的時候。」[2]

「馬克斯主義的騙術。」來我家過夜的訪客嗤之以鼻，「這是關乎美的問題。最具美感的事物莫過於十八歲的女孩。」在此之前他先描述了自己與一位長他幾十歲的女子長期熱戀，以及她的身體多麼美麗動人，藉以誇耀自己的戰功。而我一語道破，倘若不是因為這抵觸了《花花公子》的美女典範，這故事便不值得一提。

性吸引力真實存在且十分專斷，沒有必要為了它的存在或闕如道歉。沒有所謂被渴望的權利這回事，但如同利奇的觀察，所有邊緣人都聽人說過，別人生理上嫌惡他們的身體是出於「自然」。這種嫌惡關乎各種「歧視」，年齡歧視只是它的一個造作名稱：噁心因素。這種污名沒有任何一個是「自然」的，也沒有任何一個是固定不變的。質疑這些污名會威脅到維持權力關係的社會與政治架構。不很久之前，女性出門在外工作、黑人與白人交朋友，遑論黑白通婚，都會被視為不自然。當我們視熟齡者為美，便會削弱青年文化的商品化價值觀。

我們被盲目崇拜青春的廣告看板、電影、電視節目、時尚雜誌給包圍。但熟齡者的範例少之又少，更別提性活躍的熟齡者。黃金時段電視節目的所有女性角色中，只有百分之二十七年逾四十，而且通常作為受害者：遭背叛、被拋棄、受虐待[3]——儘管《透明家庭》（*Transparent*）和《同妻俱樂部》（*Grace and Frankie*）之類的電視影集系列可能正在翻轉浪潮。

說到電影，根據二〇一三年南加州大學的某項研究，有台詞的所有女性角色中，年齡介於四十至六十四歲之間的不及四分之一（遠少於有台詞的同年齡層男性角色），而電影中出現的人物，年逾六十五者數量明顯少於兒童。[4]南加州大學的另一項研究發現，二〇一四至二〇一六年間被提名為最佳影片的二十五部電影，一千二百五十六個有台詞或有名字的角色中，不到百分之十二年逾六十，促成了#OscarsSoAgeist（「奧斯卡如此年齡歧視」）的主題標籤。許多角色被描繪為功能受損者。奧斯卡也同樣如此性別歧視，如此種族歧視：百分之七十七點七的熟齡角色是男性，其中百分之八十九點九是白人、百分之六點一是黑人、百分之二為亞裔。沒有一個是拉丁裔人士。[5]

有一個用語描述這種遺漏：象徵性滅絕（symbolic annihilaticn），在維基百科的定義是「某群體的人在媒體中缺乏代表或代表的比例不足……在社會科學中被理解為維持社會不平等的手段。」市場行銷和大眾傳播媒體深深影響流行文化以及我們看待自我的方式。這種缺乏反映出權力在社會中的分配狀態。忽視熟齡者的身體與性的存在，便能更加容易忽視他們的想法和福址。

嘲弄或屈尊俯就並非好的選擇

無論在什麼年齡，成年人都有權尋求與其他到達合法年齡的成年人從事性活動，毋需受譴責。但從媒體以及差不多每個人處理這個議題的方式，你知道情況並非如此。全國公共廣播電台某主持人在討論電影版的《格雷的五十道陰影》（*Fifty Shades of Grey*）時譏諷說，「你可能發現奶奶需要一個安全字眼（在綁縛與支配性行為中預先安排用來結束活動的暗號）」，彷彿這種可能性可笑地微乎其微。或者細想關於「美洲獅」的論述：喜歡小鮮肉的女人。群眾外包的「都會字典」（Urban Dictionary）網站有一則詼諧描述：「任何人都可以是美洲獅，從大動手術改造『風洞』的人到糟糕透頂、傲慢的老瘋婆，以及真正的辣妹或辣媽（MILF＊）。」其他條目證實熟齡伴侶的性經驗和獨立性的好處，而且她通常會做好準備。一個有自信的女人在她性欲最旺盛的時期，喜歡年紀比較小的伴侶，喜歡做愛而非生小孩，這樣並沒有什麼不對，但這種監督緊迫密切而且一點都不中立。之前沒有人太關注黛咪·摩爾（Demi Moore）的性生活，直到她把布魯斯·威利（Bruce Willis）換成艾希頓·庫奇（Ashton Kutcher）。

男性也會得到相同待遇，例如《紐約時報》評論為珊迪颶風災民紓困的12-12-12音樂會。輕蔑的標題寫著「音樂不受時間影響，但搖滾歌手……」評論者威廉斯（Alex Williams）嘲諷眾星雲集的陣容，描述他們「可見的老態」如同「悲劇」，並斥責他們在公開場合的衣著沒有「把自己包緊」。「這就像聽到你的祖父母還有性活動：他們可樂在其中，但別讓我們知道細節。」他一本正經地做結論。沒錯，情況正是如此。這些搖滾歌手狀態良好，表演絕佳而且玩得盡興。如果你吃不消，就待在家裡閉上嘴。

當「年長者的性愛」成為標題，新聞報導便在屈尊俯就和全然的卑劣之間搖擺。《紐約郵報》（*New York Post*）報導埃及銀行家馬翰默德·奧瑪爾（Mahmoud Abdel-Salam Omar）於二〇一一年六月因被指控性虐待而遭逮捕的專欄文章，標題是「齷齪怪老頭俱樂部在開庭期間聚會」，文中建議讓奧瑪爾與同樣性侵飯店女服務生的史特勞斯－卡恩（Dominique Strauss-

Kahn）——這對「犯罪怪老頭哥倆好」，在等候審判期間合鋪同住。[6] 奧瑪爾和史特勞斯－卡恩罪有應得是因為他們的暴力行為而非年過六十，但《紐約郵報》的報導別有暗示。

人們對於熟齡者的性愛懷著深深的恐懼，在年輕人之間被忽略甚至被讚賞的行為，在光譜的另一端卻引發惡言謾罵。熟齡男性因為例如觀看色情影片或者稱讚某人很辣這類極正常的行為，而被稱作「老不修」。這幾乎是無從反駁的傷人毀謗。一個人之所以討人厭是因為他本來就討人厭，而不是超過某個年紀的緣故。藉由將熟齡男性去性別化，這種雙重標準也能提供保護，但並非進步。一篇關於一位八旬老翁在印第安納波里（Indianapolis）某家雜貨店麥片貨架區的報導，標題為：「東南區老翁顧客鹹豬手與狼吻齊施驚嚇女子」，在臉書引發到底該抨擊或讚揚他的爭論。一位崇尚女性主義的四十多歲友人加入論戰，「兩者皆是，如果有這個選項的話。沒錯，這種行為讓人無法接受，但我樂於知道他還有性欲。」倘若這人和她同年齡，她會怎麼評論？這種中立態度帶著優越感，但年齡不是惡劣行為的藉口，老翁應當受指摘。

這種優越感也說明了艾瑞絲・克拉斯諾（Iris Krasnow）的暢銷書《……之後的性》（*Sex*

* Mother I'd Like to Fuck 縮寫而來。

After ...）所獲得的大多數批判性反應，這本書探討女性在懷孕、離婚、不忠、乳癌、出櫃、停經之後的性生活。最後一個部分引發最多雜音，許多評論者對於七、八十歲的女性能享有最佳性生活的可能性表示懷疑。克拉斯諾將該章的標題定名為「陶陶然的黃金女郎」，藉此為她們鋪路。BuzzFeed刊登了對一位八十八歲女士的訪談摘錄，她自從六十歲喪夫便沒有再約會過，但經常自慰，這是維持運作功能的一個好方法。這個標題真有必要將她的同道中人描述成「黃金女郎」嗎？[7]部落格Jezebel的琳蒂·威斯特（Lindy West）描述三十歲女性從事口交和使用潤滑液的趣聞時，難道會稱她們為「親愛的」？[8] Jezebel這篇貼文的標題——「七旬女性說她們享受著比妳熱烈的性生活」——設想他們的讀者不可能那麼老，透露出有年齡限制的姊妹情誼。關於八旬和九旬女性的性生活的資料多半是軼聞式的：研究人員因為年齡歧視、性別歧視，加上假定這種性生活不存在，而從未加以研究。

「對女人而言，老就是最醜的樣態」

這是辛西亞·利奇說的話。[9]她雖是女同性戀者，但並沒有使她免於接受異性戀霸權的女性審美標準。她的伴侶芭芭拉·麥當勞指出，年輕女性疏外於年長女性以及害怕變得像她們，是社會力造成的結果。「你身為年輕女性的力量取決於你與熟齡女性保持的距離。」她寫道，其坦白令人不快卻又無可否認。

經濟學家有個名詞——「吸引力懲罰」（attractiveness penalty）——用以說明在「看上去顯老」這點女人比男人受到更嚴厲的品評。讓美麗與年輕劃上等號，女性不僅首當其衝，每當我們染髮來掩飾白頭髮或謊報年齡，遑論動整形手術來掩飾變老的跡象，都使之無法破除。蘇珊．桑塔格（Susan Sontag）的著名論點「老化的雙重標準」，將之定義為提升男人價值，但逐漸摧毀女人的社會慣例。「女人用她們的自滿、她們的苦惱、她們的謊言，大力強化了這個社會慣例。」她寫道：「在保護身為女人的自己時，她們背叛了身為成年人的自己。」哎喲，女人得有勇氣才有辦法遵從桑塔格的建議，「讓她們的臉展露她們活過的人生」。[10] 連男人也無法全身而退。當滾石樂團的米克．傑格（Mick Jagger）告訴音樂家喬治．梅利（George Melly）他的皺紋是「笑紋」時，梅利誇張地回答：「沒聽過這麼好笑的事。」

女人被認為遠比男人看起來老得快，於是競相保持青春。我沒有批評的意思，我發誓。但這個帶有懲罰性質且代價高昂的任務，強化了桑塔格所說的雙重標準（遑論年齡歧視、性別歧視、父權制度），使我們彼此對抗，給我們設下失敗的圈套。讀到此有沒有任何女人真的相信她不如以前的自己——變得比較無趣、在床上比較不開心、比較沒有價值。如果是這樣，這個訊息來自何處，它有何目的？什麼是終極的春藥？自信。

違反慣例要付出相當高的代價。翻開任何一本女性雜誌和底下數以百計的廣告，「如果你疏於打理自己，如何期待為人喜愛？」廣告和社論大力兜售每種可能的手段——Spanx內衣！個人教練！抽脂手術！——來維持無皺紋的臉蛋，雕塑能擠進緊身時裝的身材。評論家卡麗娜・丘卡諾（Carina Chocano）問，除生育力之外，我們到底為何將特權賦予「這個悲慘、可笑、全然不公平，但無爭論餘地的所謂女人的全盛時期……而不顧任何相反的證據？我們期待女性靜默、羞恥地屈服於無疑的事實，而期待男性對此感到豁達，並設法不要洋洋自得。」丘卡諾現年四十多歲，她了解將青春等同於價值是多麼有害，並納悶為何我們不反擊。「如今我回顧此事，想起剛滿二十九歲時自己感覺多麼不舒服和羞恥，我不敢相信我曾將大把的春青浪費在感覺變老這件事情上。」[11]

由安潔拉・蘭斯伯里（Angela Lansbury）領銜主演的《推理女神探》（*Murder, She Wrote*）被哥倫比亞廣播公司（CBS）下檔時，曾是收視率第八高的電視影集，原因是其收視群「往過老偏斜」（在受青睞的十八至四十九歲年齡層中沒有足夠的收視人口）。將近四十年後，蘭斯伯里在八十八歲時首度返回倫敦舞台，她說這個轉變並不太困難，有鑑於「我從年輕時就一直扮演熟齡角色，因為我不是螢幕大美女。」[12]這類選角的決定不僅著重於美麗等於年輕，還有不美麗便是老。我們多麼常聽到「她從前是個美女」，彷彿年齡與美麗相互排斥？

皺紋提醒我們的殘酷意義，莫過於當我們打量房間那頭某個有吸引力的男人時，他甚至沒有望向我們。這種轉變對於習慣運用其美貌和傳統魅力的女性來說尤其痛苦。受矚目本身可能就會引發有問題的反應。舉例來說，不久之前在某舞蹈俱樂部，有個可愛的年輕小伙子走到我面前，說我看起來像蘇珊．莎蘭登（Susan Sarandon）。接下來他突然臉色一變慌忙補充，「我這麼說是一種恭維。」他的意思不是說我長得像蘇珊．莎蘭登，而是表示「妳看起來又老又性感」——在這個文化中如此罕見的訊息，如此明顯地矛盾，被比作一個年齡六十好幾、聰明、引人注目的電影明星，要冒著像是**侮辱**的風險。難怪如此多熟齡女性完全放棄對新認識的人坦露身體和內心這種麻煩事。拒絕退出需要勇氣和自信，尤其是在性愛和娛樂領域，而為那些不曾受人注意之人騰出空間尤為重要。

人們不曾停止性愛活動

性愛的確一度是年輕人的領域。但當舊石器時代迎來較長的壽命時，情況改變了，二十世紀期間人類壽命史無前例地大幅增加，情況更進一步產生變化。大多數人很容易就能拋棄性愛只是為了繁衍後代的概念。該是時候了，我們應該擱置與之相伴的想法，也就是認為性愛只屬於年輕人，並仔細檢視促成這種想法的狹窄視野。

年輕的成年人擁有性愛，中年的成年人也擁有性愛。猜猜怎麼著？中年時性活躍的女性會**繼續擁有性愛**，她們的伴侶也是！熟齡男性的性活動次數還可能等幅增加。美國退休人士協會詢問離婚的六十多歲男性，單身最大的好處是什麼，百分之二十二回答「更多的性愛」。只有百分之一同齡離婚女性同意這個說法。[13]分析這個差異背後的因素會非常有趣，包括關係狀態和文化期待，因為女性在停經後不會停止想要性愛。其性愛品質不會衰退。兩者皆為年齡歧視與性別歧視的迷思。性愛對我們有益，而且我們的功夫已經變得更好。

「多老算是老到無法擁有性愛？」是二〇一三年時我所參加的《哈芬登郵報》（*Huffington Post*）線上討論的標題。這個問題本身便含有極深的年齡歧視。我們不會問人們到了什麼年齡無法唱歌，或者停止吃冰淇淋，但到底我們為何會停止做愛？我們當然不會，不過性活動確實隨著年齡衰減。儘管有皺紋和喀嗄作響的關節，但熟齡美國人是網路約會服務成長最快速的使用者。現在的男性愈來愈長壽，主要得歸功於更有效治療某些疾病的方法，例如過度影響男性的心臟病和癌症。威而鋼（Viagra）和犀力士（Cialis）之類的藥物幫忙促進勃起。這個世代的熟齡者在財務上比上個世代的更優渥。加上網路使找尋伴侶的事變得更私密和成功率更高。道德觀也正在改變。以往會為了同居而趕走孫子的相同世代，現在同住的數量空前未有，而且黃昏之戀不再那麼礙眼。

這個情況反映在熟齡者之間的性傳播疾病，例如披衣菌、淋病、梅毒的發生率。年逾五十的人據估計占確診有愛滋病毒的美國人的百分之四十五，而且其數量正快速增加。[14]他們比較不會意識到自己得到愛滋病毒的風險，也比較不可能得到早期診斷。熟齡異性戀女性的風險尤其高，她們因為陰道壁變薄，而更容易感染各種性病。如果你是性活躍的人，最好使用保險套、接受檢測並要求伴侶做相同的事。如果你的醫師無法照顧你的性健康，那麼就開除他。根據《新英格蘭醫學期刊》（*New England Journal of Medicine*）所做的一項調查，在最年長的年齡層中（七十五至八十五歲），百分之二十五的受訪者有性活動，許多人每月進行數次，其中三分之一的人也進行口交。[15]即使在安養院那種性表達通常不被鼓勵，而表達兩廂情願可能有困難的地方，性活動還是可能很熱鬧。住進機構意味著放棄家的舒適，以及可能的大量獨立性和隱私，但不應該代表也要放棄基本的人權。這個群體的後代，亦即戰後世代，肯定不會溫順地走進那良夜，感謝老天！從出生到死亡，無論我們住在哪裡或活多久，人的碰觸依舊是不可或缺的。

人精子過了全盛時期，是什麼時候的事？）如果網站上的個人簡介一律事先刻意刪除年齡和年齡範圍，這個問題就變得無實質意義，不會促成說謊的動機。詢問求職者的年齡是不合法的行為，因為這麼做會助長歧視。在線上約會的世界也有相同的效果。約會者的個人簡介不也勉強算是某種求職申請書嗎？為何詢問年齡在這個脈絡下更該被接受？

約會的基準已經變得更平等。女性不必像一九五〇年的好女孩那樣坐等電話響起，而可以主動邀請或主導性行為。這是年齡所能賦予的極大自覺和自信。渴望和為人渴望對我們的自我感覺以及這世界的運作不可或缺。性愛能提升睡眠品質、降低抑鬱的風險、強化免疫系統，列舉幾個好處來說。自述為健康的人更可能是性活躍的人，而且健康的性生活是長壽的預測指標之一。性愛不僅讓我們感覺活著，還幫助我們活得更長久。如同年長的性愛天后暨《在我們這個年紀裸體》（*Naked At Our Age*）作者瓊·普萊斯（Joan Price）對我說的，「不管社會和媒體怎麼說，年長者的性愛並不噁心。就性愛而言，人不會超過保存期限。性愛停止的唯一原因是我們讓它停止。性愛的歡愉終生是我們天賦的權利！」

這意味著要求這項權利，還有盡可能當一個我們希望遇見的心胸開闊之人。史黛拉·格雷（Stella Grey）自述為「中年前妻」，替《衛報》撰寫有關線上約會的文章，她曾拒絕和一個看來可愛、聽來有趣且坦率的男人見面，甚至不願和他喝杯酒，因為她的年齡是他的兩倍。如果年齡差異是她唯一的理由，我希望她當時能答應對方。年齡對共同興趣的影響很小，倘若他們來電了並脫光衣服，我敢說他們會度過一段快樂時光。由於男人傾向於和比自己年輕的女人約會，因此異性戀熟女在這方面處於統計上相當不利的地位。其中一個補救辦法是對於誰能提供開心的陪伴，抱持更開放的看法，如此一來會產生許多樂趣。

在線上配對時，試著不要篩選年齡。要讓關係走得下去，人們確實需要共同的興趣、目標、生活方式。想成立家庭的男人可能不會和超過四十歲的女人約會，而極度偏好年輕的女人，以解除生兒育女的壓力。寡居或離婚以及想再婚的熟齡者，看準年齡相仿的追求者，有較高的成功機會。守住與你有共同文化與歷史參照點的人，感覺起來會比較安全和自在。但這麼一來也會有侷限性，共同的興趣往往與年齡無關。舉例來說，你見過搖擺舞嗎？伴侶有各種體型、種族、性別，遑論年齡。除非我們是占星師，否則為何要假定出生日期是契合與否的關鍵？他或她能不能開卡車／付房租／愛貓／健行／在地圖上找到克里米亞半島呢？

當OkCupid於二〇一三年一月宣告「愛是盲目日」，並刪除網站上每個人的照片幾個小時，他們得知了顛覆一切被認定為標準看法的事情。在這段空窗期發送的訊息更可能得到回應，而且人們以更快的速度交換聯絡資料——與他們從來沒看過照片的人。不管哪個人長相比較好看，給予約會正面評價的百分比維持不變。吸引力並不重要。如同OkCupid共同創辦人暨資料分析師克里斯欽・拉德（Christian Rudder）所言，「人們能夠依據我們提供的資料做選擇，但不必然應該如此。」[16]

熟齡者懂情色

沒有性經驗的人會以情色是年輕人的領域。音樂和文學中到處是例子。「他們說燃燒是年輕人的事，但他們對這事兒什麼都不懂。」，邦妮・瑞特（Bonnie Raitt）在二〇〇二年唱道。「大家對於年紀的增長驚恐不安，別在意這事。」她在紐約的燈塔劇院（Beacon Theater）告訴聽眾，說五十幾歲是她最好的年頭。[17]藍調音樂尤其證實人們直到老死之前都懷有情欲的悠久傳統。如同老年學學者格萊特所指出，「對歡愉真正感興趣的文化，不會將缺乏經驗浪漫化。」[18]

在她五十七、八歲時，作家瓊・納索（Joan Nestle）宣布「白髮和滿布皺紋的人是我現在發現的情色象徵。」郡・阿諾（June Arnold）寫了一部名為《金姐》（*Sister Gin*）的小說，故事中的中年女子蘇愛上一位八十幾歲的女人，其年齡完全沒有消退她的欲望。她「渴望最終乾燥輕柔的不同生活，以及因為對生活的了然而產生的無限量優雅……語言中最美的詞彙莫過於『枯萎』。」[1]

還記得小說家貝格利給予老年「可怕的不滿足」的嚴苛評價？才六個月後，我驚喜地讀到貝格利用來讚頌妻子的〈年邁之愛〉（Old Love）。[20]他描述在三十九歲時向某個朋友坦承，他對一位年輕女子的愛以及害怕如果她不再美麗，他的愛便會消逝。「它會不會被某種嫌惡所取代？例如當她的皮膚枯萎和起皺紋，我是否還想親吻她的臂彎，我如此欣賞的雙臂，還有如果殷勤之心逼使我這麼做，我會不會得移開我的目光？」

貝格利的友人明智地指出，他和他的愛人會一起改變，而他凝視的目光也會逐漸轉變。的確，撇開貝格利的憂慮，「時間的手藝」使他變得更配得上他的「神祕女郎」和愛她，以及他生活中許多其他事物，隨幾十年的歲月過去而愛得更深刻。年屆八旬之時，貝格利沒有變成他夢魘中「冷漠的怪物」，他發現自己以一千種意想不到的方式欣然接受平凡的事物。是的，在八十歲時他和他的「神祕女郎」仍在做那檔事，還發現樂趣和意義都不減當年。貝格利堅稱預見「當我們滿足且感激於能夠只是單純擁抱著彼此」的時候。或許吧，但我對此表示懷疑，而且貝格利已經證明他是一個糟糕的預言者。另一位作家葛瑞絲·佩利（Grace Paley）動人地描述對結縭幾十年的丈夫持續的情欲：

在院子那邊的是我的老頭
他正在和抄表員說話
告訴他世上的傷心事
何以電力是石油或鈾，諸如此類
我叫孫子跑爺爺那裡
要他到來我身旁坐上一會兒
我突然間被想要親吻他好辯的甜美雙唇的欲望
弄得精疲力竭。[21]

如果說對晚年情欲的描繪顯得古怪，那只是因為人們對它們如此陌生。假使有更多人加入，無疑會出現一派文學作品。

一九七八年在貝格利散文的相同版面（週日《紐約時報》特稿版），詩人梅·沙頓（May Sarton）質疑年輕人是否真的知道愛情是什麼，尤其考慮到他們傾向在性的激情中結合。晚年的愛情可以同樣熱烈但有所不同，她提到，因為它「萌生於更廣寬的生命之弧，由於我們能享受它的時間注定短暫而彌足珍貴。」當時六十六歲的沙頓儘管病弱，仍再度過產能豐碩的十七年，繼續形成新的感情依附，雖然性不再涉及其中。儘管如此，回憶還是能提供強大的情色蘊涵，簡單的碰觸也是。我一位七十六歲的朋友曾有過極棒的性生活，但現在更渴望溫柔。依她所說，「你可以用許多方式與某人保持親密。」一位八十二歲的女士在快樂地寡居了五十年後，說握手是她最想念的事。「不知怎的，那是同樣的激情。那種碰觸帶著許多回憶的重量，而且許多都跟情欲有關。」她猜想年紀較輕的人「會搖搖頭，心想，『可憐的老女人，她的性生活可能不太理想。』他們錯得離譜！」[22]

令人滿足之性生活的關鍵是使之保持在考量事項之列，接受更寬廣的性愛形式和概念，拒絕將「年老」等同於「不受歡迎」的年齡歧視觀點。一旦我們拋棄這種觀點，這些聲音就會變微弱，而且對勇敢和幸運的人來說，其他論述會取代這些聲音。我不喜歡迪爾德麗・費雪爾（Deirdre Fishel）的書和紀錄片《仍然要做的事：年過六十的女性的親密生活》（*Still Doing It: The Intimate Lives of Women over Sixty*）標題中的「仍然」，但我確實喜歡她的戰鬥號召：「年過六十的女性仍然要做的事，可以是讓她們動起來的任何事，從人道救助的工作到買假陽具，從爬馬丘比丘到生活中有最棒的性高潮。性愛不僅僅是一種行為，而是活著的象徵……各個年齡層的女性，起來！跟隨你們的熱情，去談戀愛，找人上床！」[23]

這不表示女性**應該**保持性活躍，或者因為戒絕性事而感到有所不足。無論在任何年齡，都沒有所謂的「正常」，也沒有我們應該遵守的單一標準，尤其當我們對於我們的自覺和種種欲望更有自信時。想要感覺被渴望和珍惜，有無數的途徑。如果你對性愛不再有強烈的感覺，這樣完全沒有問題，只要你覺得可以就好。這是你自我檢視的時候。有些女性會失去性趣，有些男性很高興不再被下半身牽著走。將這股能量轉移到別處，完全放棄性事，也可能感覺良好，只要那是你的選擇。人們可以在性愛不再重要或從來就不重要的關係中，擁有滿意的親密關係。

許多女性主義者要女人慶祝老年將她們從男人注視的暴政和「性的枷鎖」中解放出來[24]，嘉曼妮．格里爾（Germaine Greer）是其中一位。退出能帶來自在平和，以及更多奉獻給重要的人事物的時間與能量，尤其是對於沒有伴侶的異性戀女性。無數的寡婦認為照顧配偶直到最後，已經夠了，接著快樂地步入單身生活、單人性行為，還有以祖母的距離照顧小孩的樂趣。另外有人克盡其責將「辣嬤」（GILF）隨著「辣媽」（MILF）添加到詞彙中。

性愛隨著我們的身體而改變

我在二十幾歲時以為自己正在享受至今最棒的性經驗，並且認為熟齡者不會有任何性活動。當時真傻。那些快速頻繁的笨拙事不會是我難捨的回憶。性愛以活塞運動為核心，不過這件事在女性歡愉中所扮演的角色，相當程度被誇大了，而當時我並不知道。出於選擇和需求，性欲與性興奮隨著時間而改變。這些改變往往以默不作聲、驚慌、藥物治療處理。它們可以用藥丸、潤滑液以及其他醫藥產品應付，每種都極有助益。最終更重要的是以不同觀點看待性愛的構成要素。帶著慢工出細活、全身體以及玩耍的心態。

性欲傾向於隨著年齡消退，報告顯示年逾七十的人有將近百分之四十有身體問題，主要是男性的勃起障礙和女性的陰道乾燥。真正的勃起障礙相當少見，但差不多每個男人都有不滿意的勃起經驗，因為他的陰莖表現無法像十八歲時那樣。我在同一個早上被診斷出牙周病和陰道壁變薄，度過情緒低落的一天。牙線和味道像煤油的黃色李施德霖漱口水在腰部以上起作用，而釋放低劑量雌激素的Estring矽膠陰道環在腰際以下發揮功效。停經後的陰道組織變薄和收縮——可怕地被命名為**陰道萎縮**，呀！——連同血流量減少和較沒彈性的骨盆底肌肉，可能造成女性的性苦惱。這些疾患可以用潤滑液和按摩加以治療，不過你不會多有耳聞，因為這些治療方法所費不多，市場不當一回事。

生理上的變化意味有必要重新校準性愛構成要素的基本概念。那不代表降低檔次，最重要的是弄清楚我們對於性行為的感覺、我們需要和想要的東西，以及跟我們的伴侶溝通這些期望和欲望。年齡與經驗應當使我們更擅長此事，以及決定哪些調整感覺合適，哪些不對勁。

變硬（對男性而言）和變濕（對女性而言）不再是性興奮的可靠量測標準。行動往往走在性興奮之前，而非之後。「認為她們需要先有心情才能有性的女性，事實上很可能需要先有性才會挑動心情！換句話說，做就對了。」普萊斯建議。要使熟齡生殖器得到性興奮，需要更多刺激和更多時間來達到高潮。人們必須提高性事的順位，並記得要保持性趣盎然。這是一種需要努力的過程，這麼做並非不浪漫，而是講求實際，適用於學步幼兒疲憊的雙親，也同樣適用於他們的父母和祖父母。

男性對於變硬這件事極容易感覺受傷害，但性愛不必然涉及勃起或性高潮。性高潮也不需要勃起的陰莖。女性的性行為比男性更廣泛地以身體為基礎，而且更具流動性。對大多數女性而言，性交相對於接吻和親密的碰觸，隨著時間而變得比較不重要，這是重新排定性交順位的另一個理由。當我們變老，專注於性興奮狀態對我們會更有用，尤其是女性。自慰是保持性活躍和照顧自己的方法之一，自慰維護神經活動和組織健康，可以是私下或與人共享的愉悅。體外性交泛指所有不涉及交合的各種性行為，有諸多好處。性行為持續得更久，會有更多溝通的空間。對新戀人來說，這是建立信任和認識彼此風景的方式。對長期交往的戀人來說，則是回溯時間（記得隔著衣服乾磨蹭的時光？）和拓展全套技巧。女性也往往更享受比較非目的取向的性愛，特別是百分七十五到八十難以透過性交達到高潮的人。轉移重點使某些女性更能感受性高潮的快樂。

任何年齡的伴侶都需要知道他們想要什麼（或不想要什麼），無論是色情影片、情趣用品或者親吻一整個下午。將潤滑液放在手邊，取用時不要害羞。如果你的老二不濟事，就對她口交。適應改變中的身體可以是探索性愛的催化劑。這正是為什麼許多脊椎神經受損的男性和女性，在報告中顯示擁有更具冒險性的性生活，以及有如此多性活躍的熟齡者說他們比以往更享受性愛。我們需要認識我們的身體和表達我們的欲望，才能有優質的性生活。人生往往會讓我們更擅長這兩件事。

美與時尚是社會建構物——由我們所創造

比較現今不近人情的彈性人造纖維和短褲與殖民地時期美國的時尚，那時老年人受到推崇，而非讓人避之唯恐不及。當時相當少的人能活到老年，並且由年長男性掌握統治權，他們穿戴白色假髮和硬挺的禮服大衣，以及暴露出小腿的長襪：讓熟齡的身體顯得更好看的風格。那時沒有短褲！流行已然改變，而且將會應市場和潮流的需求再度改變。重點是時尚代表著具有可塑性的價值觀。

極受歡迎的部落格〈熟齡時尚〉（Advanced Style）表明流行絕非年輕人的領域。以該部落格集結的書大獲成功，啟發新聞工作者蜜蕾耶．西爾科夫（Mireille Silcoff）寫道，「刮除青年文化的表面，顯露出來的是某種『老托邦』（Eldertopia）。」[25]饒舌二人組麥可莫與萊恩路易士（Macklemore and Ryan Lewis）的〈二手商店〉（Thrift Shop）歌詞寫道：「我穿你爺爺的衣服，看起來很讚。」英國廣播公司第四台的電視紀錄片《驚人的時尚人士》（*Fabulous Fashionistas*）[26]，於二〇一三年十一月上傳YouTube後造成瘋傳，該影片記錄六位平均年齡八十歲、讓人歎為觀止的女士，對她們而言，追求時尚是活得完整的方式。轉載的評論文字和標題都不脫一個概念：變老的好處之一就是有自信穿著你喜歡的衣服，而不必為了趕時髦或取悅他人。那是時尚先鋒集體反抗的精髓：拒絕「扮俏裝嫩」的概念，以及穿衣打扮要適合我們的外形、風格、自我感。

九十幾歲的流行教主艾瑞絲．愛普菲爾（Iris Apfel）讓二〇一三年的時尚雜誌Dazed（先前稱作Dazed & Confused）的封面增光，動搖了川久保玲的Comme des Garçons＊風貌。如同莎拉．迪塔姆在《衛報》中的評論，這股風潮顛覆了模特兒產業中鼓勵二十歲的有志者少報幾歲的一些先入之見。事實上五十五至七十四歲的女性是花最多置裝費的人。「我們不停告訴自己美是青春，春青等於美，因為時尚關乎美，所以必定屬於年輕人。這是一種可笑的自我傷害，因為許多女性的實際經驗是變老其實是相當棒的事。」[27]

熟齡模特兒依舊只占極少數，但隨著脫口秀主持人艾倫・狄珍妮（Ellen DeGeneres）成為化妝品品牌CoverGirl的門面，而黛安・基頓（Diane Keaton）成為萊雅（L'Oreal）的代言人，以及影集《唐頓莊園》（*Downton Abbey*）裡眾多夫人角色的出現，需求正在增加中。以其撩人廣告而聞名的服飾品牌American Apparel，於二〇一四年雇用六十二歲、滿頭白髮的潔姬・歐蕭尼西（Jacky O'Shaughnessy）為代言女性內衣的模特兒，宣傳標語寫著：「性感沒有到期日」，並且沒有用修圖軟體將她頸部和上腹修成沒有皺紋的完美狀態。全世界的海倫・米倫（Helen Mirren）和茱蒂・丹契（Judi Denche）們，正在打造一條需要變成大路的小徑。

＊時裝品牌名，法文語意是「像男孩一樣」。

反擊！拒絕抗老的花言巧語

下回當你看見兜售抗老功能的某項產品，要記得所謂抗老真正的意思是「反對活著」。二十幾歲時我曾在一本時尚雜誌讀到一篇文章，建議人們要少笑，免得讓太多快樂的標記刻蝕臉蛋。誰想要活在勸阻人們微笑的世界？然而這項訊息的聲量如今卻變得更大。抗老產品和服務的全球市場於二〇一五年超過二千九百一十億美元產值。[28]美國女孩在八歲時被性別化，二十年後就被預報過了巔峰期。在年齡歧視、講究外貌、高度視覺取向的文化中，人們從很年輕時便開始擔憂，整型手術的口號變成「及早且頻繁的介入」，在單調的顏容開始述說任何故事前就將之凍結。二十幾歲的人花數千美元進行化學換膚和皮膚填充，好讓訂婚自拍照中戴戒指的手看起來恰如其分地豐潤完美。[29]金・卡達夏（Kim Kardashian）另闢蹊徑*，讓事情雪上加霜，美的典範變得愈來愈不自然。

要嘲笑這種荒謬的不安全感是很容易的事，但真正需要我們關切的是背面帶有毀滅性的文化力量。性別歧視和資本主義，有人發現嗎？誰說皺紋是醜的，身體曲線沒有吸引力？價值無數億的護膚和減肥產業。你無法靠著滿足感賺錢，但羞恥和恐懼能創造出可供廣告客戶和行銷人員利用的市場。我們正被推銷一堆商品和付出代價，讓我們的荷包縮水，以及降低對作為無窮快樂來源的身體的自信。

擺脫媒體與美妝產業所提倡的整形「完美」才有吸引力的觀點

年齡與美能夠共存，也確實共存。「告別青春但不告別美麗」是《紐約時報》星期日時尚專欄一篇文章的標題。其緣起是MAC Cosmetics美妝公司受到愛普菲爾的啟發而發表上市的新唇膏系列，愛普菲爾的粗框圓形眼鏡加上招牌的深紅和鮮紅口紅，讓人一望即能辨識。這款新系列唇膏幾天內就銷售一空，我的部落格貼文寫到它讓剛剛年過五十的性治療師凱莉，想起一本名叫《如何看起來不顯老》（*How Not to Look Old*）的書。「書中充滿例如『塗上柔和、微微發亮的粉紅色口紅，可以讓人不注意到你有皺紋的嘴。』此話不假，真的有效。」凱莉說。「這使我納悶到什麼時候我才會停止想讓自己看起來更年輕，而穿我想穿的衣服？」

＊美國娛樂界名媛，以整形出與身體不成比例的豐臀和巨乳聞名，有「豐臀金」的稱號。

或許永遠辦不到。或許那將代表失敗或成功。凱莉此後頭髮轉白，好看極了。關於口紅，那本書是對的，可惡。有時我會塗比較溫和的顏色，有時塗紅色。當我把頭髮全部漂白，看起來很棒，我有時會這麼做。目的是什麼？引用格萊特的話：「想要看起來更年輕的誘惑，如同想要看起來更白或更瘦或任何其他情況的誘惑，最終可能被斥為盲從。」這句話與「黑即是美」同時出現，後者在一九六〇年代被創造出來，成為民權運動的號召。提出「黑即是美」的口號是為了質疑認為黑皮膚和鬈髮和非裔美國人的五官天生不具吸引力的白人／歐洲人美學標準，藉以證明非裔美國人文化與美麗的正當性，以及反制偏淡膚色的人試圖「轉」白的作法。試圖「轉」年輕的作法同樣具有自我毀滅性，而且質疑老等同於醜的觀念已不再是牽強的理想。

如同女性主義哲學家艾美亞．斯瑞尼瓦桑（Amia Srinivasan）所指出，像「黑即是美」和肥胖認同運動的「大即是美」等口號，其目的不僅是為了賦權。它們還刺激我們重新思考我們的價值觀。她寫道，「激進的愛自己運動所提出來的問題是，我們是否有責任盡所能轉化我們的欲望。」[30] 已不在Jezebel網站的琳蒂．威斯特描述凝視以往總是讓她痛斥自己的身體部位，例如肚子上的游泳圈和手臂上的蝴蝶袖，她有意識地決定要察覺它們的美麗，也發現這麼做很有效。[31] 你想要改變你看待人們的方式，無論他們年老或肥胖或變性？

請努力這麼做。欲望並非與生俱來，而且也不是永遠不變。要形成不同的看法確實是一種極端的請求和集體重新想像的行為，需要一輩子的努力。這是必要而且可能辦到的，否則我們就會讓成見、壓迫、排斥永遠存在。

看見鏡子裡的臉有如外星人，也許是內化的年齡歧視最普遍的表現形式。與其喃喃自語：「到底發生了什麼？」何不花一分鐘時間，回想一些確實發生過的事，以及當中的許多事情多麼了不起。鼻子和嘴唇間的那道紋路？女演員法蘭西絲・麥斯朵曼（Frances McDormand）說起二十年前兒子培貝羅在她左臉留下的疤痕時笑了：「哇！」或「噢，我的天。」[32]她稱她的臉是地圖，拒絕那將會抹去個人歷史的手術。

我的手現在讓我想起母親放在她的雪佛蘭旅行車方向盤上的手，這輛車載著她的四個孩子到處去。我突出的白色指節有什麼不妥呢？絕對沒有。變老讓我對身體的缺陷更寬容，這點**真的**很受用。我的屁股並不緊實，但我在淋浴時往下看著曾經使我苦惱的屁股，心想「還不賴！」我當然絕不認為在過了「賞味」期如此久之後，我會狀況良好，我希望有更多女性達成相同的結論。男性也是。

與其疏遠我們變老的身體，何不驚歎於它在生命歷程中的改變，或者至少學會不帶譴責地接受它？與其花錢買昂貴的「補救辦法」，何不道破醫療產業將這些自然的轉變醫療化的情結？何不強烈要求讓熟齡身體顯得更好看的時裝——別忘了還有鞋子，並獎勵那些採用各種體型、各種年齡模特兒的時尚品牌？

最重要的是，何不學習更寬厚地看待彼此和自己？在《紐約時報》的文章〈話說法令紋〉（The Case for Laugh Lines）中，多明尼克·白朗寧（Dominique Browning）哀嘆這種「古怪、集體、遲發的身體畸形」迫使許多人用針或解剖刀凍結或毀壞他們的臉。然而文末她來個一百八十度的轉變，放棄與法令紋講和的任何努力。白朗寧描述自己「對於否認深信不疑」，她寫道：「要求我們接受自己改變中的臉——在我們自己日漸灰白的頭髮中讚揚母親的美麗，記起創造出這些法令紋的歡樂，以及在我們因困惑而擠出抬頭紋時，認出父親的額頭，或者當我們的眼睛因欣喜而縐縮，從中瞥見阿姨的雙眼，這樣的要求未免太為難人。」[33]

這的確是嚴苛的要求，但一點也不過分。我們為何**不應該**樂於接受這些聯想，以及它們所代表的共同回憶？你我都能選擇可以發現美的地方，而且我們不需要在二十二歲就罷手。「有許多事情正在發生！」《哈芬登郵報》部落客查克·尼倫（Chuck Nyren）寫到關於熟齡女性的身體。不同於他描述為「未完成、不完整」的年輕女性，熟齡的身體提供「大量輪廓線、豐富的形狀、曲線、突起、裂縫，柔軟和堅硬部分，握起來舒服……之後，你想起你已經錯過，你曾經不太理解的事物。下一回總會有新的東西可以把玩、揉捏、拂弄。」[34]為何這顯得如此激進？如果我們能欣然從風化的木頭或花瓣乾枯爆裂的鬱金香看見美，為何無法從水桶腰、被微笑蝕刻的臉，以及因為辛苦勞動而變粗糙的雙手看見美？性永遠能滋養我們，而美無所不在。

考慮更寬廣的性愛和浪漫機會

性愛不如我們以為的那樣關乎外表。審視我們相識的人當中性活躍的人，馬上會發現漂亮並非公分母。他們的愛人對溫情、興趣、性能量做出了回應，又或許所回應的是邀約——這的確意味著被拒絕的風險。熟齡女性往往因為擔心她們的不完美，而無法投射出性能量。男人當然會在意女人的長相，但他們更常想的是「我就要走運了！」而不是「天啊，我希望她的胸部能更堅挺。」把性列入考量的女性能保持性活躍。對男性而言也是如此。在愛自己的身體、非異性戀霸權、非一夫一妻的圈子裡更是如此。

要更積極意味著不同的思考方式，這並非適用於每個人，尤其是那些只考慮一夫一妻制，只想與住得近、年紀稍長、長相好看、事業成功的男人——換言之與「白馬國王」（King Charming）類型形成堅定關係的直女。女性的壽命較長，通常數量遠多於相對應的男性，而且能開夜車的好男人變得更稀少。關係會隨著時間發生真實且具挑戰性的改變。伴侶以不同方式和速度變老，可能使他們更難持續共同的活動。「直到死亡分開你我」的承諾在一個世紀前比較容易遵守，那時美國丈夫平均只活到五十三歲，而他們的妻子多活不了幾歲。

那是「銀髮離婚」比例上升背後的重大因素。雖然其他年齡層的離婚比例已經穩定或下降，但在美國每四名離婚者當中，就有一名年逾五十，而每十名離婚者當中，約有一名超過六十五歲。[35]雖然寡婦更可能果斷地找尋新伴侶，不過女性已經知道如何操作洗衣機，而且往往相當滿足於有朋友家人陪伴的獨立生活。女性一般來說更擅長尋求可以從事的興趣。晚餐喝葡萄酒配乳酪加上Netflix節目作伴是截然不同的樂趣。許多人，尤其是寡婦，不知道她們是否真的想要另一個伴侶，得悉心照料他的感冒或其他更糟的事。然而歷經了一輩子的好萊塢愛情電影和成雙成對的情人節，單身生活對許多女性而言依舊是淒涼的第二選擇，即使對已經得到解脫和成長的女性。

為何不拓展我們的可能性，甚至視為生活方式的提升？何妨考慮一下炮友關係，通常是兩個好朋友之間愉快的性關係，即使只是在出現更認真的關係之前幫你度過難關。這並不代表速食型的約炮關係，除非你們兩個都適合，不過非正式的關係仍然涉及相互尊重、清楚的協議、安全的性。如此的關係仍必須讓你感覺舒服，而且你沒有理由忍受惡劣行為，也沒有理由讓關於「放蕩」和「忠誠」的過時教條阻撓了你。

抱持開放的態度，相信年輕許多的伴侶可能與你合得來。同樣是巨大的年齡差異，男性比較不會感覺他們必須在父權制度規範的方式下競爭。「年輕個十歲？」我的朋友瓦勒莉提出異議，「他不會知道艾森豪是誰。」「你們花多少時間聊艾森豪？」我反駁。她笑了出來說：「有道理。」和他出去約會，並準備好聽到一些年輕人的「潮語」。沒錯，這需要一點勇氣，的確會有一些人不以為然，但他們的意見真的重要嗎？線上約會的世界，對「適齡」概念的反擊主要由年輕人主導，他們的個人簡介經常寫著「我喜愛年紀大一點的」或者「沒有年齡限制」。也是這群人疾呼道破「對亞洲人不感興趣」或「不要黑人」這類個人簡介背後的種族歧視。如同美國退休人士協會的麥可．亞爾伯（Mike Albo）所言，「對他們來說，年齡只不過是另一個該被粉碎的限制。」[36]

為何「炮友」不應該不分年齡，如同比較認真的關係？如果你曾經想知道擁有同性別情人的感覺，或許你現在該去找一個。健康愉快的性關係非得是獨占的嗎？何不考慮擁有一個和你有相同電影品味的情人，另一個幽默感十足的情人，甚至再一個你一年到海邊探望一次的情人？

請認真考慮分享。促成年齡歧視的文化，同樣促成了具有侷限性、一夫一妻、異性戀霸權、生兒育女的關係和家庭模型。資本主義受益於被孤立的獨立消費者社會。分享不代表欺騙；多元之愛涉及多重的忠誠關係，每一方都是知情參與。如果床笫之事難以想像，想想最平凡無奇的生活層面，例如照顧。只需要在星期二負責煮雞湯豈不是件好事，因為會有別人分擔這項工作，不是很好嗎？有人分享憂慮和分擔後勤工作，不好嗎？為何不拋棄標準的全有全無論點，並幫助促成轉而支持你的網絡，一旦你出現這個需求？還有不必放棄獨處的快樂？除了主流的美滿家庭、白馬國王、好萊塢情景之外，還有其他許多不同的友誼、親密關係、愛情架構。更長的壽命提供我們加以探索的機會。

無論我們落在光譜的何處——男人和女人、跨性別的男人和女人、異性戀和同性戀、雙性戀和對雙性戀好奇者、單一配偶和多重配偶、熟齡人和年輕人——都要鼓起勇氣！別只管動用雙腿之間的東西，更要動用我們的腦袋和想像力，去探索維持親密感和給予彼此快樂的新方法。對於性我們應該抱持更開闊的想法，展現更多同情與寬容，尤其是對自己，並將這份個人的和政治的覺知傳播出去。更有批判性地思考那個受益於我們偏見的文化，只要我們聯合起來，這個文化便岌岌可危。在我們採取行動之前先仔細思考，然後冒險一試。獲得回報的機會會遠高於洗腦我們的文化要我們所相信的。

CHAPTER

6

未竟之事：職場

Not Done Yet – the Workplace

身為熟齡美國人，我們有工作會被咒罵，沒工作也被咒罵。如果我們繼續留在工作崗位上，會被批評占走年輕人的工作。（經濟學家稱之為「固定的勞動總合」謬誤。）如果我們卸下繁重的工作，會被貼上「貪婪老傢伙」的醜名，因為我們榨取超過應得分量的資源，讓較年輕的勞動者供養我們，過著什麼也沒留給下個世代的晚年歲月。（「老年依賴人口比例」這時又冒出來了。）還有如果被解雇，我們還是該死，因為經驗在年齡歧視的世界是不利條件。千禧世代由於缺乏工作倫理和需要協助而遭致批評，加上剛畢業沒有工作風評可考，面臨著比熟齡工作者更高的失業率。

可是像亞利妮塔・阿姆斯壯（Arynita Armstrong）這樣的員工，一旦失業就更難找到下一個工作。「他們一看見白髮就把你剔除。」這位來自德州威利斯（Willis）的六十歲女士說，自從五年前失去在一家抵押貸款公司的工作後，她就一直在求職。她說：「他們不敢雇用你，因為他們把你視為健康層面的風險。你知道的，你可能增加他們的保險支出。他們認為訓練你所獲得的價值低於這項投資的成本，因為你可能五年後就退休了。只是他們不會當著你的面說。」

同樣在《紐約時報》頭版文章中被引述的還有蘇珊・齊瑪曼（Susan Zimmerman），她毫不掩飾地說：「如果我弄斷手腕，便會失去房子。」[1]這位住在克里夫蘭的六十二歲自由作家曾經有三份兼差，並自行拼湊出一種居家治療的養生法，希望能保持健康直到有醫療保險可用。為了保住房子，她必須提早領取社福津貼，這表示比起拖到滿六十六歲才請領，她在餘生中將少領百分之三十。

根據勞工統計局（Bureau of Labor Statistics）的統計，找到新工作的熟齡者，其平均收入比以前少百分之二十，是所有年齡層中收入損失最大者。[2]他們也更可能從裁員的產業中被解雇，以及更可能發生某種限制其選項的失能。許多人再也無法恢復到先前的生活水平，遑論個人與專業價值感。他們大多數會至少再活二十年。破產事件正在熟齡美國人之間暴增，其中更多人——尤其低收入戶——揹負著比過往世代更龐大的債務。[3]

年齡歧視阻止熟齡工作者找尋他們完全能勝任的有挑戰性的工作，並將他們貶謫到那些通常不思利用其技能和經驗的工作，例如沃爾瑪（Walmart）的賣場迎賓員。確實獲得雇用的人愈來愈集中到退休研究中心（Center for Retirement Research）二〇一六年研究中所稱的「老人」工作。[4]這些工作混雜高技能服務工作（例如經理人、銷售主管、會計師）與低技能服務工作，薪酬往往比偏好年輕員工的工作低百分之六至十一。年齡歧視也使熟齡者較難找到兼差和義工職務。許多人感到沮喪和被貶抑，於是完全停止找工作，變得在經濟上依賴他人，促成了熟齡者是社會淨負擔的錯誤認知，但這非並出於他們的選擇。

年齡歧視與無根據的刻板印象阻礙工作者的前景

熟齡求職者每天面對著關於其技能、健康、能力的迷思，這些迷思說他們：

- **無法精通新技能**：熟齡工作者在領導、細節取向任務、組織、傾聽、寫作技巧、解決問題等方面都得到高評價——即便在如電腦科學一類的尖端領域——尤其如果這項新任務會用上已存在的技能或知識基礎。
- **沒有創意**：事實證明消滅創意的是連續三十年做同一份工作。若讓此人投入一份新工作，他會產生新想法。混齡的團隊已顯示在需要創意思考的領域具有高度生產力，例如研究與開發和市場行銷。

- **無法應付壓力**：經驗讓熟齡員工有能力從整體脈絡看待危機，並安然度過辦公室的紛擾。耐心也有幫助。年齡賦予處理事情的技巧。
- **拖慢進度**：年輕員工做事比較快，但會犯下更多錯誤。熟齡者可能比較慢條斯理——視任務的性質而定——但重視精準。事情是打平的。產生的結果相等，動機和努力影響的程度遠超過年齡。
- **因為疾病而遺漏工作**：事實上，熟齡員工極為可靠。這個迷思反映出將老年等同於疾病的錯誤文化。
- **無法應付需要體力的工作**：該因素也往往在雇用和訓練決定被引用，但這個不利條件過度被放大且無稽地過時。如今只有小比例的工作需要體力勞動。熟齡員工的確需要更長的時間從工傷中恢復，但他們比較不常弄傷自己。一如既往，每個人的情況有極大的差異。比起年齡，健康和經驗是更好的職場適能指標，特別是高體力要求的工作，例如消防和航管。[5]
- **已經消耗殆盡**：「等待領取金錶」*是和發條一樣過時的陳腔濫調。縱向的研究綜合社會調查（General Social Survey）自一九七二年起訪談超過五萬名美國人，顯示年逾六十五的人最樂在工作。該調查的主事者湯姆・史密斯（Tom W. Smith）表示，「許多人以為在六旬和七旬還在工作的人是被困住了，但大多數熟齡工作者是因為享受工作而工作。」[6]

換言之，對熟齡工作者的負面刻板印象，在仔細審視下沒有一種站得住腳。針對他們相對缺乏的長處所做的研究，顯示熟齡者和年輕同事一樣積極可靠，而且受家庭責任影響的程度並不高於年輕人。只有一個刻板印象獲得經驗證據的支持——平均而言，他們比較不可能全心投入職涯發展——這項發現無疑反映出幾乎所有訓練計畫都是為年輕員工設計的事實。

一說到實際的工作表現，熟齡員工打敗年輕同事，根據華頓商學院（The Wharton School）教授暨《管理熟齡員工》（*Managing the Older Worker*）共同作者彼得・卡普利（Peter Cappelli）所言：「隨著我們的年紀增長，每方面的工作表現都變得更好，」我曾以為情況可能比較混雜，但其實不然。熟齡員工更好的表現和他們所遭受的歧視並存於職場，實在毫無道理可言。」[7]歷史學家費舍爾也發現在許多工作中，表現隨著年齡提升。「年逾六十甚至七十的工作者比較不常缺勤、較少發生意外事故、更和諧地與別人共事、被主管認定為

＊美國有在同一家公司任職數十年後，退休領到金錶的慣例，成為退休的文化象徵。

年退休者一年平均津貼僅一萬六千九百六十八美元，根本不屬於「貪婪的老傢伙」。[13]（如果沒有社會福利收入，勞動部估計一千五百三十萬名年逾六十五者會在二〇一二年落到貧窮線以下，將使貧窮人口增至四倍。）[14]

女性的情況顯然更加悲慘，她們實際上更不可能有足夠的儲蓄應付退休。女性比男性更可能離開和重返職場，造成她們領取明顯較少的社會福利津貼。她們活得比較長壽，賺的錢卻比較少。性別薪資差異的影響——女性薪資只有男性的八成——很早便出現並隨著時間累積。這些影響因種族和階級因素而進一步加重，非裔美國女性相對於白種、非西班牙裔男性，通常只賺到六成三的薪資，拉丁裔只有四成五，而美國原住民女性僅五成八。[15]

許多女性最終在年屆八十時首度在人生中陷入貧窮，假使以往不曾如此。根據二〇一三年全國女性法律中心（National Women's Law Center）的一份報告，大約二百六十萬名熟齡女性生活在貧窮中，七十三萬三千名熟齡女性極度貧窮，每年只靠區區五千五百美元，或每月四百五十八美元勉強過活。在年逾六十五的女性當中，獨居的黑人、西班牙裔、美國原住民和在外國出生者，貧窮的比例尤其高。[16]要供養這些無法維持像樣生活的熟齡美國人，需要社會和經濟的大力救助。阻擋我們承擔這項必要義務的主因是年齡歧視——這個社會比較不重視熟齡公民，特別是非白人或非男性。

收入絕非唯一重要的事

美國人往往認為工作等同於賺錢，如果沒有收入，便難以專注在其他事務。但擁有一份工作還能促進其他許多重要層面的幸福，這些層面對於熟齡者，以及其他各個年齡層和階級的每個人，包括女性、酷兒、有色人種、失能者等族群，都同樣重要。

我很早便知道了這件事，當時我的研究以超過八十歲的勞動人口為重點。巴特勒博士成立了國家老化研究所，旗下研究人員的一項發現是，早上有起床動機的人確實活得更好、更長壽，「只要他們有一份能樂在其中的像樣工作，當然實際的情況不盡然如此。」他指出。除薪酬外，工作也賦予目的感、歸屬感以及社交連結感——許多退休者說這些是他們最想念的東西。我們不難了解想要繼續工作和對社會做出貢獻的渴望。

對熟齡男性而言，工作往往是身分和社交接觸的首要來源。比爾・班尼克（Bill Banneker）在西雅圖不動產仲介的忙碌職涯，幫助他在喪妻之後遠離寂寞。提到面對首任丈夫的過世，電視製作人弗蘭德利曾告訴我：「工作讓我走出來，給我可以緊握的東西。工作很有效。」工作也是自尊的基石。佩妮・凱爾不顧丈夫的反對，在養大三個兒子後在韋恩州立大學（Wayne State University）更新她的教師證書。「我開始二度就業後，覺得早上起床

情況使我感到駭然。」艾比專欄（Dear Abby）的投書者「俄亥俄州哥倫布市覺得噁心的人」寫道。[18]哪來的揮霍。如同艾比在回覆中指出的，許多人繼續工作只是為了糊口。

佩格．惠特摩爾（Peg Whittemore）在一家醫療設備公司擔任後補化學家長達二十二年，在六十七歲時立刻被解雇，他想不出理由反駁其合理性。「公司會從年齡的角度思考，找出屆臨工作生涯盡頭的員工，因為他們或許可以花費大約一半的薪資，引進另一個可以做相同工作的人。這種作法當然令人震驚。然而你知道其邏輯的合理性。」事實不盡然如此。新員工和熟齡員工通常擁有不同的技能。熟齡員工確實可能支領更多薪水，但無經驗的員工需要訓練，這是昂貴的成本，接下來他們可能要求加薪，而且離職率較高。留住熟齡員工能降低離職成本，而突如其來的離職會大幅增加這種成本。

熟齡員工通常並不會堵塞住升遷管道。舉例來說，根據二〇一六年美聯社全國民意研究中心（NORC Center）的公眾事務研究報告，百分之五十八年逾五十的人打算繼續工作，同時也計畫要轉職或換老闆。[19]當熟齡員工占住職位，當然會影響年輕員工的向上流動。職缺少且提供終身保障的學術界正是例子。要平衡正當的資歷——熟齡員工的知識和經驗——與年輕員工在職位上晉升的野心，並不是件容易的事。然而公司不設法尋求公正的解決方案，反倒利用這個問題，挑撥熟齡員工與年輕員工彼此對抗，與二十世紀初期的製造商處理不同種族或不同國籍員工的作法如出一轍，現今沃爾瑪和亞馬遜公司也利用相同的手法對付工會和非工會員工。在年齡歧視的資本主義社會，公司以獲利為優先考量，這些策略並未受到質疑。

這是結構性的問題：沒有數量足夠的工作。貧窮專家馬克・蘭克（Mark Rank）提出一個比喻，將經濟地位比作十個人爭奪八個座位的大風吹遊戲。當音樂結束時，誰最有可能站著沒有椅子坐？答案是手腳較慢和較不熟練的人。不過這只說明了誰會失敗，並沒有解釋為何一定會有失敗者的前提。會發生這樣的事是因為遊戲規劃的方式：椅子數量太少了。年老或太年輕或失能，使人們面臨更高的失業和貧窮風險。但根本的問題是經濟與社會制度未能提供足夠的「椅子」給需要坐下來的人。[20]高失業率並非因為有「太多老人」，而是勞動市場本身的問題。

工作的數量和性質不是固定不變的。否則二十世紀女性勞動力的擴展，將會使許多男性流落街頭，但事實並非如此。如果有強大的工作市場，這是一個大大的如果，所有年齡層的工作者都會受益。更高的薪資產生更多的稅收，經驗豐富的才能是有價值的，這不是一個零和命題。熟齡者能創造工作。根據二〇一二年皮尤研究中心的慈善信託報告，「證據顯示更多的熟齡者就業，對年輕人造成**更好的**結果——降低失業率，提升就業率和薪資。」[21]熟齡者不僅不會排擠掉年輕人的工作機會，而且會在許多方面增加年輕人的就業率。身為收入較高者，他們有能力購買更多由年輕人製造的產品。他們可能是雇用年輕員工的企業老闆。他們當然也會傳承有價值的技能。

逐漸老化的人口也意味著翻新工作類型的空前機會，這需要世代之間的合作。熟齡工作者通常比較能看清大局和利用制度化的知識，而說到發現新潮流與整合科技，年輕人則可能占有優勢。每個世代都會指責上一個世代，但年齡歧視的文化助長了競爭，而非促進有益於勞雇雙方的合作。年輕人雖然通常比較不受職場年齡歧視的影響，但要對抗年齡歧視得仰賴他們開明的利己主義。四十歲對於大學生而言似乎顯得遙遠，但作為可獲得司法救濟的年齡，就沒那麼遠了。

使員工彼此對抗也有違常理。我們的生活和財務義務並沒有因世代的鴻溝而受到限制。兒童繼承遺澤，祖父母為孫輩花光積蓄或資助孫子學費。社會福利支票讓家中的每個人有更安全的財務結構。有穩定收入的人幫助失業的家人和朋友免於經濟困難。社群和關係網絡不受年齡和生物學的支配，支持著我們所有人。

年齡歧視使公司付出愈來愈高的代價

美國的奴隸制度給我們一個殘酷的教訓。奴隸的市場價格在三十五歲達到最高點，但在進入七十歲後仍居高不下，證明他們終身的勞動價值。[22]現代的年齡歧視影響到生產力和獲利。當熟齡者被迫離職或被鼓勵接受提早退休，公司便損失了部分最優秀的員工，以及無可取代的機構記憶。二〇一二年十月珊迪颶風摧毀東岸後，是什麼讓紐約市節省了數億美元，並且使地鐵系統迅速恢復運作？答案是大都會運輸局（Metropolitan Transportation Authority）的工程師以及軌道工人和木匠的歷史知識，當中許多人花了一輩子的工作生涯保持這個龐大系統的順利運作。同時間，年輕人動員發起「占領珊迪」計畫，協助家戶在颶風肆虐後進行挖掘，飛行二十架次運送食物和飲水給困在缺電高樓裡的熟齡者。公司和社區需要這種全套的技術和能力。

不存在歧視的組織（在任何基礎上，包括性別、種族、年齡、個人喜惡、性取向、宗教、語言）不只對員工而言是更好的工作場所，也運作得更好。如同大衛・威爾森（David C. Wilson）在《蓋洛普商業期刊》（*Gallup Business Journal*）中所言，「當熟齡工作者面臨歧視，這是眾方皆輸的局面。」[23]如果他們的工作場所是年齡多樣化的地方，熟齡員工最有可能整體而言比較快樂，而且最忠誠。開明的雇主了解跨世代勞動力的價值，並希望員工能與形形色色的顧客輕鬆產生連結。（這不代表年輕員工應該負責處理科技客戶，而熟齡員工要在佛羅里達販售公寓。女性顧客不必然需要女性銷售員的服務，而亞洲人同樣也不需要亞洲銷售員，如果雇主這樣想未免顯得愚蠢，更別提這不合法。）當出現需要各種人才和背景的專案時，聰明的管理者不會希望無人可用，而且他們知道年齡多樣化的團隊最可能順利完成。

我的好朋友維吉妮亞是工作場所多樣化專家，告訴我她的「鞋子測試」理論。看看桌子底下，如果每個人都穿同類型的鞋子，你就麻煩大了。多樣化不只是一個抽象概念或倫理指標。多樣化讓我們更具同理心、心胸更開闊，反映我們周遭的世界，使我們更融入全球文化。聰明且道德高尚的雇主對此心知肚明，不過還是有太多雇主需要提醒，年齡也是多樣化的判斷標準。

即使公司不在乎年齡成見，這仍讓它們面臨訴訟風險，而這種風險正在升高，因為熟齡美國人的數量與日俱增，都在尋求更長的職涯。工作場所是許多人（尤其男性）首度意識到年齡歧視的地方，美國公平就業機會委員會（Equal Employment Opportunity Commission）將年齡歧視廣泛定義為「由於年齡因素給予某人（求職者或員工）較不善意的待遇。」無論涉及雇用、升遷或解雇，關於就業的年齡歧視是非法的。女性更常且更早經歷到年齡歧視。（介於四十五至七十四歲之間的女性，有百分之七十二認為自己在工作中面臨年齡歧視，相較於同年齡層男性的百分之五十七。[24]）隨著嬰兒潮世代年屆六十，工作能力達到最純熟的狀態，他們卻發現自己遭解雇而且找不到新工作，美國公平就業機會委員會對此提出愈來愈多聲明。

五十年前，參議員克勞德・佩珀（Claude Pepper）引進《年齡歧視就業法案》（Age Discrimination Employment Act），挑戰認為熟齡者比不上年輕人有價值，因此不應給予相同基本權利的刻板印象。這是如此根基性的立法。該法案於一九六七年通過，就在《民權法案》（Civil Rights Act）通過不久之後，這項立法是十年間反歧視浪潮的部分成果。不過《年齡歧視就業法案》不同於其他法案，也有別於一九九〇年的《失能美國人法案》，因為其案例不得索取補償或懲罰性賠償金。四十多年來《年齡歧視就業法案》意欲保護受雇者和求職者，但標準建立於幾乎是一個世紀以前的一九二九年。

儘管多重世代勞動力是未來的走向，但求職者調查說歧視更早就發生。名為《年輕一代》（*Younger*）的電視情境喜劇於二〇一五年三月首播，描寫一位單親媽媽假冒成二十幾歲，藉此重振她的事業。她已經四十歲。她的同事在矽谷打肉毒桿菌和植髮，就在那裡臉書執行長祖克柏於二〇〇七年告訴史丹佛大學的聽眾：「年輕人就是比較聰明。」美國周刊《新共和國》（*New Republic*）一篇標題為〈科技界殘酷的年齡歧視〉的文章中，作者諾姆・謝貝爾（Noam Scheiber）寫道，自稱是全球第二大肉毒桿菌供應商的舊金山整形外科醫生馬塔拉索（Seth Matarasso），描述病患從臉部鬆弛的中年男子變成小伙子，說出：「嘿，我現在四十歲，我得在一群年輕的董事會成員面前做簡報。我不能看起來像是有老婆和二點五個小孩還有貸款的人。」之類的話[25]。真是荒誕。

舊金山灣區（Bay Area）對於青春的極度執迷，和對於有深膚色，或擁有陰道，或使用輪椅者的標準成見，同樣教人不快。然而早在食物鏈頂端的人——聰明、擁有技能、非同性戀、高薪、三十幾歲非失能的白人男性——首度體驗到歧視之前，科技界的年齡歧視已經開始獲得應有的注意。

年齡歧視難以證明

雇用歧視或許是最常見的職場歧視形式，但卻最少被了解和難以證明。不幸的是，一說到年齡，有許多歧視方式極為隱微。不但難以發覺，更難以告發起訴。在時局艱困時，勞動市場的崩潰讓人更難分辨是真確的歧視，還是同樣影響熟齡者和年輕人的人力減縮。

即便年齡歧視正成為倍受矚目的議題，但要贏得訴訟卻愈來愈困難。最近的挫敗是二〇〇九年最高法院裁定Gross v. FBL案，要求熟齡員工必須證明年齡是他們被解雇的決定性因素，而非只是一個促成因素——有效地增加舉證的負擔，並確立了《紐約時報》所稱的「超高障礙」。[26]那是比訴求種族或性別歧視更高的標準，這些標準在一九六四年的《民權法案》中詳加說明，當時美國國會不願將年齡納入為受保護的範疇。由於這項裁定，已有數以百計的案例遭駁回。「許多人似乎也同意……不像本質上就錯誤的種族歧視，老年人讓位給年輕人有其理所當然之處。」新聞工作者暨律師亞當．柯恩（Adam Cohen）在《紐約時報》專欄，一篇名為〈四十年後，年齡歧視依舊獲得二等待遇〉的文章中如此表示。[27]「由於年老而被拒絕，可能和基於種族或性別而被拒絕的感覺相同或者不相同，」柯恩進一步做出結論，「但這顯然不正義和無人性，法律應該更嚴肅看待。」

大法官珊卓拉．歐康納（Sandra Day O'Connor）曾突顯年齡議題，寫到老年「不能用來定義一群不相干且被孤立的少數人，因為所有的人如果活超過他們的平均壽命，就會體驗到老年。」使得年齡歧視與其後果更難被區隔出來。但如同克魯克尚科在《學習變老》中指出，熟齡者構成整體人口中的少數，他們年輕時曾經免於不公平對待，但這個事實沒有寬慰可言。一切歧視在本質上都是錯誤的。任何人都可能成為年齡歧視下的受害者，這個理由無法用來替年齡歧視辯解。在我們能力所及下，活多久就工作多久是一種基本權利。引用新聞記者和小說家法郎士（Anatole France）的話：所謂法律之前人人平等，意味著富人和窮人同樣不准在橋下睡覺。費舍爾寫到，「自由社會必須承認其成員的個體性，也必須尊重其差異和相似之處。它必須設法藉由提升選擇的自由——選擇工作或退休的自由，擴大他們的自主權。」[28]我們需要支持那些想要延長工作生涯的人，也要支持那些辦不到的人，包括照護他們的伴侶。

潮流可能正在轉變。二〇一七年三月，由兩黨參議員組成的團體提出一項法案，以回應二〇〇九年最高法院的裁決，目的是使工作者更容易證明他們是年齡歧視的受害者。[29]幾個星期之後，美國公平就業機會委員會贏得一項具有指標意義、價值一千二百萬美元的判決，是三十年來最大的年齡歧視案件，控告對象是總部設在肯塔基州的全美連鎖餐廳德州客棧（Texas Roadhouse）。（提呈的證據包含出自二十個州三十八家餐廳的求職申請書，公司行政人員在申請書貼上寫著評語的黃色貼紙。除了「又老又胖」，還有「年老」「小老太太」以及「中年……不太符合我們的形象」。）[30]如果對於女性或少數族裔比例過低，聯邦政府有明令的積極作為，為何不讓這項規定也適用於熟齡工作者？

無論好壞，「退休」逐漸變得過時

在工業革命期間，提早退休成為成就的標誌。隨著壽命變長，人們選擇減少工作。能承擔得起這種情況的社會，被視為比較先進的社會。安心舒適地退休曾是社會地位的表徵。二〇一〇年法國打算提高退休年齡的改革，引發近乎暴動的抗議風潮，證實了這種社會建構的持久力。然而有鑑於更長壽的健康生活、下個世代的需求、儲蓄不足，外加持續工作的好處，渴望在六十五歲退休的傳統目標，並不適用於現在這個人口日漸老化的世界。

更晚的退休年齡適合健康狀態良好且樂在工作的人，但不適合眼巴巴望著他們的La-Z-Boy休閒椅，或者工作已經造成身體損傷的人。退休對於在裝配線或煤礦場工作幾十年的美國人而言往往是必要的。不過如今絕大多數熟齡在職者，是受雇於教育和健康相關行業，體力上的要求可能較不嚴苛。社會福利不再對於持續掙錢的人不公平。延遲領取社會福利金（高至七十歲）的在職者，可獲得「延遲退休獎勵」，等到他們真正退休時增加其津貼。

固定在某個年齡退休的概念幾近過時。更多熟齡者繼續待在工作市場，在過程中擴展「工作年限」的定義，這是讓人樂見的發展。在經濟衰退之前，確實已有五分之四的嬰兒潮世代宣布，他們打算在退休時繼續工作和賺錢——如果這樣仍然可稱作退休的話。[31]有些熟齡在職者不會從全職工作中退休。而在光譜的另一端，許多人遭解雇或被迫退休，無法找到新工作。然而也有一些人在退休後重返勞動市場，或者在退休後用義工活動填滿他們的日程表。絕大多數人渴望擁有一個職涯能彌合事業建立與崩潰之間的缺口——一個有意義的、部分或彈性時間，繼續在家中或在教會、辦公室或亞撒哈拉非洲做出貢獻的方式。

退休後的職業，一度是自相矛盾的說法，現在已成為主流。Encore.org的馬克·費里德曼（Marc Freedman）讓「二度就業」（encore career）成為流行用語，並宣稱在美國變老的意義在本質上「歷經徹底的修正。長久以來在這個國家，人們的夢想是從勞動中解放。現在這個夢想變成能擁有工作的自由。」[32]二度就業是為了幫助人們從企業產業過渡到有意義的工作，例如在教育、環境、公共服務等領域，滿足往往被長久擱置、想要讓世界變得更美好的渴望。這對有經驗的專業人士是絕佳典範。

個體經營的專業人士享有決定何時退休以及依據何種基準的巨大優勢。愛麗諾·費伊（Eleanor Faye）是曼哈頓眼耳喉醫院（Manhattan Eye, Ear, and Throat Hospital）首位女性眼科住院醫師，她在弱視領域——恢復人們受損的視力，留下豐厚的遺澤。費伊於二〇〇二年在成功完成一次白內障手術後，正式從手術室引退，當時她七十九歲。「那時我在六十四街上，朝著我的辨公室走去，突然對自己說，『這是我要手術的最後一個病例。我已經擁有過璀燦的職涯，我要趁著還在頂峰時引退。』」費伊一如往常的能幹，現在繼續快樂地協助她的同事和料理病人術後的需求。醫師比利．凱爾（Billy Kyle）也是如此，他認為他已經做過夠多的手術，想要過著比較不忙亂的生活。不過他持續當全科醫師，因為他說：「我想如果你不使用，便會失去這項能力。」

哈洛德．柏森（Harold Burson）派一名員工到紐約公立圖書館，查閱所有列在一九四七年黃頁「宣傳」和「公共關係」條目中的名冊，之後他開創了自己的公司。名冊中列出五百多個人，「他們之中有許多和我一樣是報紙記者，或軍事單位的公共資訊軍官。」柏森認為裡面還有空間再容下一人，於是成立了全球最大的公關公司之一，博雅公關（Burson-Marsteller）。六十七歲時，「絕對是我的巔峰期」，柏森從執行長的職務上退休，但繼續每週工作三十五個小時，擔任榮譽主席。到了八十七歲，柏森依舊是極具價值的員工，他頭腦清晰的務實精神持續發揮作用。「因為我不再是執行長，所以為了保住職位，我必須閉嘴。」柏森解釋：「我看著人們犯下我認為的錯誤，但我對自己說，『他們會從中學到教訓。』那是一門藝術，真正的藝術，因為他們扎針在我的寶貝身上。」

費伊、凱爾、柏森是成功的故事，這些熟齡者依據自己的主張，自信地投入令人滿意的下一個階段。極少人能像柏森這樣有如此平衡的選擇，更別提他的自主權。許多人在退休後繼續認同他們曾經擔任的工作，因為這些工作賦予他們地位，還有許多人低估了可以定期在某個地方現身所帶來的隱性好處。社會科學家詢問一群從一家德國公司提早退休、獲得厚償的退休者一個簡單的問題：你願不願意回去工作？平均提早一年退休的他們，有百分之八十五回答願意。哥倫比亞老化研究中心（Columbia Aging Center）中心主任娥蘇拉．史托丁格（Ursula M. Staudinger）說，「結果證明在失去工作之前，要評估工作的價值非常困難。這在工業化國家可能是事實。」[33]受訪者想念社交接觸和他們日常的例行公事結構，但對於想要的工作類型，以及更多自主權和較短工時的需求，他們也有明確的想法。

許多熟齡美國人尚未在心理和財務上，做好從受雇者轉為退休者的準備。「我認為許多人為旅行所做的規劃還多過退休。」退休專家史坦．欣登（Stan Hinden）說，他的妻子被診斷出阿茲海默症，打亂他們的計畫。[34]生命會從中作梗，阻礙精心安排的計畫。更長的壽命使問題進一步變複雜，因為必須工作更久來養活自己。無論是碰巧或不得已——兩者可能同時發生，但情況往往並非如此——欣登和其他熟齡工作者正在翻轉歷史上的退休趨勢。相同年齡的人會有非常不同的表現，而且能力可能勝過資歷。當然，這些個別差異使本已鈍弱的公共政策工具更難施力，而改變中的退休光景也無濟於事。

為了納入熟齡工作者，公司需要好好規劃並花費資金，這也不是一個有利因素。使用便利性是關鍵，並且會需要安裝電動門和人體工學家具之類的設備。當每個人都可使用這些設備，所有員工都受益，所以才稱作通用設計。這麼一來減少了需要「特殊」安排所帶來的恥辱，使之成為「正常」。其他可能的方便設施，同樣會嘉惠其他員工，包括含老年心理健康考量的工作場所健康計畫；支持照護各年齡層的出缺勤管理計畫，以及雇主對於壽終討論與安排的支持。

除了希望受到尊重以及貢獻能被重視，熟齡工作者也想要能適應其角色和責任。根據斯隆老化與工作研究網絡（Sloan Research Network on Aging & Work）的調查，熟齡員工最優先考量的是工作環境的彈性，其定義就員工及其主管而言，是擁有部分選擇和控制權，可以決定在何時、何處、如何完成工作。分階段實行的退休是一種中庸之道，允許縮短工時、更彈性的工時，也許甚至領取退休津貼，用以交換較少的薪資。

然而極少有公司已完成這種最能符合銀髮勞動力需求的工作場所修改，以及彈性工時安排，讓他們能充分利用。大多數的勞動力政策，無論政府或私人部門，傾向於全職員工取向，儘管約聘和兼職工作正成為**所有**工作者的正常型態。許多養老金計畫和社會福利規定，都有效地駁回了逐漸退休的選項，儘管美國退休人士協會的「超過五十歲的最佳雇主」

（Best Employers for Workers over 50）以及斯隆「有效工作時間獎」（When Work Works Awards）提到工作環境的彈性時，都顯現了雙贏解決方案的可能性，尤其是負有對照顧責任的人。更能控制自己時程的人，在調查中顯示更高的滿足感以及更好的「工作－生活平衡」。具備正式彈性計畫的公司不僅留得住人才，還能增加生產力且獲得招募優勢。

無酬的工作也是工作

就貢獻社會的廣義角度而言，幾乎所有熟齡男性和女性都具有生產力，他們可以無酬替教會、醫院、慈善機構、學校和其他組織工作，或者幫助朋友和家人照顧孩子、處理辦公室或家庭事務，以及承擔正式勞動力之外的種種任務，以節省開支或幫助別人賺錢。熟齡者也是消費性支出經濟生產力的重要來源。他們在這方面的貢獻有許多未獲認可。

區分有酬與無酬工作是重要的，但兩者皆有價值。將無酬工作從國民經濟核算中刪除，促成了一種普遍的想法，認為熟齡者沒有揹負財務負擔——〈麥克阿瑟基金會成功老化研究〉稱這個想法「在幾個方面皆錯誤且不公平」：量測成效的方法是錯誤的；有大量的生產活動沒有被我們的社會納入計算；競爭環境是不公平的；熟齡男性和女性沒有平等的機會從事有酬工作；還有無數的熟齡者準備好、願意且有能力增加他們的生產力，不管有酬或志願性質的。」[35]

生產力的量測方式需要修正，尤其因為忽略掉女性所做的許多卑微無酬的工作。如同巴特勒博士在本寫作計畫之初對我說明的事，只要照顧好你自己就算是有生產力了，「因為不會有別人照顧你。當然如果你付錢請別人照顧，你便提供他們就業機會。」矛盾的是，如克魯克尚科所指出，熟齡者可能從事著他們人生中最吃力、最有趣的任務——創造一種新的方式存活於這世界——「但不會被稱為『工作』，除非有薪水。」[36]許多七十多歲的人會就近探望他們八十歲的鄰居，而八十多歲的人探望九十歲的朋友。吉姆．利奇歐（Jim Lizzio）就住在他一九一六年的出生地附近，在下曼哈頓的小義大利，他曾是大樓裡無數鄰居求助的對象。他解釋，「他們大多獨居、殘廢，無法行走。『吉姆，幫我買些牛奶。』『吉姆，幫我買郵票』，我喜歡做這些事。」那是他閒暇之餘做的事，他如果不是在一個場外投注站當維修工，便是去醫院探望朋友，或者帶些小東西給住在安養院的表哥。連利奇歐的醫生都難以相信他已經九十三歲。「你絕對沒見過像我這樣的人。」他露齒一笑告訴我。

那倒是真的，不過和我談過話的每個人，差不多都認識某個像吉姆一樣的人。即便是比較典型的極高齡者，雖然受到種種功能上的限制，依舊會是家傳食譜和知識、畢業禮物、鼓勵話語的來源。創造生活是件重要任務，和維持生計一樣重要，或者更加重要。什麼構成了最終的美好人生，就像其他任何事情，此事因人而異。對某些人而言是像吉姆那樣活著，對其他人而言是安詳度日。作家喬伊斯．歐茨（Joyce Carol Oates）動人地描寫父親從模具設計師變成大學生的過程，她指出他從「純粹實用」的人生轉變為「沉思與鑑賞」的人生。作品產量驚人的歐茨渴望相同的事物。歐茨駁斥一位藝術家朋友「如果無法有生產力，他不想活著」的看法，她認為到了某個時候，光是欣賞別人持續創造的書本、戲劇、電影、文化作品即已足夠。[37]支持藝術是「有用處的」。廚師需要食客，作者需要讀者，而人類需要藝術。這些活動沒有任何一個是被動消極的，全都涉及了交流。

反擊！關於年齡歧視的自我教育

讓我們來認清年齡歧視的樣貌。其跡象可能包括詢問你的退休計畫，或者給予你不同於年輕同事的待遇，例如被排除於訓練計畫之外，或者該升遷時被略過，讓給沒有你夠格的人。你的公司是否有只雇用年輕人的模式，即使老闆和你同齡，甚至年齡更大？如果你受到騷擾，詳細記下時間、證人、發生地點，這些是證據。

要知道你自己的權利和雇主的權利。如果遇上問題，不要保持沉默。如果健康或藥物造成的變化使你從事工作變得比較辛苦，立即要求提供便利設施。如果他們講道理，而你仍然能做好你的工作，你就受到《失能美國人法案》的保護。如果你認為自己受到歧視，你需要在提起訴訟之前，向平等就業機會委員會或你所在的州／郡／城市代辦處提出控告。在線上查看城市和州的受理截止日期。如果有疑問，可詢問你所在州郡的就業調解律師。

別用年齡當藉口

被告知我們擔任某項工作是「大材小用」，或者學位高得「有點嚇人」，實在令人捉狂，尤其考慮到熟齡求職者所提供的資歷幾乎完全按照要求。為何雇用一位能把工作做好的人不是最好的商業決策？只能說這位面試官是懶惰的，而且未能將整體情況列入考量。無論如何，他或她存有偏見。然而將缺乏前景的原因歸咎於超過四十歲，這是不對的。技能、服裝、態度全都需要與時並進。身體強健有助於抵消熟齡員工比較不具生產力和活力的錯誤觀念。

大量網站和組織致力於協助人們「二度就業」，尤其是非營利部門。像美國退休人士協會和全國人口老化委員會這樣的組織，為熟齡工作者提供訓練計畫，並協助嬰兒潮世代度過下一個階段。在你履歷表中放進領英（LinkedIn）網址，或提及你在雇主的推特上偶然看見的東西，藉以顯示你不是恐懼科技的人。不知道推特如何運作？上去開個帳號，那是免費的，然後開始追蹤。我不是天才，但推特帶給我一些重要的機會和人脈。如果你的電腦和軟體技能跟不上時代，回學校讀書吧。許多機構會提供線上課程，但別放棄實體認識別人的機會，人際網絡在任何年齡都是重要的。要對於看似不可能的機會抱持開放的態度，願意考慮低薪的職位，如果它能讓你返回適合你的領域。考慮兼職或短期的顧問和約聘工作，這類工作在錄用上比較不會有歧視。當義工可以磨練技巧和提供新的人際接觸。

檢視你自己的偏見

如果你不喜歡替比你年輕許多的人工作，想辦法妥協——就像男人必須妥協那樣，因為女性老闆愈來愈常見。（同樣適用於對管理和自己父親同年紀的人而感覺不自在的年輕員工。）光憑年齡不足以決定某人有沒有資格擔任主管，一個年輕到能當你孫子的人，可能有許多東西可以教導你。

如果你在工作場所遭遇年齡歧視，大聲說出來

二〇一五年九月，安・海瑟威（Anne Hathaway）加入抱怨年齡歧視的好萊塢明星行列：「在我二十出頭的時候，角色是寫給五十幾歲的女人，而我得到那些角色。現在我三十出頭了，換成我說，『為什麼那個二十四歲的女人得到那個角色？』我曾經是那個二十四歲的女人。我沒什麼好生氣的，世事就是如此。」[38]我希望安・海瑟威曾經向瑪姬・吉倫荷（Maggie Gyllenhaal）取經，她在早安・海瑟威五個月前曾大發雷霆，並在網路上爆紅，因為當時三十七歲的她被告知她太老了，不能演一個五十五歲男人的情婦。太老無法成為被渴望的對象，太老也會沒人雇用。

年齡歧視確實符合「世事就是如此」，除非我們提高聲量挑戰它。我們需要工作，我們想要工作，這是我們的權利，闡明於聯合國的《世界人權宣言》：「人人有權工作，自由選擇職業，享受公正和合適的工作條件並享受免於失業的保障。」

由於年齡歧視，雇主一慣利用年齡作為一種不利條件，讓先前擁有數十年生產資歷的

工作者沒有著落。「倘若改正這種情況就跟改變法律一樣簡單，那就太好了。」特約編輯艾略特・考斯（Eliot Cose）在《新聞週刊》（*Newsweek*）文章〈為何開除熟齡員工沒道理〉中寫道。[39]「取而代之，我們面對的是更令人卻步的，改變自己的任務。」說的好，除了「取而代之」一詞之外。要推翻熟齡工作者所面臨的障礙，這兩項任務都是必要的，無論他們是電影明星還是供膳人員。

就工作的性質及其分配方式而言，巨大的改變已經在進行中。雇用大量員工的大多數職業——比方交通運輸、零售、建築——容易受到自動化的衝擊。無數人會因為非本身的過失，而像熟齡者一樣不被雇用。購買不再由人類勞力所生產的商品和服務的金錢將從何而來？我們現在必須思考如何防止一個反烏托邦的未來，並發展新的銀行和以物易物體系、「智慧城市」（smart cities）、可永續的生態系統，以及適用於全人類的解決方案。將第三世代甚至第四世代納入勞動力中，只是解決這個問題的部分要件。我們將需要大家一起行動。

CHAPTER

7

長壽是一種團隊運動：獨立的陷阱

Long Life is a Team Sport – the Independence Trap

我最好的朋友維吉妮亞有兩個女兒。她本身也有兄弟姊妹和一大群忠誠的朋友。別更提還有我，她最好的朋友暨優秀女性之家（Home for Superior Women）的共同經營者。等到男人都死光了，我們計畫要在那裡一起度過餘生，和精心挑選過的女性——假使還有其他人符合我們武斷的挑選標準。話雖如此，關於變老她害怕的是什麼事？維吉妮亞說，「除了臉頰上的垂肉外？我想是孤單吧。你知道的，我隻身一人住在公寓，靠貓食和電視相依度日的情景。」維吉妮亞沒有養貓。她承認如果有Wi-fi的話，情況會改善許多。她也承認那是不合情理的想像。然而晚年只有貓和電視作伴的恐懼，縈繞在許多人心頭。

孤離生活可能不安全

維吉妮亞和我負擔得起將優秀女性之家蓋在水淹不到的地方，不像七十六歲的阿維奇．曾尼斯（Avgi Tzenis），她的房子位於布魯克林羊頭灣（Sheepshead Bay），在二〇一二年珊迪颶風來襲時，被三英尺深的污水淹沒。曾尼斯照料罹患失智症的丈夫多年後，自二〇一二年開始寡居。颶風過後六週，她仍然待在又冷又黑的房子裡，不知道要如何付修繕費用。這是一個關於貧窮和基礎建設崩潰以及氣候變遷的故事，也關乎社交孤立的危險。

超過七十五歲的人約有三分之一獨居。[1]而年逾七十五歲的女性獨居更幾近半數。[2]這些數字是雙刃的，一方面道出自立自足的故事，另一方面訴說著脆弱。比起與人同居者，獨居的熟齡人士更感覺到財務上的限制，而且比較被孤立。[3]許多研究顯示社交孤立與熟齡者受虐比例較高之間的關聯。由於年齡歧視，提供給成年人的社會服務資金嚴重不足，可分配的資源太少，無法確保熟齡者的安全、保暖、食物、有人探視。還記得二〇〇三年的歐洲熱浪，當時光是在法國就有將近一萬五千人死亡嗎？[4]當中極高齡老年人死亡率最高，尤其獨居者，在法國城市為之一空的神聖八月假期，他們沒有醫療照顧、沒有近親，待在無空調的公寓。許多屍體接連幾週無人認領。一九九五年芝加哥熱浪的受害者，也大多是熟齡者。在區分天然災害與社會災害時，社會學家艾利克・克林南柏格（Eric Klinenberg）寫道，「數以百計的芝加哥居民孤獨死去，在緊閉的門窗後，失去與朋友、家人、鄰居的連繫，得不到公部門或社區團體的協助。」[5]

社會網絡幫助我們保持健康

研究人員已發現晚年健康不良與感覺被冷落、孤立、寂寞之間的種種關聯。當卡斯坦中在整形外科病房等待復原時，除了發現熟齡病患得到較低的照護標準外，她還注意到什麼？她注意到有孫子坐在膝頭的女家長，復原情況遠勝過無人來探望者。定期保持有意義社交接觸的熟齡者，本來就比較不容易入院，無論是因為髖骨骨折或心臟病，當然也比較不會病逝在醫院。

〈麥克阿瑟基金會成功老化研究〉發現良好身體功能與情感支持之間的強烈關聯，無論是何種形式的情感支持。八旬的矽谷企業家大衛・戴維森（Dave Davison）在心臟病發作後加入了心臟治療基金會（Cardiac Therapy Foundation），一個將恢復中的病患聚集在一起的支持網絡——「他們當中沒有人死於心臟病。」他報告。身心相連的證據雖說是軼聞式的，但直覺上合理。研究也發現保持社群接觸的熟齡者，比起不外出走動的熟齡者，認知能力比較不容易受損。孤離生活本身便是造成失智症的風險之一，有些研究表示被察覺到的孤立感——感覺寂寞——甚至可能更有害健康。孤離度日是抑鬱的一個風險因子，使人比較不去照顧自己。

儘管熟齡者社交上比刻板印象所暗示的更加活躍，尤其如果採廣義的社交定義，但我們的朋友圈確實有隨著年齡增長而縮小的傾向。當我們不再每天進辦公室，人際網絡便開始萎縮。我們可能會搬離我們養大孩子的家，遠離與鄰居和社區的連繫。老朋友一一去世，配偶和兄弟姊妹也是。「活到我這個年紀其中一件可怕的事，是我的老朋友李奧納德已經不在了。」紀錄片製片人喬治．史東尼悲嘆。「蘿拉現在坐著輪椅。貝蒂，我三、四十年以來的老友，現在呢，就像我說的，沉浸在過去了。她認不出我是不是喬治，這真讓人難受。」史東尼很感激他的專業和社交生活一直相互混雜，還有他的教學工作讓他有機會認識年輕人，包括認識了他這十年來的製片拍擋。

社交圈的整頓一部分是有意識地進行著，因為熟齡者傾向於將他們有限的時間，拿來與少數重要的人共度。「明智地使用你擁有的時間很重要。」燈光設計師菲歐廉提諾建議。「眼下的時間是我剩餘的一切，對此我不並覺得悲傷。」他已經不再吃漫不經心的午餐，而是和他認識了四十年的人，「回想我們一起經歷過的事，但不是傷感以對。這是再次體驗我人生的好辦法。」菲歐廉提諾用這種方式維繫重要關係。若干研究顯示，友誼往往隨著人們變老而增長，熟齡者比大多數年輕人更喜歡與朋友的親密連結，比較不會有痛苦的人際關係。

戴維森認為要能好好地變老，其中一個要素是投資有意義的時間在一小群人身上。他想到的是他認識很久而且喜歡的一位男士，此位朋友早已喪偶，後來被診斷出阿茲海默症。戴維森經常去探望他，直到對話已無可能為止。他對許多網球球友也是如此，他們在球場上交誼。「網球沒那麼好玩，但一起聊天非常棒。」他回想，這些朋友的作用就像非正式的支持團體。團體裡的成員一一去世，不是死於心臟病，就是死於戴維森所稱的「其他老年問題」，但他們不會孤獨以終，或許還更長壽。愈來愈多的研究顯示，寂寞不僅讓熟齡者不快樂，還使他們更容易生病。

當女人的好處

高超的社交規劃能力使戴維森成為不尋常的年長男士。我父親也十分善於交際，在我母親去世和他八十四歲去世的九年間，他幾乎在每個平日都安排了午餐或晚餐約會。（我認為這有助於成為愛說長道短的人。）另一方面，我的公公活到九十五歲，卻不曾打過電話邀朋友出來碰面。他很幸運，有一位能打理他們社交生活的太太，不過在我婆婆露絲的iPhone連絡人名單上，名字真的縮減到非常少。

在《紐約時報》的「新老年」（New Old Age）部落格，安・羅克（Anne C. Roark）比較了滿足的寡婦和憂愁的鰥夫，她寫道，「在奇妙的命運轉折中——有人也許稱之為詩意的正義——年齡帶來性別角色的某種逆轉。年長女性關係網絡的擴增——這些見證她們一生經歷和轉變的家人朋友，往往鮮明地對照出男性職涯夥伴的衰減——那些他們年輕時賴以確信自身地位、但在他們晚年時往往無法提供支持或慰藉的關係。」[6]「銀髮離婚」的增加使更多女人恢復單身狀態，而她們前夫則朋友變少，與家人和社區的接觸也變少。老年使習慣在辦公室或酒吧裡作為多數的許多白人男性，首度嘗到身為少數族群的滋味（不過隨著美國整體人口中白人比例持續減少，這種情況會變得更普遍）。

孤獨和失去地位無疑促使未婚熟齡男性自殺率拉高至三倍。比起相同處境的女性，他們更容易有濫用物質和飲食不佳的傾向，在沒有妻子叮嚀的情況下，也比較不會尋求醫療照護。高離婚率加上後代的低出生率，意味著比起目前最年長的美國人，嬰兒潮世代擁有較少的孫子和規模較小的家族，這使得社交網絡變得比以往更重要。因此，有固定關係的男性要注意了：別把維持你社交網絡的事全都交給你的伴侶處理。

我在美國自然史博物館的主管認為，聽聽我說話對她的丈夫會有好處，那年他即將滿五十歲，對此一點也不開心。兩人在晚餐時不停討論，凱倫對於理查關注的訊息有點吃驚。「我可以去住養老院。」他愉快地說。「我們要不要一起步履蹣跚地走進落日？」她有些氣餒地問。

「噢，我當然也想要那樣。」他向她保證。「只不過如果妳先過世，我可以去住養老院。」我認識一些由妻子負責安排社交活動的夫妻，他們是其中一對。我確信理查最深的恐懼是失去凱倫，他們兩人的婚姻非常幸福。然而緊跟在後的是對孤獨以終，靠吃鹽味脆薄餅過活的焦慮。理查感興趣的重點是他不用害怕過集體生活這個替代方案。當我們可以控制某些情況時，改變本身有助於我們保持身心靈活。

從後見之明來看，大多數人慶幸他們搬進養老院，特別是那些認知到自己有孤寡風險，並喜歡養老院所附帶新友誼的鰥夫。養老院選項很多，而且這個產業正在快速成長。「支援性居住處」（assisted living）一詞包含讓人眼花繚亂的種種住所，從以小家庭方式運作的養老院到大型綜合大樓。它們通常供應三餐、交通、運動並協助打理日常活動，例如洗澡、穿衣、整理儀容。

安養院則提供全天候熟練的照護，居民享有更多權利，受到聯邦法規更好的保障。二十年來安養院的功能一直在下降，即使在年逾八十五的族群之間，主要因為以居家和社區為基礎的服務以及安養照顧的擴展。安養院品質優劣不一，糟糕的安養院往往為了營利開設，如同監獄般，員工通常低薪且缺乏紀律。不意外的是，最不快樂的安養院居民是感到寂寞和被遺棄者，這些問題反映出整體文化中的經濟和社會地位。

極少數超過六十五歲的美國人（不到百分之二點五）住在機構設施裡，當中的一千三百萬人住在安養院。[7]然而其前景令人感到不安。規模龐大的邁阿密猶太健康系統（Miami Jewish Health Systems）看起來像廉價的迪士尼世界旅館，阿格羅寧醫師在此擔任心理健康中心主任。我相當確信那些藍綠和灰褐色以及冒牌的齊本德爾家具會讓我發火。深呼吸，放開心胸。阿格羅寧告訴我許多發生在這些亞麻油地氈走廊裡的動人友誼和親密故事，並且勸我們少一點擔心，多一點想像力。提起那廣為流傳且帶有偏見的假定：「老年之家」的生活必定是悲慘的，他寫道：「此處真正的失敗並非老年，而是我們未能運用自己的想像力和意願去思考一件事，即生命直到最後一刻都自有其出路和意義。」在尚未走到終點之前，我們不知道事情會如何，很可能和我們現在以為的不一樣。

待在自己家裡可能被孤立和變得與世隔絕

隨著戰後世代開始注意接下來的發展，在地老化（aging in place）正獲得動能。這個運動——目的是為熟齡者擴大社區照顧的種種政策和計畫——使人們能在自家過完人生，這是我們大多數人極度渴望的事。對負擔得起的人來說，其選項從量身打造、對行人友善、具備共享設施的共同住宅和村莊，到由鄰居集資支付內務管理和居家照護，到文化活動和蹓狗等一切開銷的「虛擬」社區都有。

這些安排是可行的，如果可以獲得以下的支援：舍所修改得符合失能者需求；送餐到家以及其他社會服務；鄰居以及教堂或清真寺或寺廟結交的友人方便來訪；應科技而生的醫療照護系統；必要的專業照護者。資源較少的人比較可能仰賴資訊網絡。如果你的目標是盡可能長久在家維持獨立的生活，不妨現在就開始調查當地的資源和支援，而不是坐等「事情發生」。熟齡者可以利用什麼樣的社區計畫？誰能提供哪些種類的協助？最重要的是，在地老化是否意味著在**社區裡**變老？社交連繫比起健康或財富更能促成令人滿意的老年。

我的公公婆婆為依自我主張過活設下絕佳的典範，但隨著他們最後一位同輩友人離世，相同的選擇卻使他們幾乎完全陷入孤離。他們以往從不理會我們不時提出來的建議，要他們趁著還能利用這些場所和結交新朋友，搬進支援性居住處。幸好他們住的公寓便於使用助步器，最終方便輪椅進出，而且容易取得居家醫護協助或叫外賣，我們也方便探視。二〇一七年，九十五歲和九十三歲的兩人，先後間隔八天在家中安詳過世。

許多人未能考慮或拒絕考慮的可能光景，是在生命最後幾年受困家中，只有一個看護陪伴。如同激進老年運動（Radical Age Movement）創始人愛麗絲・費雪（Alice Fisher）所言，「在地老化直到行不通前都行得通。」她的父親患有失智症且使用輪椅，頻繁送進急診室，但醫療補助支付一天十二小時的看護費用，因此她的雙親都能待在他們位於長島的合作公寓，直到珊迪颶風損害或摧毀他們倚賴的所有服務。幸好他們在紐約河谷區（Riverdale）的希伯來之家（Hebrew Home）找到住處，費雪的母親在那裡度過人生最後十年裡最快樂的一年。「她結交了很棒的朋友、參與活動、開始在星期五晚上去猶太會堂、出門購物，並且重新開始注重打扮。」

費雪的父親住在為需要全天照護者設置的分隔區。母親死於鬱血性心臟衰竭的當晚，愛麗絲和妹妹不敢離開父親身旁。見到她們受苦，有一位護理師走過來，指著在附近徘徊的一群人。「他們在等著妳們兩位離開。」她溫和地告訴她們。兩姊妹等電梯時，看見父親的同層樓友一一走過去，以各自的方式告訴她們的父親，他們有多麼難過。「當我們望著看護協助他們在我爸身旁圍成一個圓圈，我轉頭對妹妹說，『他並不孤單。』」[8]

非營利的希伯來之家極受好評。[9]模式正因應戰後世代的需求改變，一如說到該世代改變了生育分娩的文化。如同老年病醫師湯瑪斯在他的著作《恢復元氣》（*Second Wind*）所寫道，「當他們出現時，咬著雪茄的產科醫師習慣於將產婦用皮帶捆綁，然後將嬰兒拉出來。等到嬰兒潮世代結束時，我們有了自然生產、家庭生產中心、助產士、哺乳顧問。」[10]我在本章標題盜用了湯瑪斯的「團隊運動」參考資料，他發展出「替代的伊甸園」（Eden Alternative），一種人道的安養院模式，引發長期照護的文化改變。該組織以他們希望員工對待居民的方式同等對待員工。替代的伊甸園安養之家擁有植物、動物、孩童、宜人的公共空間，私人房間有可關上的房門。

尋找適合逾五十歲人士社區的熟齡者，也會傾向與有相同歷史和文化背景的人相處，他們都記得伍斯托克音樂會（Woodstock）、史普尼克（Sputnik）人造衛星、披頭四狂熱。這樣的環境輕鬆舒適，往往運作順暢。但年齡區隔會使我們的世界變小，在美國這是個大問題。有一項研究詢問超過六十歲的人，他們會和誰討論「重要事情」。只有不到四分之一回答是和三十六歲以下的人。[11]我兒子的未婚妻阿格涅絲卡（Agnieszka）曾在波蘭鄉下的祖父母家度過夏天。那裡的墓園毗連著教堂，大夥兒聚集在鎮上廣場。十四歲時移居芝加哥後，阿格涅絲卡環顧她的新國家，納悶「所有的老人都在哪裡？」與各年齡層的人接觸，可以消除年齡偏見，對老年人和年輕人都有好處。

我們是群居動物，照理該生活在社群中。我對於公社懷有恐懼，但我得加以克服。我不知道優秀女性之家將來會多像伊甸園，但它的走廊必須能容納小腳丫的重踩聲，就算我被三輪車絆倒而跌斷髖骨，我也認了。我設法看清眼前的路，就像許多和我一樣在六〇年代出生的人，他們拒絕「老年之家」的隔離，正在實驗不同形式的公社生活。而我只要求一扇能關上的房門。

疲軟的經濟使長途開車到郊區變得比較不受青睞，而倚賴汽車的生活方式內含的離群本質也是。經濟衰退期間，多世代共居已變得更常見，年輕人在大學畢業後搬回家住，而祖父母協助照顧小孩。創新的解決方案處處可見，例如堪薩斯市的彭貝頓園（Pemberton Park），是第一棟專門設計來支援祖母父養育二十一歲以下孫子的公寓大樓。我們可以從中借鏡，看看隨著時間的推移、需求的演變、市場反應，會出現什麼解決方案。

求助為何如此困難？

既然社交關係是老年快樂健康的關鍵，為何如此多熟齡美國人離群和寂寞？當然，這牽涉到許多因素，例如從交通不便和年齡隔離的住房讓他們更難結交年輕朋友，到改變中的家庭人口結構，在在因為年齡歧視的想法和作法而受到鞏固。然而首要原因與文化有關，而且涉及深層的美國文化。

在這個國家，最具影響力的迷思莫過於嚴峻的個人主義：認為成功與獨立相伴而生，倚賴別人不僅代表身體軟弱，更是性格的缺陷。這個迷思對我們沒什麼用處，尤其是對失能者和熟齡者，兩者在生活的文氏圖上圓圈重疊的部分愈來愈大。當然，尊嚴和選擇的自由依舊極為重要。然而我們老化的方式受種種變數的影響，包括環境、人格、基因，再混雜以階級、性別、種族、運氣、全球經濟變動等因素——對此我們能掌控的程度不一。

當我們再也無法舉起旅行箱放到行李架上，或者在夜間開車，或甚至無法開車時會如何？當我們再也聽不見指令，或無法閱讀指示，或不理解說明會如何？當我們再也不能自己走進浴室，甚或無法起身下床怎麼辦？一種將自立生活理想化的文化，放大了我們對使我們受困的體制的焦慮，並且壓抑住質疑。（低的行李架去哪了？為何沒有公車？為何不用大號字體，或語音輔助或有人可問？為何在生命即將結束時穿尿布，會比在生命之初穿更丟臉？）這個文化要求無止境的樂觀，輕描淡寫了生命的挑戰以及當我們不可避免終將不符期待時的恥辱。

自給自足的迷思造成巨大的傷害

如此個人主義式的倫理標準對小型政府的擁護者有用，他們便利地忽略由同胞付費，而使他們許多人致富的服務所扮演的角色。這種倫理標準已經有系統地侵蝕公有價值觀，並贊許美國政府放棄對脆弱公民的責任。其結果可見於數十年來縮減福利國家政策與公共援助計畫的一致作為，儘管如果想要應付未來照顧熟齡公民的巨大挑戰，這個國家需要做的完全相反。只要這些都是我們必須獨自承擔的挑戰，政府自然沒有理由處理，或甚至去辨識讓人們難以安度晚年的任何大重因素。

想想克拉布特里家的悲慘故事。吉姆．克拉布特里（Jim Crabtree）的妻子在五十六歲罹患早發性阿茲海默症。有六年時間，克拉布特里的雙親尚有能力在白天看護她，但他的八十四歲父親逐漸出現認知問題，而他的八十歲母親患有嚴重的關節炎。二〇一三年五月，克拉布特里的父親在兒子上班時槍殺妻子、媳婦後，自己也飲彈自盡。克拉布特里告訴國家廣播公司的瑪麗亞．施萊弗（Maria Shriver），這是他父親給的大禮，因為它「立即終止了我照顧阿茲海默症患者和年長者的問題」，且這三位死者全都「樂意一走了之」。[12]

國家廣播公司的唯一評論是照護是件苦差事。這說明了我們社會的什麼境況？想像另一種情景：讓人負擔得起的像樣健保、給予補助的照護，以及來自社工團隊、朋友、鄰居的協助。這樣的支援必定能大大幫助克拉布特里一家妥善處理和避免這個可怕的結局。他母親唯一的疾病是關節炎。像這樣的情況甚至讓一個健康的中年人納悶，自殺或者殺死三個人是否是除求助之外，合乎道德的替代選項。這些是內化年齡歧視的致命形式，它們便利地符合美國政府二十一世紀的撙節計畫。

理想化的獨立餵養「不老」的迷思

變老意味著依賴他人，從陌生人幫忙推開沉重的門，到雇用到府照顧者的全天協助。其替代方案是否認。因為在「不老」社會中的人們不會變得依賴，沒有必要去資助他們可能需要的支援。那麼誰得來收爛攤？

- 女性：視照護為私人負擔而非共同需求的社會，使女性處於不利地位，她們負責擔起絕大部分的這些無酬或低報酬的工作。這不公平且讓人精疲力竭，並限制了女性參與專業和公共生活。

- 非富人：我們百分之九十九的人負擔不起雇用合格人員，來協助處理從跑腿到防止褥瘡等一切事務。
- 最終是每個人：富裕提供了許多令人羨慕的保護，使人免於老年的許多脆弱，但終究有其限度和時間的限制。沒有人能單獨承擔老化帶來的問題，每個人都需要協助，當責任分散並共享解決方案時，人人都受益。

許多有慢性疾病或失能問題，或者只是過了「某個年紀」的人，確實需要經濟上的協助，但這甚少出於自我選擇的事實卻鮮少被提及。歧視和身體上的障礙並非他們自己造成的。他們沒了自主權，因而受貶抑，尤其是失能問題並不明顯的人。無數的熟齡美國人之所以需要經濟協助，除了失能之外還有其他許多原因，包括高失業率、住房開銷，以及失去養老金和薪水還不錯的藍領工作。

難怪大多數人非常擔心自己變成負擔——社區的負擔、醫師的負擔、家庭的負擔。負擔——「一個如炸彈般內含小政府政治信條的詞語」，格萊特在《從年齡角度》（*Agewise*）中尖銳地表示。[13]像樣的政府補助養老金、健保和照護計畫必定能減輕這個負擔。畢竟，這類補助金的意圖之所以值得讚揚，正是因為支持了受領者的個人自主權。

緊握著不切實際的自主理想不放，也使得老年善終變得較難以掌握。當治療失敗，這種作法加深了絕望，並且使垂死成為測試我們能力的另一個競技場。矛盾的是，如同老年病醫師吉利克在《否認變老》中所指出，這種個人選擇的堅持，也導向為了延長壽命而進行的無效治療，或要求由醫師協助自殺以縮短壽命。

另一個矛盾：如果我們希望做主到最後一刻，我們必須想出有誰能幫我們執行關鍵的決定。自主需要合作者。建立與培養這些關係，比起盲目崇拜自給自立有意義的多。第三個重大矛盾：對絕大多數人而言，死亡是一連串不可預測事件的結果，想要完全控制並不容易。

沒有人真正獨活

人類是群居動物。我們完全無助地來到這世間；在青少年時期，同儕對我們而言至關重要；我們難以按自己的意思建立事業；我們活在由種種驚人複雜的合作關係形塑的世

乘客、送貨員、疲勞的人友善。讓我們依其本質稱呼這些計畫為——全年齡友善。讓我們承認有此需求，並以感激的心要求幫助且不感到羞愧。

反擊！
大聲說出照顧工作如何剝削和低估女性的價值，並要求改變

提供照顧是人性中溫柔、美好、豐富的一部分。女性的確負起三分之二的照顧責任，或許照顧孩子和父母，或者後來夾在父母、成年的孩子以及**他們的**孩子之間——我稱之為「三明治世代俱樂部」，由於長壽革命，四代同存正變得司空見慣。倘若重要的照顧工作受到重視、得到像樣的報酬，並且有選擇的自由，這點不會是問題。但事情全然不是如此。從事這項重要工作的無私奉獻者，獲得大量的口惠，卻沒有經濟、個人和職業成果的實質保障。

居家照護是美國成長最迅速的行業之一。這些工作不成比例地由貧窮的有色人種女性擔任，當中許多是無正式身分的移民。該工作的本質強化了種族與階級的等級制度。如同人類學家伊拉娜．布赫（Elana Buch）所言，居家照護工作者的勞動被認為不應引人注意，

「藉由遮掩高齡者對別人的依賴，以維持他們的獨立感。」方便雇主做選擇與決定的「重要性高於照護工作者能否維生和支撐家計。」[16]只有三分之一的居家照護工作者透過他們的工作獲得健康保險，大多數必須仰賴某種公眾援助。作為帶有種族歧視的就業法的遺緒，居家照護工作者至二〇一五年才受到《公平勞動標準法案》（Fair Labor Standards Act）的保護，該法案保障大多數勞工的最低薪資和加班費。

我們多數人無酬地從事非全時的照護工作。西班牙裔和非裔美國人從事照護的時間更長，比白種或亞裔美國人承擔更大責任。這對他們的職業生涯造成極大損失：如同《紐約時報》於二〇一七年的報導，「女性的較低薪資和所承擔的家庭責任，總使她們遠比男性更頻繁地就職和離職，進進出出勞動市場。」如果你因為照顧某人而離職，會比較難返回勞動市場。照護需要彈性時程，使人難以找到工作，導致照顧者最終更可能從事兼職工作，往往比較低薪而且沒有養老金、病假制度、健保等福利。許多人放棄工作：自從二〇〇〇年起，美國女性的勞動參與率下降，與有全方位家庭支援政策的已開發國家職業婦女形成明顯對比。[17]許多人在照顧別人時得動用自己的存款和收入，進一步危及自身的退休安全。

什麼原因使照顧工作變成一種負擔？答案是獨力從事，得不到援助。這種壓力會對健康和關係造成極大的傷害，尤其如果照顧的是阿茲海默症或慢性疾病患者。當要求變得超出負荷，事情變得困難，無論是對父母、子女、情人或摯友而言都是：去做只有我們能做的事——維護支撐和定義我們的關係，這使得人們更偏好所愛之人提供的照顧。

現行體制理所當然地認為家庭成員有能力和意願，溫柔欣然地承擔照顧工作，如同無數人在做的。當照顧工作變得更私人化，負擔可能加大。你可以在蓬勃發展的在地老化運動看見這個現象。許多計畫創新且有價值，但可能產生非預期中的結果：「非正式的」照顧夥伴，換言之家庭成員的責任愈來愈大。他們通常是女性，因為女性靠近這些責任——待在家裡陪伴病童或開車送父母親去看診，也因為家中賺最多錢的人是那位全職工作者，而這人往往是男性，因為女性的薪水較低！

性別歧視顯而易見：體制給予男性的特權每每多過給女性。年齡歧視再清楚不過：高齡與年幼者最需要照顧，而年齡歧視的文化卻比較不重視他們。年齡歧視與性別歧視結合更使女性隨著時間變得更脆弱：女性的人數較多，而且需要更多照顧，因為女性活得更久、健康較差、錢也較少。[18]這點必須讓大家聽到！

向外尋求連結

人類有強烈的群體意識，不容易跨越界線，尤其是階級。我的朋友裡有各個年齡層的人，但幾乎全是白人。我們的社交圈往往隨著年齡變小，因此打造與維持家人好友之外的人際網絡很重要。電視製作人弗蘭德利知之甚詳，這需要深謀遠慮。「你得打好基礎，加入你喜歡且能夠發揮才能的某個組織，因為等到八十歲，你會沒辦法加入。」找尋各種方法——無論身為在職者、配偶、志工或照顧夥伴，與外界連繫和保持接觸，即使你是（也許尤其是）內向的人。要打入某個群體似乎不容易，但基督教女青年會（YWCA）和年長者服務中心以及超市告示板都提供機會，也可加入健身房或者去上課。我朋友伊莎貝爾的編織社團成員包含熟齡非裔美國女性和紫頭髮的哥德風青少年，還有各式各樣的手工藝愛好者會在公車裡和長椅上和她聊起來。參加社團或團體是認識同好的好方法，我們可能會在晚年或者終於有空閒時培養出這些興趣。

「找到你的熱情」這種傲慢的教誨一向令我惱火。那些必須工作才能生活，或者透過剪貼東西或援救浪貓發現自我的人又該如何呢？法庭口譯員阿德洛提供了我所遇過最棒的回應：每個人都有他通曉之事。他建議，「利用那些知識幫助需要幫助的人。」無論是幫助孫子、某位鄰居或在虛擬世界認識的人。重要的是每一方都在交流中找到價值。當生態學家凱特・齊達爾（Kate Zidar）開始規劃調查海洋浮游生物時，她向昔日一位研究所教授徵詢方法論的建議。他們碰面時，這位教授提到他受邀透過視訊聊天室在韓國一所大學教授一門科學課程，但他不知道如何開始。凱特是電腦高手，他們於是協議互相指導，重拾昔日友誼。

直到大約上個世紀，人們才開始向他們所認識最高齡之外的人尋求建議。熟齡者身為知識和傳統的寶庫，是年輕人理所當然師的典範和顧問，只要他們配得上和自願擔任這個角色。年輕人也有許多事情可以教授給熟齡者，如果我們找到方法和他們相處並且願意傾聽。

關係畢竟是賦予我們生命意義的事物。我們顯然不會因為變老而變得更少，或變得更狹隘，或者變得比較不深刻或不充分。我們活得再老都需要有人陪伴，而且永遠能從中得到滋養。

利用網際網路

網際網路是取得消息和資訊、與朋友家人連繫、結識新朋友、打造各種類型的社群不可或缺的管道。諸如Meetup和臉書等社群網站幫助人們找到分享興趣和活動的同好。

這不是只能二選一的提議，人們利用臉書之類的社群網站，也能享有更活躍的離線社交生活。便宜的影像科技和儲存網站例如YouTube，給予人們新方法說自己的故事並獲得回應，而且不只是從孫子那裡得到。我父親曾經與巴克敏斯特·富勒（Buckminster Fuller）共事，喜歡在線上追蹤他眾助手的工作。這讓他有事可忙，並確保持續有一些怪咖來訪，談論有關這位傑出發明家的事。我的婆婆露絲是書商，會用她的iPad透過Skype展示商品給有意購買的顧客，使她成為會上網的不尋常九旬老人。我拒絕她要我加入Words With Friends字謎遊戲的懇求，但她隨時都有六至八個遊戲進行中，不需要我。她在七十周年結婚紀念日被問到，她一生中見過最了不起的發明是什麼，她回答：「我的iPhone。」

學習新科技語言是一大挑戰，尤其因為極少裝置在設計時考慮到熟齡使用者，而且沒有人能跟上改變的速度。當影像訊息軟體Snapchat問世時，我兒子的一個同學提到他不曾費心去下載，讓我鬆了一口氣。在此之前我遽然作出年齡歧視的結論，認為他想當然爾正在使用，只因為他二十幾歲。代溝的出現愈來愈迅速，只差幾歲的兄弟姊妹偏愛不同的社群軟體和平台是常有的事。我們孫輩的溝通方式，也會讓他們的父母親一頭霧水。我們每個人得自己找到中庸之道，以有意義的方式建立新關係和維持舊關係。

過了七十五歲的人傾向於減少使用網際網路，熟齡美國人一向比他們的孩子和孫子更

們比我更視覺導向。但我教導他們關於科技和資訊的全貌，否則他們幾年也學不到，所以這甚至算是一種交換。」

在線上相聚當然無法取代真實的相見時光，不過Apple或Skype的視訊影像是查看遠方朋友或家人近況的絕佳方式，尤其當行動困難或旅費昂貴時。最重要的是維繫住既有的關係，對新關係保持開放態度，特別是跨世代的新朋友，並積極拉攏他們。

與各個年齡層的朋友往來

在美國，家人以外的關係往往侷限於同齡層。根據康乃爾大學老年學家皮勒摩的跨世代友誼學術論文的非正式比較，相較於擁有與自己相差十歲上下的朋友，美國人更常擁有不同種族的朋友。一項針對超過六十歲者的研究發現，關於他們和誰討論「要事」，小於三十六歲者不及四分之一；如果排除親戚，數字下降到百分之六。[21]問題真實存在。基於職業病，我一下子就注意到年齡隔閡，不過就像其他差異，一旦人們實際接觸，年齡隔閡通常便會消除。

所謂有世代隔閡的友誼，沒有理由不能像其他任何一種友誼一樣親密。年齡本身無法預測共同價值觀或興趣，也無法預測人們如何投票：性別、種族、收入、財富是更主要的指標。喜歡全國運動汽車競賽或考古學或打撲克牌或跳探戈的人，不會因為變老而放棄這些終身的興趣，而喜歡接觸孩童的工作或拯救鯨魚或彈鋼琴的人亦然。想想你喜歡做的事，無論是畫畫、烹飪或參加音樂會，並找個混合年齡層的團體一起進行。

跨越年齡隔閡的關係可能需要努力才能展開，體能和溝通方式的差異真實存在，但這些界限比起我們傾向的假定更容易滲透。跨越年齡隔閡的關係能拓展觀點和消除刻板印象——舉例來說，假定熟齡者過著無聊的生活，或者小孩子都無可救藥地自我中心。任何年齡的朋友都能豐富我們的生活，但年輕人更可能擁有活躍的體能，這是額外的好處。生活經驗使熟齡者成為職場或戀愛建議的良好來源，而年輕人則提供接觸流行文化和新數位領域的管道。結交熟齡朋友讓年輕人更容易想像自己將來變老的模樣，也更容易與熟齡者連繫，他們昔日曾是衝浪客和搭便車旅行的人，現在依舊是規劃者、愛人、夢想家。

討好你的孩子（或別人的孩子）

進入二十世紀後，人們在最後一個孩子離家不久後去世。（一九〇〇年，美國人的平均壽命是四十七歲。）如今在史無前例的轉變下，父母與成年子女相處的時間，很可能是他們陪伴童年期子女的兩倍。長壽和少子，正在改變傳統的「族譜」（家族樹狀圖），成為社會學家所稱的「豆竿家庭」（beanpole family）——隨著時間垂直延伸，但每個世代的成員極少。較少的兄弟姊妹、姑姨、堂表兄弟姊妹，但與更多現存的世代有親緣關係。更多共有的歷史、更多跨世代關係，令人精疲力竭也使人振奮。

當支持雙向流通時，每個人都受益，無論是情感上或實質的支持。這些支持包括從幫忙照顧小孩、載你去商店，到出借車子或提供建議，或者富同理心地傾聽。與孫子保持連繫是很棒的事，這對他們也是好事，並且使他們免於年齡歧視。這樣的關係在傳統文化中是很自然的，大家庭同住在一個屋簷下，祖父母貢獻心力，幫忙看顧家人的生活，並獲得更多敬重。這些關係將使歧視年齡的文化較難建立和維持，但也可能在形塑價值觀和興趣上扮演超強的角色，甚至催生出醫療生涯。西奈山醫學院（Mount Sinai School of Medicine）的羅珊娜．萊比錫（Rosanne Leipzig）醫師向我說明何為人們會成為老年病醫師，「每個人入行都是因為祖母的緣故。」我將本書獻給他的巴特勒博士，就是祖父母帶大的。

我最好還是好好巴結我的孩子，尤其如果我打算待在他們身旁夠久，看著**他們**變成祖父母。我謹記皮勒摩博士教我的另一堂課。他在康乃爾遺產計畫（Cornell Legacy Project）所訪談過最不快樂的人，就是長期與子女疏遠的人。祖父母權利往往定義不明，因此即使你的孩子不需要免費的照顧，保持接觸仍是重要的。如果你負擔得起，可以資助家人的探訪行程，但要尊重孩子的時間安排和順位。

並非每個人都是家庭的一部分，更別提功能健全的家庭。許多人在生物和婚姻關係外找到「自己選擇的家人」，例如製片人喬治・史東尼在中年時被自己原生家庭之外的人家「類似收養」。其中一個孫子會和他一起住在他位於西村（West Village）的公寓，史東尼也會去他們的住處。像這樣的關係需要運氣、先見之明、想像力。我希望我能靠自己擦屁股直到最後，但我會需要有人幫我鏟雪和搬重物，所以我想布下一張大網。前夫的孩子、領養的孩子、教子、朋友的孩子、隔壁或樓下鄰居的孩子——只要興趣和情感相通，全都是候選者。跨世代的友誼可能在幾十年後開花結果，而且以意想不到的方式。

挺身而出！

走出家門有益身體和腦袋，但惰性是誘人的，當遠足意味著逃離老化地窖時更是如此。除了聽大都會歌劇院的同步廣播之外，丈夫鮑伯和我通常是房間裡年紀最大的人，而且大了幾十歲。我們不喜歡這種情況，但我們不想只因為我們會顯得醒目就待在家。我將出門想成正面行為，在這個年齡隔離的社會，天知道這是有必要的。

幾年前在一場名為電音動物園（Electric Zoo）的戶外ＤＪ音樂節，鮑伯和我非常引人注目。和我們一起去的朋友都是三十多歲人，但場中的年齡中位數幾乎不超過二十歲。那些穿著霓虹色服裝的年輕人，多半壓根兒沒注意我們，有些人確實多看了兩眼，甚至還有人要求合照，雖然感覺有點怪怪的，但主要出自於友善和好意。時常有年輕人對我們露出笑容或者伸手擊掌，希望當他們活到這把年紀，也能站上舞池。

我們對於電音舞曲的喜愛，使我們變得不尋常，但如果有更多人願意多冒點險，停止侷限自己只進入吸引同年齡層的場所，我們將會有更多同伴。我的舞跳得不怎麼好，擔心露出蠢樣，但從來沒有人臨死時後悔浪費時間跳舞。如果我們一直待在家裡，就永遠無法改變這些年輕人對於他們的父母親能做什麼事的觀念，還會錯失美好的時光。我們也結交到兩個二十八、九歲的好朋友。真正的朋友。「我們是**真正的朋友**。」我發表第一次演說時，一位女士過來這麼告訴我。她指的是一名二十幾歲的小伙子，她透過女兒認識他，而他也喜歡英國搖滾樂團繆思（Muse）。這位女士覺得她錯過了狂野的青春，五十幾歲發現搖滾樂，變成熱中參加音樂會的人，而且通常是自己一個人去。她很勇敢，玩得盡興——在年齡歧視較輕的社會，這麼做並不需要勇氣。

我沒打算將這個追星族說成羅莎．帕克斯（Rosa Parks）*，但廢除種族隔離就是這麼發生的。受到最大威脅的人——本例中是熟齡者——挺身而出採取必要行動。他們**不再順從**。心胸開闊的人歡迎他們，因而造成更多的社會改變。上舞池和搖滾音樂會是社會光譜一端的例子。何不考慮光顧某家時髦餐廳，即使你是裡面唯一的銀髮族，或者選擇使用Airbnb網站，即使熟齡旅客往往習慣於訂旅館，或者探索對年輕人懷有偏見的地區？當然，除非那光景真的吸引人。重點不在於矯揉造作，而是藉由挑戰現狀來測試一下自己，使我們個人的生活圈免於萎縮，以及盡自己的一份努力來融合不同年齡層的世界。

菲利普．羅斯（Philip Roth）的小說《垂死的動物》（*The Dying Animal*）描述一位六十幾歲的教授與二十幾歲昔日學生的戀情。他寫道，「老早不再年輕……對於她無限的未來對照你有限的未來，你感覺到更甚於平常的沉痛……在比賽的每一秒你都注意到這個差別。但至少你不是坐在場外。」確實如此。我不會寬恕和學生上床，但勇於冒險這點我是鼓勵的。至少能學到教訓，還有獲得樂趣。困難的部分是涉入其中。有些人會惡意中傷，就像一個

＊美國知名黑人民權行動主義者。

寒冷二月夜晚遇到的俱樂部門外保鏢，當時我們發著抖和一群朋友排隊，等著慶祝某人的四十歲生日。「往前走，爺爺。」他對我丈夫說。

鮑伯走到他面前，輕聲對他說。「我知道你以為叫我『爺爺』很逗趣，但我不喜歡因為年齡而被注意，尤其在這種情況下。我的感受就像有人稱呼你為『黑鬼』。」

這名保鏢想了一想，點頭說，「我明白了。」

「順便一提，我確實當祖父了。」鮑伯接著說，「我對此感到驕傲。」

每個人都學到東西。

結婚典禮是北美文化中的重大時刻，這時各個年紀的人都站上舞池，這也是婚禮這麼好玩的原因。為何熟齡者或失能者應該讓出空間？「跳舞是用來公開表達快樂和自由，不應該侷限於用雙腳站立的人，或者年輕細瘦和受歡迎或者能表演所有舞步的人。」失能權利行動主義者林頓在她的紀錄片《邀舞》（*Invitation to Dance*）中表示。影片首播後，派對舞池上滿是輪椅使用者。

在拉丁美洲，常可見到祖母抱著嬰兒在街上跟每個人跳舞。各種年齡的人混雜在一起跳布宜諾斯艾利斯的米隆加舞，學習或教導探戈。北美洲的文化預期不同於這裡，但沒有理由不加以挑戰——不在舞池裡，就在日常生活中。我牙醫師的接待員年紀五十多歲，被大樓裡的一位女士邀去參加她的三十歲生日派對。由於年齡隔閡，她在最後一刻卻步了，後來驚訝又懊悔，因為事後壽星告訴她，「我們真的很想念妳！」

有時和年輕朋友在一起，會讓我感覺比較年輕，有時也會讓我覺得自己老得要命。年輕朋友的感覺也挺複雜的。我知道他們會想，「我希望像艾希頓那樣好好變老，」同時想著，「我希望這種事永遠不會發生在我身上。」兩者都是真的。現身那場生日派對是重要的，不僅因為孤離使我們的生活變貧瘠，也因為交流不同世代的技能和故事，在許多領域都有重要意義，從廚房到會議室，從學習語言到精通運動、從藝術到天文學。名單可以不停地列舉，因為這就是萬物的自然次序。在美國，年齡歧視已經破壞這個次序，使年輕人和熟齡者同樣變枯竭。當人們不被看見，無論是被孤立或受困家中，無論出於選擇或不情願，影響他們的問題也跟著隱形。

區別身分和能力

即使當恥辱不得近身，即使免費獲得適當的協助，要放棄掌控並不容易。尤其在邁入八十歲或九十歲時，如果他們遭遇任何無法靠自己應付的難題，人們有理由擔心會被丟進某個機構。兩極化的衝突——在內疚與感激、尊嚴與蒙羞（特別是與如廁有關的問題）、妥協讓步與自己做主之間——伴隨著令人憂慮的轉變而來。老年使我們慢下腳步，感覺旁人彷彿全都匆匆忙忙，周旋於工作、通勤和其他的照顧責任。放下責任，相信接受子女強力建議的安排方式，會讓我們安全度日，這樣事情會比較簡單。或者扛起責任，事情也會比較簡單，例如拿走父母親的汽車鑰匙。最好先誠實地討論權力的轉移。不管多麼不舒服，這些討論一方面對於維持身分和自尊不可或缺，另一方面緩和了內疚和怨恨。受過訓練的調解者可以幫上忙。互惠原則維護住關係，無論對情人、鄰居、家人或提供照顧的伴侶和病患都是如此。

女性比較能適應並非自己造成的改變，也許更輕鬆地度過這些轉變。當我旋不開瓶蓋時，我會打開家門請路人幫忙，並不覺得難為情。魁梧的小伙子往往也很難弄開這種該死的東西。（別讓我又提起通用設計的必要，好解決這些日常平凡但令人捉狂的問題。）在《好好地變老》（*Aging Well*）一書中，喬治・瓦蘭特（George Vaillant）描述一位七十八歲的女士，因為肺氣腫而無法出門購物、搭乘公共運輸工具、爬樓梯，甚至不能鋪床。她如何應付持續縮小的獨立活動圈？該女士解釋她必須有自覺地承認並哀悼每一個喪失的功能。「然後事情會容易一些。」[22]

關鍵在於承認而非否認。仔細想想已經衰退的能力，無論是近視或夜間開車。要與這類損失達成妥協，必須承認你有此需求，從偶爾需要到日後有增無減，然後開口求助並欣然接受。將焦點從控制環境轉移到處理環境，或者處理真正的掌控者，這麼做會有幫助。如此艱鉅的任務意味著重構我們與外在世界的關係，以及我們內在自我感所依憑的事物。幾年前，我因為嚴重的腎臟感染被送進急診室，當時腦中閃過的念頭是，我不該讓孩子看見我如此衰弱的模樣。接下來想到「我想騙誰呀？」他們長大成人了，我需要他們。這或許是他們第一次得知我住院，但不可能是最後一次。是時候了，我們大家該開始討論不可避免的角色翻轉。大多數人藉由最少請求協助和斷然拒絕幫助，以努力保有他們的身分。這種策略可以理解，卻是短視的想法，帶來限制也令人精疲力竭。

緊抓著自給自立不放，還會使得人們不會質疑社會對於老年人和「不完美者」的觀點。當體能漸失，自尊往往跟著下降。若疾病或損傷將我們推入我們曾感到憐憫或害怕的處境，想靠自己翻轉這些感覺，或者加以否認和抗拒這個難熬的自我評價過程，也是人之常情。鮑伯九十四歲的艾迪叔叔再也走不了遠路，卻拒絕使用手杖（更別提輪椅！），儘管這麼做縮短他的旅行人生。能靠自己移動和站立，對於保有他的身分認同依舊十分重要。想改變這種心態，唯一的辦法是分隔自我與身體，無論身為矮胖的青少年或步履蹣跚的九

袋、人體工學背包、防滑條、鉤環等東西，便引出有趣的討論串，將「施予者／接受者」二分法換成更為複雜的雙向交流。

「直到最近我才明白，當那個替我把雜貨裝袋的人問，需不需幫我把東西送到車上，我其實可以毫無羞愧地說好。」演員泰瑞．芬恩（Terry Finn）說——她曾經和我的前夫約會過，在我們認識之前（很久很久以前的事），臉書再續我們的美好友誼。「我在該死的超大包包裡拚命掏鑰匙，加上一輛不受控的購物車，不僅一副蠢樣，而且毫無魅力可言（這在西洛杉磯幾乎等同犯罪）。還有，我確信小孩至少五分鐘前就已經等不及離開商店了。」

芝加哥錄影帶製片人和行動主義者貝琪．馬騰斯（Betsy Martens）接著插話：「我一向難以開口求助，不管在什麼年紀。不過我正在努力改進，並發現這件事情賦予人力量。當然，首先我得用我的手杖絆住某個人。」她的絆倒是玩笑話，但手杖是真的，她最近動了髖關節手術。

更多泰瑞的留言：「另一種『放手』，今天我與一位新搬到我們公寓大樓的房客擦身，看著對方費力地將一張咖啡桌從卡車上卸到門口，我明白我幫不上忙。我向來以體力自豪，以前總是一馬當先，幫忙推嬰兒車的媽媽或者攜帶笨重物品的人下地鐵階梯。現在我知道我頂多只能幫忙頂住門，或者讓到一邊去。即便我仍然擁有女超人的力氣，但是讓一位白髮老太太氣喘吁吁地幫忙抱一箱他們沒拍成的電影劇本穿過大廳，我想沒有任何人會自在。」

「我也一直認為自己身強體壯。」我承認，接著補充回覆，「我完全認同硬要消除人們偏見的做法也會讓人不舒服。」擁有女超人力氣的「白髮老太太」，這個概念很吸引人，不過對於不情願的身分改變，沒有太大幫助。

「行了，行了，讓到一邊去，你們這些外行人。」我大學時代就認識的朋友，作家弗萊契・巴頓（Fletcher Barton）寫道。「艾希頓知道的，我罹患了無法治癒的漸行性肌肉萎縮症（我是看傑瑞・路易士〔Jerry Lewis〕*長大的孩子），說到求助這事，**我可懂了**。要證明？沒問題，人們在幫助我之後，通常會**感謝我！**聽起來不可思議，我知道，尤其考慮到我那種討人厭的處世風格，但實用的正向心理學發明者馬丁・賽里格曼（Martin Seligman），在他的著作《茁壯》（*Flourish*）中只討論一件事，說到在幫忙抬起他的橋牌搭擋上下車之後，他感覺到令人驚訝、深刻的人類連結。另一位正向心理學家芭芭拉・弗萊德里克森（Barbara Fredrickson）寫了一本書《愛是正能量，不練習，會消失！》（*Love 2.0*），說這種短暫的連結

* 美國五〇年代喜劇演員、歌手、製片人。留言者以輕快方式暗示自己的年紀。

時刻會產生效力十足的愛。每個人都應該變殘障！好吧，這不是快樂的前提，不過任何打算變老的人，都應該讀一讀這些書。即使過了這麼久，生命仍然帶來驚奇。」

攝影師莎麗・古德弗蘭（Sari Goodfriend）接著跳進來，稱這是「我在臉書上所讀過最有意思、見解最深刻的留言串了，正是我時常在思考的主題。近來我的背部受傷未癒，加上我也一直像泰瑞那樣，不假思索地幫助別人，貢獻自己的棉薄之力。但我已經明白人們確實喜歡幫助別人。這只是提供他們機會的問題。」

回到弗萊契，「我又進來了，澄清一下我的貼文……重點不在於幫助身障人士讓人感覺良好，雖然可能確實如此，而是有一種要求、接受、感謝幫助的方式，會讓提供幫助的人也心存感激。聽起來似乎很神奇，的確是，而且或許相當罕見，需要練習和逐步改進。當然這未必適用於所有提供幫助的人，但值得記在心裡，當我們變得需要更常求助，不要害怕，至少偶爾的勝利會帶來小小的樂趣。」寫得真好。弗萊契現在坐著電動輪椅或騎速克達四處蹓躂，我們之中的一些人一旦時候到了也會像他一樣。與陌生人之間的互動之舞不容易跳，更簡單同時又更複雜，可以說更加動個不停，提醒我們共通的人性，以及沒有人可以不需要他人幫助的事實。

另一個不可思議的悖論是要求賦權。社會學家梅卡・洛（Meika Loe）在歷時五年的研究成果著作《老化之路》（*Aging Our Way*）中多次描述其進程。她研究三十名「極高齡者」（在本例中年齡從八十五到一百零二歲），如何盡可能獨力應付與日俱增的生活挑戰。他們許多人處理自己的照護、雇用和解雇必要的支薪幫手，還提供朋友和鄰居重要的協助。他們多半將大多數時間花在獨處，但也會去找朋友、親戚、幫手，協助購物、交通問題、打理住家和照料自己，以及作伴。「我從他們的故事中學習到的最深刻、甚至諷刺的教訓或許是：求助使人能自主和掌控——只要是按照年長者的意思。」洛寫道。[27]

當這些八、九十歲的老人向家人和朋友求助時，他們構築了一張社會安全網，使他們能夠維持對日常生活中大多數層面的掌控，同時也提升了生活品質。求助賦予他們掌控環境的力量，並且使幫助他們的人感覺到自己的慷慨和重要性。直覺上，這種結果不令人意外。想像允許這種覺知左右我們的選擇，並讓常識和共同的善意戰勝被誤導的驕傲和難堪。

對於我們每個人而言，條件和能力狀態終將改變。我有時間練習，目標是優雅地施予和接受。何謂優雅？那便是從容地接受，面對困難時保有尊嚴，以及懷著感激之心，不帶怨恨。願意示弱，開放心胸，甚至超越。哪天我們遇到了便會知道，那會扶起我們。人們**喜歡**幫助別人，而助人者理應和受助者一樣開心，尤其是陌生人之間無償提供的協助。當有人在地鐵上讓座給我，我會欣然接受，除非我要在下一站下車；這是一種贈禮和禮貌，在非年齡歧視的社會中稀鬆平常。

我認為關鍵似乎在於接受一個觀念，即到了生命的盡頭需要幫助，跟在生命之初需要幫助同樣不可恥。畢竟在其他文化中，情況就是如此，從出生到死亡，人們公然倚賴並感謝別人的幫助。有遠見的行動主義者瑪姬．庫恩成立了灰豹組織，始終關注世代問題的解決方案，她說得再好不過：「相互依賴是我們的生命真相。」[28]

庫恩知之甚詳，知道有強大的利益在助長個人能憑自己力量獨活的迷思。灰豹提導「消除現今社會不公義、歧視、壓迫的根本社會改革。」[29]在藉由仿傚年輕人裝扮和行動方式，對無法「成功」變老之人置之不理的社會裡，行動遲緩或根本動不了的人沒有生存空間。要翻轉老年和失能的雙重恥辱，需要改變制度和個人。要求平等待遇、平等管道、平等機會的民權與失能權利運動，為我們指出方向。

CHAPTER

8

公牛看起來不一樣：生命的盡頭

The Bull Looks Different – the End of Life

老化即生命本身，是讓生命變得富饒趣味的東西。死亡是只發生在生命盡頭的獨特生物過程，任何見證過死亡的人都可證實。但年齡歧視的社會合併兩者，所以書店裡有標示「老化與死亡」的書架，還有你會得到「熟齡者／臨終照護」學位。這種合併有一部分恰恰符合人性，老年人確實提醒我們凡人必死。它使我們驚覺自己已越過人生的中點，但由於否認年齡的緣故，這時我們甚至老早就過了中點。我的朋友蘇珊參加她的第三十七屆大學同學會回來後寫道，「我震驚地發現，我們在通往死亡的巨大弧線上走了多遠。」

我孩提時害怕死亡。到了中年，隨著持著鐮刀的猙獰死神愈來愈逼近，死亡的壓迫感顯然愈加沉重。但我驚訝地得知當人們活得愈老，愈不畏懼死亡。我不能說我不害怕，但面對這個前景我感覺好多了，部分原因是我更深入了解文化在形塑我們的焦慮和取捨所扮演的角色。害怕死亡是人性。每個社會和個體都努力與之和解，所以我們有宗教還有莫札特的安魂曲。

另一方面，害怕變老是文化造成的。不同社會的熟齡者會得到差異極大的待遇。熟齡者在東亞文化中受敬重，儒家的孝順傳統仍然有很大的影響力，在多個世代比鄰而居的地中海文化中也是如此——只要全球資本主義尚未侵蝕這些傳統信條和結構。倘若假想船要沉了，這些社會的成員可能會伸手抓住父母而不是孩子。他們認為，過去足具價值，而孩子可以再生養。

重點不在於某個倫理標準優於另一個，而是它們都由文化定義。在執迷青春的社會，人們將變老連結到其不可避免的下場。我們投射出自身的恐懼。我們大大低估了老年人享有的生活品質及其價值。想想一項在四所大學醫院所做的研究，對象是一千四百三十八名年逾八十的重症患者。研究人員詢問病患，他們願意在目前的狀態下活一年，或者在健康良好的狀態活較短的時間。研究人員也詢問病患的醫療委任代理人，通常是病患的子女，他們認為病患會如何回答。讓代理人驚訝的是，這些熟齡者大都回答他們願意用只活一個月或更短的時間，來交換更好的健康狀態，百分之四十則不願意放棄任何一點時間。接受訪談一年過後，這些熟齡者甚至更不願意用時間交換良好的健康。[1]

另一項不同的研究，測量四百九十八名認知健全的年逾八十人士，在住院不久後自我評估的生活品質，連同四個「健康狀態領域」：他們的體能／執行日常任務的能力，例如吃飯和洗澡／心理的苦惱／疼痛。研究結果歧異度極高。有些體能極佳者評估自己的生活品質奇差，而健康狀態遠遠不如的人，包括百分之五十一有嚴重疼痛問題者，自評為好或更好。[2]研究人員的結論為何呢？單憑健康狀態來假定熟齡者的生活品質是錯誤的，概括性地歸納熟齡者在意的事物及在意原因亦然。

公牛看起來不一樣

哲學家威廉·詹姆士（William James）曾提出「心理學家謬誤」（psychologist's fallacy）一詞，形容以為我們可以知道別人正在經歷之事的錯覺。湯瑪斯·芬紐肯（Thomas Finucane）博士在巴爾的摩的約翰霍普金斯大學附設醫院（Johns Hopkins University Hospital）談到臨終議題時，他的說法著實讓我難忘。他的真言是一句墨西哥諺語：「當你進到場內，公牛變了樣子。」鬥牛士的觀點不同於觀眾的觀點。

公牛看起來不一樣。

芬紐肯背後有一張女性分娩圖表，X軸描繪子宮頸開口公分數，而Y軸是她們需要麻醉的分數。線條以平穩的對角線形態上升，女性一開始會設定自然生產，但隨著陣痛的進行逐漸改變心意。詹姆士博士也提供一組數據：造成癱瘓的事故剛發生之時，大多數四肢麻痺患者說他們不想再活下去了。一年後，當中有百分之六十將自己的生活品質評為好或優。

詹姆士博士說的另兩則故事也讓我念念不忘。一則說到一位一板一眼的女士罹患某種形式的失智症，導致她完全喪失一切規矩。她講黃色笑話、撩起裙子，還對孫子調情。這位女士倘若精神健全，無疑寧願選擇死亡而非這個令人羞愧的化身。同樣也無疑地，她的日子過得不錯，使得她心懷善意的朋友家人變得較易接受這個轉變。

另一則故事。一名男子酒駕。他曾告訴妻子倘若他失能了，他絕對希望她終止這一切。他撞爛了車子，腦部受重傷。他康復一年後，依舊全身癱瘓，幾乎沒有知覺，只能夠眨眼睛。他的妻子盡責地將他的願望告訴醫生。醫學倫理小組坐在他的病床前。他知道他是誰嗎？是的。知道他身在何處？是的。知道他發生什麼事？是的。他想要死嗎？沒有回應。

生命力是**強大的**。

公牛看起來不一樣。

以往看見老婦人弓身在助步器上的景象，我會嘀咕，「如果我變成那樣，就讓我從悲慘中解脫吧。」現在我也會嘀咕，同樣的熱烈：「公牛看起來不一樣，公牛看起來不一樣。」

現在我明白自以為知道她在想什麼，遑論認為她的狀況不如我，是多麼專橫的想法。沒有人想要被憐憫，因為那會將被憐憫的對象變成一件物體，而不是人。

一位朋友的父親在七十六歲中風後，左半身完全癱瘓。接下來的十七年，他住在安養院，坐著輪椅。一次例行探望後，他告訴女兒，「我得說這是完美的一天。」最後一件她送給他的禮物是他要求的貝立茲（Berlitz）公司教科書，讓他能學會西班牙語，好與其中一位醫師交談。在我開始這項寫作計畫之前，我曾假定嚴重失能的人生，沒有什麼東西可提供，我朋友的父親如果死掉了還比較好。如同大家常說的：「極少有人想要活到一百歲——這麼說的人現在大多在九旬末尾。」

掩飾晚年非常真實的挑戰，對任何人都沒有幫助，但假定極受限制的生活不值得活，也同樣沒有幫助。與熟齡者和失能者接觸，讓我明白他們彼此的身體和心理狀態，以及他們適應方式的巨大差異。這樣的遭遇迫使我們重新校準、質疑假定、發誓要避免或努力仿傚。因此學到的功課可能實用或深刻。如同阿格若寧醫師相當大言不慚的說法：「與熟齡者面對面接觸迫使我們暫時看進一個永恆的深淵，觸發無法回答的生死問題，可能帶來驚奇，也同樣容易帶來恐懼和絕望。」[3]

假想自己在相同情境下會產生的感覺和想法很合理。不過那是一種投射，不同於嘗試從別人的觀點看待世界的同理心。我們時常會猜錯。我們厭惡身體的衰退、固著在自己生命進程的所在之處、專注於損失，因此往往過度低估高齡者的生活品質，尤其如果他們嚴重失能或住在「老年之家」，或兩者皆是。我們看不見人生最後篇章的美麗和親密，那些是他們更敏銳體驗到的愉悅。

對死亡的恐懼隨著年齡下降

當我第一次聽說極高齡者並不擔心死亡的事實時，我心存懷疑。後來我從訪談的人身上發現那是真的，例如住在聖路易、八十二歲的波音公司故障檢修員安東尼·穆奇（Anthony Mucci）。「我很高興你提起這事。」他說，接著跳了起來，回到他那整潔平房的早餐區時，帶著一張影印的照片。「那是他的骨灰盒，那裡的是我的。」他太太羅絲解釋，「我們十年前挑選的。」他們害怕死亡嗎？穆奇回答，「不太害怕。在這世界上我只有一件想做而還沒做的事，就是見到我的孫子亞當從醫學院畢業。」

在曼哈頓上東區共進午餐時，我問傑出的老年病醫師巴特勒，當他邁入八十歲，什麼樣的老化歷程曾讓他吃驚。「有一件事，我不知道算不算是，就是對於死亡比較不那麼感到不安。」他回答。「要我說呢，到了中年時期，我變得比較意識到死亡。事實上，叔本華曾說中年是你開始從死亡回推，而非從出生向前思考的人生分水嶺，我認為這是相當敏銳的觀察。」

在九十歲時，《紐約客》（*New Yorker*）雜誌作家羅杰．安傑爾（Roger Angell）納悶「為何我沒有想起即將到來的訪客——死神。三、四十年前，他時常出現在我腦中，我相信，不過比較像是陌生人。當時死神讓我害怕，因為我身負那麼多責任……但現在我不急著和他會面，我覺得我幾乎太了解他了。」[4]

我也從老年病醫師那裡聽到關於死亡的軼聞：極高齡者不想死，尤其不想痛苦地死亡，但他們並不怕死。「我們把我們對死亡的恐懼投射到老年人身上……然而我在安養院工作了十五年，從未聽過病患告訴我，他害怕死亡。」阿格若寧醫師說，他任職於美國最大型的安養院之一，他的病人平均年齡約九十歲。「有時是接受，有時是期待，但最常見的是不太擔心，在死亡的陰影下繼續過活。」[5]

皮勒摩的遺產計畫參與者一再表示，「但願我沒有花那麼多時間抱怨。」[6] 人生苦短，他們說。有話現在就說出來，多旅行，少擔憂。他們還有其他什麼建議要給年輕人？「不要太擔心死亡，因為我們不擔心。」我終於在某份科學報告中發現了（所以**必定**是真的）：

「年輕人在報告中始終顯示比熟齡者更害怕死亡。」[7]在圓餅統計圖中占一大塊的死亡可能性，使我感到安慰。但我不十分相信，直到我知道為什麼。

有限的未來是一項贈禮

原來知道時間有限並不會讓人充滿恐懼，反倒更明智地運用時間。二〇一二年哥倫比亞新聞學院（Columbia Journalism School）的研討會中，史丹佛長壽中心的卡斯坦申清楚闡述這點。她的研究顯示人類總是會按某個時間背景設定目標，而這些時間表如同死亡函數一樣會改變。察覺他們時間短暫的人，通常更重視找尋人生的情感意義和滿足感，投入於蒐集資訊和拓展視野的資源則愈來愈少。舉例來說，卡斯坦申挖苦地表示，「年輕人會去參加雞尾酒派對，因為有機會認識將來對他們有幫助的人，即使我認識的朋友中，沒有人真的喜歡參加雞尾酒會。」熟齡者比較可能以既存關係為重，以及花時間更深入從事他們知道會帶來滿足感的活動。

患有末期疾病的年輕人對社交世界的看法似乎跟極高齡者一樣（以小而親密的人際圈為優先考量）。熟齡者在獲得能大幅延長壽命的神奇藥物後，所做的選擇類似於健康的年輕人，願意冒更多社交風險和承擔長期的挑戰。[8] 這些發現有助質疑「脫離理論」（disengagement theory），該理論假定熟齡者自然地退出社會，天生預備好迎接死亡。結果證明他們反而深入重要的關係，並專注於他們知道會有回報的活動。如同卡斯坦申在研討會中所言，「許多我們以為在生物學上與老化有關、以經驗為基礎的單向改變，現在證明具更大的可塑性。」

《眷戀這世界：不可思議的不死科學》（*Long for this World: The Strange Science of Immortality*）的作者強納生．韋納（Jonathan Weiner）在研討會上訪談卡斯坦申，談起他當作孩子養的一隻鸚哥。這隻鳥知道籠子的大小，當棲停在手指上被往上抬時，牠會蹲低身子。他表示，「我覺得到了某個年紀的人，似乎都會在心理上意識到自己開始蹲低。而你現在是在力勸我們體察到籠子，也就是頭頂的空間已經改變，我們不必像以往那樣蹲低了。」

那是生物學，卡斯坦申溫和地反駁，當面對「有限」與「無限」的限制，鳥類和人類都會出現相應的行為表現。她相信「蹲低」是積極的行為適應，以面對所有人類與之共存的限制。她說，「我們需要做好深層的準備和集中焦點（當時間變少）。那是一些人有最好的表現和擁有最佳關係的時候。老年人像年輕人是件壞事，反之亦然。」「快樂老年的祕密」存在於承認生命的可能性是有限的，儘管直到盡頭仍不可預料。換言之，意識到死亡的逐漸靠近，使我們免於對死亡的焦慮。這說法並非互相矛盾，只不過看起來像，原因是我們太難以理解。

另一個同樣違反直覺的概念──漫長的未來可能也是種壓迫。在年輕時，我們不停想知道前面有什麼，是否該盡全力準備。隨著時間過去，我們的道路自行顯現，這種焦慮漸漸消失。「從某些方面來看──我把它想成變老的一絲光明──當我們變得愈老，會卸下未來的重擔。」卡斯坦申在全國公共廣播電台訪談中說。[9]當在描述目標如何隨著時間改變，年輕人為長遠的打算做準備，而熟齡者品味當下時，她說，「每次總有年輕人事後來找我，問：『我要如何更快變老？我要如何活在那種狀態？』」（我有一個建議：成為見習中的老年人。）

永恆與不老是相伴的概念，用無盡的夏天和無窮未來的承諾引誘我們。它們也是陷阱，作為古老的迷思，提醒我們青春永駐的詛咒。在被問到關於生命，他最看重什麼，傑出德國作家托瑪斯．曼（Thomas Mann）回答：「轉瞬即逝。但轉瞬即逝──生命的不耐久存──豈不是非常令人感傷？不，那是存在的精髓，為生命灌注了價值、尊嚴、興趣……時間無始無終的永恆，是停滯的虛無。那絕對是無趣的。」[10]各個國家與文化中的智者不停提醒我們，如果沒有結束，就沒有現在。

兒童活在當下，因為他們不具備不這麼做的認知能力。熟齡者活在當下是因為他們知道來日無多，不想浪費時間。而活在當下讓人快樂。如同畫家瑪西雅．穆斯所言，「等你年屆九十，就會明白某處有個終點。就是這麼回事。所以你想要每一天都活得淋漓盡致。」上醫院和參加葬禮——有效地提醒凡人必死——塞滿這位年長女士的行事曆，對她來說否認不再是選項。如此作法多麼能鞏固住幸福的感覺。人生苦短，一旦我們能夠領略這個事實，生活會愈加甜美。

什麼是生命價值，什麼樣的生活值得活？

要享受和實現人生，不必然得活得偉大、活得長久。惱人的是這種覺悟極少進入人口老化和臨終的相關文化論述，當中充滿恐懼與無知。許多措辭展現無保留的敵意，針對老年人——又老又病卻膽敢逗留人間的人。熟齡身體和年輕身體一樣，因醫療處置而受益，包括重大的介入，例如器官移植、化療、洗腎。不少討論集中在這個「高成本」群體，儘管國家經濟研究院二〇一五年的研究認定「死亡之前的醫療開銷，顯然不是美國逐漸增加醫療支出的主因。」[11]年逾六十五的美國人的保健成本，在生命最後一年的開銷只占全美醫療開銷的百分之七。

由於熟齡病患的醫療問題往往被誤認為無法治療，因年老而遭到放棄，或完全沒有被發現，所以治療不足（undertreatment）的問題通常未被提及。性別歧視在治療不足中扮演的角色幾乎不被討論：女性更容易變得相對貧窮，也更容易被醫療體系強制接受未符標準的治療。或者種族歧視：這些問題對有色人種而言更加嚴重。或者健全主義：我們低估了失能人士的生活品質，並移開目光讓議題繼續被忽視。當然，這一切都因為階級問題而變本加厲。

大多數人會同意心理健全的末期病人，應該有能力對自身的死亡事宜做有意義的掌控。這個議題有多種名稱，包括安樂死、協助自殺、死亡權利、仁慈殺人，並且因為許多充分的理由，環繞這個議題的文化戰論如火如荼展開。時間上碰巧撞上一部即將出版的小說發表，英國壞小子作家馬丁·艾米斯（Martin Amis）於二〇一〇年登上報紙頭條，因為他提議在街角設置「安樂死亭」（euthanasia booths），用「一瓶馬丁尼和一枚獎章」讓老人可以自我了斷。艾米斯缺乏說服力地堅稱，他的本意是「挖苦」而非「油嘴滑舌」，但在他的預言中「極老邁的癡呆人口，像可怕的移民入侵，將會使餐廳、咖啡廳、商店發出惡臭。」[12]這種說法幾乎冒犯了每個人。

聽起來有歐威爾（George Orwell）的特色，不是嗎？然而這樣的事情已經變得司空見慣，我們甚至聽到有中年人擔心成為別人的負擔，而想知道活太久的道德替代方案是否為自殺。這種節省臨終前開銷的懲罰性「解決方案」，符合不願意支持社會大多數脆弱公民的健康和幸福的政治思維。所謂「活太久」的意思，其實就是「花太多錢」，儘管事實並非如此，根據非營利組織老化研究聯盟（Alliance for Aging Research）的統計，每天死亡人數四千八百名、年逾六十五的美國人當中，只有百分之三造成極高的費用（因此其開銷不成比例地占全美醫療總開銷的百分之七，歸入熟齡美國人最後一年的開銷。）[13]僅僅百分之三，倘若美國醫療不是設計成不計代價讓某些人活命和拙於幫助人們善終——讓我們欣然接受緩和療護與安寧病房計畫的原因，這個數字會更低。

年齡歧視的文化認為死不了的老年人數量增加是問題，但其潛在因素是改變中的醫療保健本質。從前的重症患者通常很快就死亡，而現代的藥物和處置方式，延長了疾病的折磨及其不可避免的結果。舉例來說，在抗生素發明之前，肺炎被稱作「老年人的朋友」，因為病患往往在睡夢中安詳過世。現在的預設是積極進行治療，因為許多高科技的醫療介入有利可圖，而且往往是法律明文規定。罹患多種不同癌症者的壽命現在已經延長，而且我們更善於處理心臟病和高血壓之類的慢性疾病。這些發展和介入模糊了生病與死亡之間的界線，使做決定變得更令人憂慮。

有時病人的意願明確，例如我婆婆露絲，她在九十二歲時因肺炎住院時，第一步是撤消她的拒絕心肺復甦術（DNR）決定。（拒絕心肺復甦術是告知醫療團隊，如果病患的心跳或呼吸停止，不要實施心肺復甦術的法定命令。）當病患病情嚴重到無法為自己發言，事情會比較複雜，如同我祖母在差不多九十一歲罹患肺炎的情況。她的子女與照護她多年的全科醫師商討，他們同意不使用抗生素，祖母便在家中安詳過世。所以，就此而言，露絲多活了兩年。

如果缺乏倫理維護者（ethical advocates）或共識，事情甚至變得**更加**複雜。除了病患的利益，還有誰的利益會發揮影響，以及如果她需要，誰是她的維護者？將協助自殺和安樂死看成一種用同情修辭加以掩飾的歧視——對象是年老、生病、失能以及不再具有經濟生產力的人——這樣的想法算不上特別偏激。社工人員伊莉莎白・施內溫德（Elizabeth Schneewind）寫道，「畢竟，如果當某人因為無望變得更有生產力或有用處，以及遭社會漠視而自殺是合理的，這為何不該同樣適用於患有嚴重身體疾病或發展缺陷或退化性疾病的人呢？」[14]受苦的人應該擁有這個權利。但這項主張的反面——你沒有用處，所以應該滾蛋——無法讓人接受。

施內溫德的提問激怒失能人士，他們成立了名稱妙趣的團體「還沒死」（Not Dead Yet）。這是一個草根組織，要求法律保護「那些生命被視為無價值的所謂『仁慈殺人』的對象。」在回憶錄《我的身體政治》中，林頓描述一九九七年在最高法院前抗議的部份組織成員：

> 呼喊者事實上是在說，我的生命值得活下去。失禁、依賴呼吸器、二十四小時看護照料、疼痛、癱瘓、失明和其他被描述成悲慘和無法忍受的疾病，不會讓人想要死。導致抑鬱和無助感的往往是被收治、對別人造成負擔的內疚、對孤單和疲憊不堪的恐懼、貧窮、不足的醫療保險項目等所有這些事情。[15]

抱怨全民健保花費的同一批政客，大量利用他們優秀納稅人資助的保險給付，包括被診斷出腦癌，終身提倡醫療改革的參議員泰德·甘迺迪（Ted Kennedy）。但當經濟風險從雇主和政府，愈來愈轉移個人身上時，生病與失能者便承受愈來愈大的「做對的事」的壓力。在任何年齡和任何情況下，每個人都有**想要繼續活著**的權利。一個組成成員必須捍衛這項權利的社會，想起來真教令人心寒。

這項權利是否會變得不那麼不證自明？我們會不會允許將提供證據的責任，轉移給生病和脆弱的人？在努力應付自身衰退的殘酷資本主義文化中，想要繼續活著的權利會不會變成愈來愈高的要求？這是年齡歧視與健全主義最大的危害之處。想想詩人艾德．米克（Ed Meek）在《波士頓環球雜誌》（*Boston Globe*）中的預言，「年輕人會厭倦於替拒絕死亡的嬰兒潮世代付錢。」[16]「人們得不到有益的醫療處置是否理所當然，只因為他們不再年輕？『拒絕死亡』還能有什麼別的意思？」文化評論者格萊特在寫給雜誌編輯的信中嚴厲回應。[17] 格萊特提醒注意特權與義務之間的滑坡效應，確認關鍵詞：不是「死亡權利」而是「死亡義務」。[18] 在排斥身體衰退的社會，這條界線變模糊的速度令人憂心。

我們的國家為何認為比起在生命之初的早產兒身上花錢，花在接近生命終點的人身上更有道德問題？為何安樂死一慣地被提出來，作為這個想像中的匱乏的「解決方案」？這種錯誤二分法的出現總是環繞著健保限額：如果可以把錢花在孩子身上，為何要花在行將就木的老人身上（儘管沒有人大聲說出來）？「你能想像在種族或性別基礎上進行類似的公開辯論嗎？」卡斯坦申在她的《長久的光明未來》書中問道——舉例來說，給女孩接種疫苗而不給男孩接種疫苗，或者給非同性戀者接種疫苗而不給同性戀者接種疫苗？這種事為人接受嗎？「然而我們卻如此自由地討論年齡問題。」[19]

事情很複雜

我母親是第一個全國性死亡權利組織毒芹協會（Hemlock Society）的創始會員。（此後與致力於「擴展臨終選擇」的組織「同情與選擇」〔Compassion & Choices〕合併，我參加該組織已好幾十年。）我母親被臨床診斷出抑鬱症，是極少數真正自殺的成員之一，她不隱瞞其前景的吸引力。聽聞她在七十四歲死亡時，她大多數親近友人的第一個問題是：「她是自殺走的嗎？」雖然我永遠無法完全認同，但我尊重她的決定，並感激她清楚說明。

我很幸運不為抑鬱所苦，而且我答應孩子不會步入母親的後塵。自殺傾向是種不幸的遺產，不過我也希望運氣和環境聯合起來幫助我，讓我掌控死亡的情況。我認為可以指望我們的世代，使選擇變得更多樣化和人道。極高齡者縱然不害怕死亡，但他們的確恐懼可怕且痛苦的前兆。沒有人想要和機器連接，度過漫長且昂貴的離世過程，退場應該要容易一些。

然而善終並不能替代最後幾天、幾星期或幾個月裡比較好的生活。個人層次上，那意味著抗拒「死亡義務」思維。政治層次上，則代表大規模的社會改變。在《凝視死亡》中，葛文德醫師寫道，「我們在對待病人和老年人最殘酷的失責，是未能承認他們優先考慮的不僅止於安全和活得更長久，包括有機會塑造個人故事，對於維持生命意義不可或缺，以及我們有機會重新設計我們的制度、文化、對話方式，以改變每個人生命最後篇章的可能性。」[20]理想上，這意味著騰出對話的空間，持續討論對我們最重要的事。

討論在人生盡頭你認為你想要的東西

我的醫生持有一份我的生前預囑和醫療代理人委託書。我的孩子知道上哪兒找到這份檔案，也知道我將來想要什麼。接下來：在我的鎖骨上有「把我排在靠窗床位」的刺青；我需要看見天空，有一棵樹也無妨。我希望事情不會走到那一步。我希望死在家裡，在那裡艾希頓團隊不必將控制權讓給醫院團隊。我婆婆完全不願討論這種事，因為她認為這表示我們希望她死掉，因為她仍然在否認自己的年齡和必定會死亡的事實。倘若她和我公公最終住院了，我想他們會想要接受每種可能的醫療介入，如果事情走到那一步，我打賭他們的兒子也會如此。他的準則是他想要撐到最後一刻，直到他再也無法進行有意義的談話。他已經將他的談話定義擴展到包含任何形式的溝通：微笑、輕輕跺腳、抽動口鼻。

鮑伯選定兒子墨菲當他的醫療代理人，因為他認為一旦他不再討人喜歡，我會立刻拔管。我的代理人是我妹妹，因為當時候到了，要她拔管會比較容易，我想那是我要的。但誰知道呢？公牛看起來不一樣。我知道每個人死亡的方式極難預知，還有我的年齡和狀態可能和我最終想要和應得的幾乎無關。

有件事是可以確定的：和我們所愛的人討論我們的願望、恐懼、優先順位至關重要，最好早在需要處理之前就談。不要等待。沒有人清楚這不可避免的事情何時會發生。非營利的談話計畫（Conversation Project）在他們的入門工具包提供明智和敏感的建議。按照建議，適合開啟談話的地方是廚房餐桌，而不是加護病房，以免更多人以他們不會選擇的方式死去，也減少必須與不確定感和內疚搏鬥的照顧者。這種談話非常重要，因為如果我們過於拘謹而不談我們自己的臨終優先選擇，我們無法對醫療體制有更多期待。

由於倫理學家、行動主義者以及像和葛文德這樣的醫師的努力，討論臨終願望的重要性逐漸受到注意，他正在訓練醫師以下五個問題作為例行臨終照護的一部分：

- 你對於目前情況以及可能結果的認知是什麼？
- 你恐懼和期望的是什麼？
- 哪些目標是最重要的，事項的順位為何？

- 你願意做什麼樣的交換，什麼結果是可接受的？還有之後——
- 美好的一天會是什麼樣子？[21]

事情依舊非常複雜

我曾列印出我的生前預囑和醫療授權書，並將它們收在同一個檔案夾，但我不再沾沾自喜於我井然有序的文件。退休的英國教授布魯克．霍普金斯（Brooke Hopkins）最近更新了生前預囑，如果發生極嚴重的疾病或損傷，謝絕「將不自然地延遲或延長垂死過程」的處置。這些話顯然是寫給他的妻子佩姬．貝亭（Peggy Battin），她是生物倫理學家、國際上受敬重的臨終選擇提倡者，以及寫了七本關於如何死亡的書的作家。後來在二〇〇八年，霍普金斯在一次單車事故中摔斷頸子，等貝亭到達醫院，霍普金斯已經接上維生機器，肩部以下癱瘓。

公牛看起來不一樣。活著依舊是值得的。縱然不停疼痛、感染、復發，霍普金斯一再選擇使他保住性命的設備和處置。有時貝亭必須替他做決定，這時候事情變得更複雜。「待在她那身體飽受蹂躪的丈夫身旁，她眼見現實戰勝崇高的理想，並且發現臨終可以多麼混亂和赤裸裸。」羅賓・海尼格（Robin Henig）在《紐約時報雜誌》（*New York Times Magazine*）一篇動人的人物略傳中寫道。[22] 一位朋友八十三歲的母親有更切身的感受，她已經打定主意，如果她心臟衰竭，不想接受極端治療。等到事情真的發生，她改變想法。她太過虛弱，無法進行三重繞道手術，因此外科醫師在長達七小時的高風險手術中替她裝設兩根支架——按任何定義都算是極端治療。兩個星期後她解雇了到府護理師，回到她的弦樂四重奏樂團演奏小提琴。活躍一年半後，她在下午和樂團一起演奏時過世。

貝亭在二〇〇七年所做的研究，是最早以經驗為依據，檢視在美國奧勒岡州和荷蘭（在那裡協助自殺是合法的），人們是否被迫選擇終止自己生命的研究之一。她和同事發現這麼做的人比起被認為較脆弱的人，往往家境更富裕、教育程度更高，這個發現讓他們鬆了一口氣。她進一步了解到，「影響並非來自希望你死的貪婪親戚或者計較成本的國家，而是來自希望你活著的配偶或伴侶的壓力。正是這些所愛之人動搖了真正自主的概念。」即使意圖最良善的人們也無法同意這件做起來「對」的事。

二〇一二年十二月，意外事故發生四年後，在與妻子共同經營的部落格中，[23] 霍普金斯寫道，「我一直設法讓這場悲劇成為我的一部分，那個我將成為的我，並設法總是記住我獲得了多麼多，而不只是失去。」這對夫妻的結論是「這個故事沒有結束，而且不必然是悲劇。它依然是愛的故事，即使是接受考驗的愛。」一年半後，霍普金斯要求卸下所有醫療設備——呼吸器、膈肌起搏器、氧氣機、心律調節器、餵食管，以及轉為安寧照護。安寧病房工作人員將他登入名冊，問他希望哪一天拔除呼吸器。「今天。」他回答。幾個小時後，這位教授在家中安詳去世。

在全心照護的小組人員協助下，霍普金斯得到他想要的——掌控自己死亡的情境。他的擁護者密切注意他的願望和恐懼，並且盡可能在最廣大的脈絡中加以討論：他的死亡對他自己和他所愛的人有何意義。忽視垂死齡熟者的願望，無論是更多或更少的介入處置，對於他們都是一種虐待。在末期疾病的一次指標性勝利中，非營利組織「同情與選擇」於二〇〇一年贏得首次有意義的法院判決，當時八十五歲的威廉・柏格曼（William Bergman）因為間皮瘤痛苦垂死，而醫師不願開立更有效的止痛藥。他們代表九十二歲的瑪裘瑞・曼吉亞盧卡（Marjorie Mangiaruca）提出的訴訟目前懸而未決，該案控告緊急救護小組違反她的「不復甦」指示，對她施行全套心肺復甦術，五天後她才在醫院過世。

在利益驅使下，法律明文規定的醫療介入預設往往十分強大。那正是我的一位同事設法確保她或她妹妹留守醫院病房的原因，當時她們的九十四歲母親由於阿茲海默症及其併發病而垂死。「我們看著媽媽的生命跡象在監視器上變微弱。她的生命已經來到盡頭，這時有一位護理員竟然帶著X光機走進來！我們幾乎痛罵他一頓，可憐的傢伙，他只是奉命行事。所以醫生也進來了，他說：『我們認為有東西阻礙你母親的呼吸，要不要讓我們檢查一下？』」

霍普金斯和我母親都是特例。大多數人絕不會選擇死亡，無論生活品質看起來多麼低下。我們多半是一步步逐漸加入失能者行列的，不像霍普金斯那般突然。最終估算下來，可能不如我們以為的重要。電視製作人弗蘭德利的第一任丈夫在吃早餐時驟逝，她的第二任丈夫在一連串中風後緩慢離世。我問她我一直納悶的事：猝死比較有破壞力，或者相較於其他情況，猝死還比較容易忍受？弗蘭德利想了一想，回答說：「都一樣糟。」

公牛看起來是否不一樣並不重要。不管任何年齡，醫療處置的準則，引述生物倫理學家菲利西亞·阿克曼（Felicia Ackerman）的說法，應該是「想要活著的欲望、病人的醫療需求、處置有合理機會生效。」[24]就這些。

檢視成見，接受不確定性

阿格若寧醫師查看新來到安養院的人，他在那裡擔任心理健康部門主任，發現一位九十三歲的女士安靜坐在輪椅上，熾烈的佛羅里達太陽映襯出她在窗前的身形。他自我介紹，問她為什麼搬來這裡住，得知她七十三歲的丈夫最近過世。考慮到她的喪偶，阿格若寧彎下身衷心慰問她，並且問她在過了許多年婚姻生活之後寡居的感覺。她停頓了一會兒，然後回答：「宛如天堂。」[25]她已經忍受一個用言語施暴的粗魯男人幾十年，樂於得到解脫。懊惱的阿格若寧明白自己犯了典型的錯誤，以為他知道另一個人經歷的事。這位新寡的女士積極參與活動和交朋友，善用她人生最後的五年。

我們透過喪失的觀點看待老年。由外觀之，人們年老時喪失的東西明顯多於獲得。這些損失是真實且痛苦的。但由內觀之卻有不同的體驗。要拋棄先入之見需要開闊的心胸和想像力。觀點會改變。看看彼特．唐森德（Pete Townshend），身為何許人合唱團（The Who）的二十歲頂尖吉他手，使「人們所做的看起來無比冷酷／我希望我在變老之前死亡。」這段歌詞膾炙人口。唐森德出生於一九四五年，現在經營一個唱著迴異歌曲的部落格。二〇一二年秋天的一篇貼文描述他製作音樂、製作表演節目、旅行，以及和兩歲的孫子一起吹口琴。唐森德寫道，「這是我拿到的第一個樂器。相當容易，你只需要會呼吸。我希望有更多年能保有這項能力。生命非常美好。」[26]

讓死亡和垂死出櫃

死亡鮮少被討論的原因之一是現代美國人很少見過死人，以往這曾經是家庭生活中例行的部分。遺體在夜間被迅速運出養老院，彷彿死者只是消失了。這麼做比較容易避免面對凡人必死的事實，但會有後遺症。「隔離老人和病人使青春與健康永駐的幻想成為可能，資本主義無止盡擴張的幻想那麼站不住腳。在這個幻想中，老年似乎可以是一種難以理解的糟糕生活方式的選擇，如同吃垃圾食物或買小卡車，這是能夠避免的事，只要你接受足夠的教育或夠時髦。」提姆・克瑞德（Tim Kreider）在一篇名為〈你就要死了〉（You Are Going to Die）的詼諧文章中寫道。[27]

潮流可能正在轉向。「死亡沙龍」和「死亡咖啡廳」出現在美國各地，人們可以在這裡聚會，用生物學、心理學、人類學觀點討論猙獰的持鐮死神。這些聚會是對於一八〇〇年代死亡衛生處理的反應，當時這項工作開始外包給醫院，而隨之產生的儀式從家中客廳移至殯儀館。這是時髦的活動！查看凱特琳・道堤（Caitlin Doughty）的YouTube影片《請問殯葬業者》（*Ask A Mortician*）。（「你有關於死亡的問題，我們有關於死亡的答案。」）二〇一五年，道堤在洛杉磯開設一家殯儀館，協助舉行家庭葬禮，讓人們能清洗、打扮、照看死者，而非將這些親密的任務交給陌生人處理。甚至有一個名叫《葬儀自拍》（*Selfies At Funerals*）的Tumblr部落格，或許是年輕人與死亡和垂死打交道的範例，或許也是有史以來最糟糕的點子。

另一種發展是「死亡陪產者」（death doula）的出現，也稱作「臨終陪產者」（end-of-life doula）或「死亡助產士」（death midwife）。希臘語的doula通常與分娩更有關聯，但愈來愈多人正在接受訓練，以協助人們度過離開這個世界的轉變。他們的責任從定期的病房探視、協助文件作業以及與醫師溝通，到為病患家屬和朋友提供支持。他們非常清楚死亡是一種意義極為重大的經驗，尤其是對使死亡成為人生一部分的人。我的部落格裡有一位留言者建議在安寧病房擔任短期志工。他寫道，「如此一來我們會看見垂死的樣貌，停止害怕垂死的人，培養出同情心和知曉面臨**此刻時**他人的需求，並認識面對垂死者的自我。」「那麼我們的社會便能明白如何將垂死看成一種自然的過渡時期。」這對我們會更有好處。長期近身死亡場景的人，例如安寧病房和自殺防治中心的工作人員，將死亡視為生命正常的一部分，比較不會對死亡產生焦慮感。墨西哥文化會慶祝亡靈節，這種儀式可追溯到近四千年前。亡靈節以生命循環和慶祝而非害怕死亡為基礎，歡樂地連結生者與他們所愛的亡者。

另一個重點是發展新的臨終儀式與傳統，以結合不同世代，甚至滋養社群。鮑伯和我從越南回來，發現那裡的許多家庭設有供奉祖先的小神龕，充滿家庭祭壇的概念。雖然我們的子女不盡然反對這個主意，但我們至今尚未自己設置一個。我參加更多的追思會，默記了一些我最喜歡的片段。（給我自己的備忘錄：慢……慢地說話。讓人們有時間好好品味幻燈片。不要消毒。）長壽給我們時間深入思考，如何將我們知道和重視的事物傳給後世。故事賦予物品意義：我們是否說了那幅肖像或果凍模子的故事，好讓下一代知道我們為什麼留著它，以及他們為什麼也可能想留著？我們是否說出了自己的故事？我們想要留下什麼遺澤，一旦我們離開人世，或許能嘉惠他人？

CHAPTER

9

占領年齡！超越年齡歧視
Occupy Age! Beyond Ageism

幾年前有一封電子郵件寄到我的信箱，標題是「變老派對！」信中寫著：「我正在變老！四月二十九日，我要慶祝變老第三十四周年。請記住日期，我想要見到你，和你一起慶祝、抱抱你，與你一起舉杯。如果你特別喜歡變老，務必來參加變老派對！」我問壽星，我可不可以為激發這次邀約的靈感居功，如果可以，我能不能用匿名或不匿名的方式貼文。她回覆，「你當然啟發了這次的靈感！一定要貼出來，附上我的名字，用**粗體**！」那麼，生日快樂，**瑪莎・費奇諾娃**（Masha Feiguinova），好好享受占領年齡。

占領年齡不意味著年老，而是代表承認與擁抱打從我們出生就已開始的真實變化過程。變老代表活著，而生日是在慶祝這個快樂的事實。

為何像瑪莎那樣的變老派對，看來是如此瘋狂的主意？因為傳統思維認為，三十幾歲的人年輕到說不上「變老」，卻也老到（竟已然是！）不可能對之感到快樂。否則我們為何只慶祝生日直到大約二十八歲，然後便將生日視為節節升高的警報，一直到比方說七十五歲，才又揮去氣球上的灰塵？因為我們被文化洗腦，這個文化將熟齡者貶抑成生日卡一慣提供的怪誕諷刺漫畫。制度化的年齡歧視促成這些卡片的製造，而內化的年齡歧視則促成了它們的暢銷。

老早在「遜斃了」（It sucks）這個用語進入日常用語之前，我就承諾自己絕不會忘記我十三歲時真是夠遜的。（新學校、惡毒的女同學、醜眼鏡、弄不直的頭髮、蠢爆了。）我一直守著這項承諾，幸而情況持續改善。接下來呢？世事難料，除了我們活得愈長久，彼此變得愈不相同——我們的生活愈有可能脫離流行文化狹隘壓迫的劇本，我們直覺地知道這點。人生經歷帶給我們教訓，我們因為受到制約而害怕的轉變，造成不同的具體展現，或者什麼都沒有。

要如何撬開隔離劇本與現實的裂隙，那種認知不一致的痛苦。將覺知的微光變成有意識的思維？將那份覺知變成對於試圖形塑我們老化樣態的社會與經濟制度的理解？拒絕那些意義，發展出我們自己的意義？最後將它們注入整體文化中？改變關於長壽的全部論述——從匱乏變成機會，從依賴變成獨立，從負擔變成贈禮——並且改變我們對於長壽的內在體驗。

這種事情不會發生，除非我們用更多樣化、更準確的故事取代年齡歧視刻板印象。

如果沒有各個年齡層的人大幅改變想法，事情也不可能發生。

私人即政治

我的前一本書《擺脫：為何結束婚姻的女人過得這麼好》（*Cut Loose: Why Women Who End Their Marriages Do So Well*），探討為何在男女不平等的社會中，難以有平等的婚姻關係。（提示：父權制度。）這本書涉及多年沉浸於女性主義和女性權利的歷史，更別提梳理我自己和這些資料的關係，一直到書出版了，我才怯怯地了解到寫這本書已經提升了我的覺知。「覺知提升」這個用語源自女性運動，還有「私人即政治」也是。兩句話都出自女性主義者卡蘿爾・哈尼施（Carol Hanisch）一九六九年的一篇重要論文，文中探討覺知的提升在了解集體問題的成因中所扮演的角色。「你能想像如果女性和黑人……停止將我們的悲慘處境歸咎於自己，會發生什麼事？」哈尼施問。「那正是黑人運動以其獨有的方式在進行的事。我們必須用我們的方式進行。我們才剛開始停止歸咎自己。我們也在人生中第一次想要為自己思考。」[1]

在女性主義教導她們新劇本之前，許多女性將她們的二等地位歸咎於自己。這種情況需要一種運動加以改變，而這個運動由全世界無數的覺知提升所催化。女性運動喚起人們看清女性所面對的障礙，並非「全在我們的腦中」，而是根深柢固的系統運作的結果：父權制度、性別歧視、資本主義。我得提升覺知才能明白平等的婚姻難以掌握，並不是因為妻子懦弱或丈夫淩弱，而是因為性別歧視的社會對於男性與女性的身體和經驗有不同評價。同樣這些根深柢固的歧視體系壓迫我們每一個人。

直到我展開這項寫作計畫，才了解我對於變老的焦慮達到何等程度，同樣的，其中一大部分是我生存的社會造成的結果。（這一回我的確更快明白了。）愛上男人不是讓男同性戀生活變得艱辛的原因，恐同症才是。膚色不是讓有色人種的生活變得艱辛的原因，種族歧視才是。擁有陰道不是讓女性的生活變得艱辛的原因，性別歧視才是。是年齡歧視——而絕非時間的流逝——使老化變得遠比它應該的辛苦。

女性仍然遭遇許多方面的歧視，但力量強大的運動，例如 #MeToo，已經提升覺知，認清性別歧視的多種樣貌和必須勇敢面對。另一方面，說到年齡歧視，大多數人不確定它的樣貌，甚或不確定其含意。為此我開設一個名為「唷，這是不是年齡歧視？」的問答部落格（仿效非常棒的部落格「唷，這是不是種族歧視？」〔Yo, Is This Racist?〕），這也是為什麼像朗達（Rhonda）這樣的人，寫出以下的投書：「我讀到太多發生在我身上讓人生氣的事。當我實際成為年齡歧視的對象，而向家人談起這件事時，他們表現得彷彿我只是對我的年齡過於敏感。」我們要做的是去發覺個人經驗的政治脈絡。「唷，這是不是年齡歧視？」幫助朗達了解，她應該停止責怪自己、她的不安全感，或者因為她受到的歧視而歸咎於她的年齡。一旦我們提升覺知，便能停止挑自己的毛病、掌握我們的故事、批判年齡歧視的思維和信條，以及設法造成改變。改變需要覺知，不妨將它想成一種思維介入。

人人都是年齡歧視者

「成見比起人們通常以為的還要更無意識、曖昧不明、矛盾。」研究刻板印象的普林斯頓大學教授蘇珊．菲斯克（Susan Fiske）說。[2] 幾乎每個人都對邊緣群體表現出無意識的成見，即使我們已經社會化，知道不該如此。態度也不必然與厭惡有關，可能是出於保護和防止人們被認為無能或脆弱，那也是一種成見。

幾乎所有的人對熟齡者都懷有偏見，連熟齡者本身也不例外。年齡歧視被編織進生活的織理中，每每被媒體和流行文化強化，且鮮少遭受質疑。有誰能夠完全免於年齡歧視？「我們為何無法停止年齡歧視？」倫理學家暨老年學家哈利．穆迪（Harry R. Moody）問。「想要知道一些答案，不妨從照鏡子開始，並且看看你的周遭。」你會為了「預防皺紋」而考慮在二十幾或三十幾歲打肉毒桿菌嗎？（當下正流行）。想一想看誰從你的焦慮中得益。因為滿面皺紋而畏縮？想想看誰從你的自我厭惡中得益。

無意識的聯想是否反映真實的偏見，或者只是無心吸收了文化信號？不管是哪一種並不重要，總之它們影響我們的行為。好消息是我們能改變，儘管過程需要真摯的自我反省和深思。忘掉已學到的東西比學習更困難，尤其是價值觀。關鍵的起點是承認我們自己的偏見。

下一步是設法使我們的行為和想法比較不年齡歧視。如果我們謊報年齡或者把自己的臉雕塑成僵硬的面具，我們便是同謀者。如果我們在社交聚會中迎向同年齡層的人，設想我們和不同年齡層的人不會有共通的興趣，或他們不會和我們說話，我們便是同謀者。如果我們低聲嘀咕那位「小老太太」妨礙了結帳隊伍前進，我們便是同謀者。這裡沒有要論斷的意思——我們都是年齡歧視者，但該是改變的時候了。

接下來更困難：指出別人的年齡歧視行為或態度。巧妙和善地教育別人，讓改變像漣漪一樣向外擴散。沉默代表贊同，也會產生效果。二〇一三年的一項研究顯示，如果你遭遇偏見而不加以反對，你自己確實會變得更帶有偏見。為了解決內在衝突，使你的行為和想法更一致，你的態度會朝著比較懷有偏見的方向轉變。[3]

要承認自己有偏見是件不舒服且需要不停進行的事，像我是定期被提醒。如果你努力，便會獲得真實的回報——不能讓偏見精靈再回到瓶子裡。我經常聽到開始拒絕年齡恥辱的人說，他們馬上感覺到鬆了一口氣和被賦予能力。當我們走在這條道路上——從接受恥辱到察覺它是不公平的，並了解到我們能透過集體行動加以質疑，我們便經歷了社會學家杜格・麥克亞當（Doug McAdam）所稱的「認知解放」。這是一種美妙的感覺，運動建構的關鍵。

我以前的辦公室裡，唯一年齡比我大的人曾喝了我的Kool-Aid飲料，並且為此高興。不久之前她告訴我，她幾乎要痛罵一個抱怨年屆三十歲是多麼辛苦的女人。我溫和地指出，讓二十九歲女子失控的壓力，無異於她在步入七十歲時感到憂慮的壓力。我們是盟友，不是敵人。她明白了。要有更多的對話，才能建立運動所需要的結盟，但改變正在發生。跨越世代的世界真的是更美好的世界。我們要一同努力。

提升覺知從家裡做起

我可憐的孩子們。我兒子墨菲是電腦科學家，一日談起許多數學研究和重要論文尚未貼到線上檔案館。「問題在於寫這些論文的人，有些真的非常老了。」他說。出現了。我斥責他，這問題與年齡無關，而是科技嫻熟度的問題。熟齡科學家的確比較不會急著在線上張貼他們的作品，但光憑年齡因素而做此假定是錯誤的。我兒子或許想要反駁，但他聽懂了，現在他對這件事有不同的想法。

以下是我女兒的伴侶艾蜜莉慷慨提供的一封電子郵件，她是一名音樂家和瑜伽教師：

星期三晚上我的樂團有一場演出，我非常晚才回到家。睡了大約三小時之後，我現身在我的早班瑜伽教室，必須給自己精神喊話，「沒問題的，妳辦得到。撐一下就過去了，才一個小時的課。」等等。走進教室，我注意到裡面有一位年長男士，我馬上想到，「哇，這下可好。讓我遇上了：一個彎不了腰的老男人，一個我得擔心會弄壞膝蓋或折斷髖骨的學生，我真衰。」之類的。他大概七十八、九歲，肯定是我教過最老的人。

等到我們開始做開場的拜日式時，我感覺非常慚愧，明白我一直是個多麼糟糕的年齡歧視笨蛋。他真的是教室裡動作做得最完美的人，可以說是我所教過最好的學生，不僅具備力道、柔軟度、掌握節奏的能力、完美的呼吸，而且勇氣可嘉。當我試著教授手肘倒立動作（只靠手肘倒立保持平衡的姿勢），他是課堂上唯一嘗試的人。他雖然沒有一路做到底，但他至少試過，勝過其他五個只停留在嬰孩式的學生，他們每個人都比他年輕四十多歲。我只是覺得可以跟你分享這個故事，因為我覺得「啊哈！我證明了艾希頓的立論重點。」

同一週我回到家，收到來自另一個兒子的未婚妻阿格涅絲卡的提問，她是教科學的老師：「年齡歧視是否存在於藝術中？如果我們帶著筆、顏料、空白筆記本、錄音機、電影製作團隊到所有的安養院，會發生什麼事……我覺得我們往往認為熟齡者已經完成他們全部的成長，現在只會持續衰退。但老化其實可以視為通往新經驗，以及用嶄新方式發展我們思維的必要旅程。當我寫到這裡，我不停想到像歐姬芙（Georgia O'Keeffe）和草間彌生這樣的熟齡畫家。」她署名（這是我最喜歡的部分）「你那在見習中變老的夥伴」。

有些見習中的老年人是天生的，而不是人為的，阿格涅絲卡是其中一個。她從小就和住波蘭兩座山村裡的爺爺奶奶度過週末和夏天，她一向受到比她年紀大上許多的人吸引。她也敏銳地察覺到社會不正義，就算沒我的激勵，她也會達成這份覺知。我其他的家人和一堆朋友沒有暫免權，在我的督促之下已經加入阿格涅絲卡的行列，成為見習中的老年人。他們也許希望我停手，但我認為他們很高興自己正在轉變。

如果你遇見事情，不要袖手旁觀

對抗偏見有許多種不惹人討厭的方式，儘管從眾比較容易。幾年前的夏天，我決定添購一件跳舞的襯衫，於是來到我最喜歡的店。當我向店員說明用途，她的回應是「肯定要有袖子對吧？」

「不，我打算弄得滿身大汗。」我回答，感覺惱火和吃驚，接著轉身離開。我原本可以有什麼別的作法？其實我可以問她「妳為何這麼想？」而不是一副妳怎麼知道我沒有像蜜雪兒・歐巴馬（Michelle Obama）那種手臂的挑釁態度。這麼一來她可能慌張，我會讓她有台階下，而她也會學到一課。但無所作為到底比較省事，而我錯失了那次機會。

大學時代的朋友路易士寄來電子郵件，有一個措辭引起我的注意，我知道自己必須採取行動了。引發問題的措辭出現在一則短訊裡，寫給傳看聚會照片和懷舊音樂推薦曲目的同學。信件的脈絡是大家在船上飲酒作樂，他形容那酒「不像DKE兄弟會裡的杜松子酒加果汁，不過歡樂度差不多就是我們這些六十幾歲人能負荷的了。」

我寫給路易士，「回覆：六十幾歲的人發表評論——要記住你從來不會基於一個人的種族或性別，而進行無端的嘲諷，所以年齡也應該不例外。現在走下肥皂箱——」

他反駁：「我不認識任何一個在我們這個年紀，而不注意到自己在體能或智能上有所差異和衰退的人。增添一些幽默可以緩和承認這個事實的痛楚。所以六十幾歲的人留言／開玩笑／等等我寫的東西，和種族歧視或性別歧視的態度完全是兩碼子事。如果它們出自年輕一點的人之手，被用來拒絕年齡較大者的求職或甚至否認其正當性，你是可以這麼看待。」

路易士運用了典型的防衛機制：你喪失了幽默感。人們隨時在講年齡歧視的笑話，即使在政治正確的堡壘裡——你可以在全國公共廣播電台聽到。這些笑語可能好笑到不行，而且它們也利用熟齡者是無性者、身體虛弱、心智受損的刻板印象。可以開人玩笑，但不可以歧視。是什麼讓這些話變得帶有歧視的味道？事實是我們不會嘲笑有相同短處的年輕人。我也提出反駁：「體能的確會衰退，不過到目前為止，我的腦子似乎還堅持不懈。但你的留言根植於內化的年齡歧視：假定六十幾歲的人玩樂能力確實不如大學生，以及更嚴重的刻板印象：在這方面或其他任何方面，所有六十歲的人都一樣。」

冒犯者的年齡同樣也不重要。年齡歧視剝奪年齡光譜兩端之人的能力，對了還有，以及在中間所有的人。這正是為什麼瑪莎的變老派對，對每一個視「變老」為髒話的人，顯得荒謬可笑。今年我收到瑪莎丈夫寄來的電子郵件，他正在安排一場驚喜派對。「Masha is turning thirty-five years young.（瑪莎即將邁入三十五歲）＊」開頭寫道。搞什麼鬼，我深吸一口氣，撰寫回信。「你會以為我在開玩笑，但去年瑪莎為她的生日取了超棒又激進的名稱，叫作變老派對，我不期待你跟得上。不過她不是thirty-five years“young”，而是thirty-five years“old”，對此她感到自在。所以請別用耍可愛、傾向否認的年齡歧視語言描述這個超棒的活動。」

「耍可愛是我存在的理由。不過，我接受妳的觀點。」佐爾（Zor）有風度地回覆，且說「期待與妳共舞。」我也期待。

路易士和我依舊是朋友，而且他的觀點確實有些轉變。一位曾聽過我演講的製片人是這麼說的：「我最大的領悟是發現我一直以來多麼相信政黨關於未來樣貌的政策。」一位畫家宣稱在「被迫承認自己的年齡歧視和自我貶抑的想法而覺得不舒服，最終起來對抗在自己和別人身上看見的年齡歧視」之後，她已經為下一步做好準備。她遵循貴格會的見證傳統：當不公義的事發生，在場的人需指出那是不對的。做見證，大聲說出來。事情由小而大。成功的抗爭不會一開始就是大規模的運動。

可以著手之處：

- 找尋你表現出年齡歧視的跡象，而非你並非如此的證據。除非你意識到偏見，否則無法加以質疑，每個人有時總會存有偏見。
- 如果你不確定某件事是否為年齡歧視，想一想當情況涉及年齡大上或小上許多的人，相同的語言或形象是否恰當。舉例來說，什麼時候一對熱情相擁的情侶會從「火熱」被降級成「可愛」?·另一方面，如果你的牙醫發現「你這年紀的人」滿口蛀牙，那大概只是牙線的使用問題。
- 不要假定熟齡者不是年齡歧視者。他們許多人不假思索地接受「事情就是這樣」的二

* 不同於文法正確的 thirty-five years old，比爾刻意寫成 thirty-five years young。

等地位。

- 不要告訴熟齡者她「不同」於她的同齡人作為恭維——更健康、更強壯、更時髦。說出「我不敢相信你已經七十五歲」，暗示七十五歲有特定樣子，而她只能接受以貶抑其他同年齡者為代價的恭維。這也暗示一旦對方不屬於例外，你便會停止讚美她這項屬性或能力，轉而讚美她的提包或體力。
- 當心經過消毒或浪漫化的老化觀點：描述無性別的、微笑平和的熟齡者享受他們在門廊鞦韆上的黃金歲月，或在舞蹈比賽中做劈腿動作，或扮演象徵性的智慧年長者。掩飾真相只不過是在遮蔽焦慮。理想化地描述晚年生活，轉移了對老化的真正挑戰，以及以需要面對這些挑戰的注意力。
- 與比你年長和年輕許多的人談一談，仔細地傾聽。如果這樣的人你認識不多，去找出他們。
- 在描述某種例行活動時，不要使用「仍然」這個詞，因為這暗示該活動使那人變成例外。熟齡者不是**仍然**在開車、上健身房、進辦公室、旅行、有性生活等等。他們只是在做這件事，就像其他無數的人。雖然這習慣說法難以戒除，但請停止這麼說。
- 下一回看見某個失能者，使你想到「如果我變成那樣，請用枕頭悶死我」時，要記得：

公牛看起來不一樣。

- 下一回有人問起你的年齡，如實回答。然後問他為何想知道，或者當他知道後，感覺有什麼不同以及為什麼。如果你要問一個小孩幾歲，先自報年齡。
- 不要對別人說以他們的年紀而言，他們的狀態看起來很棒，請直接說他們的狀態看起來很棒。如果有人說，「以你的年紀而言，你的狀態看起來很棒。」要克制住感謝他的衝動，爽利地回答他，「以你的年紀而言，你看起來也很棒！」
- 不要對熟齡者使用你不會用在年輕人身上的形容詞，例如「精神很好」「有活動力」「和藹可親」。試試「積極」「堅持己見」「好心」。兒童很「小」「可愛」「孩子氣」，他們的祖父母不是。形容顏色和社區可以用充滿「生機」，但形容人們該用精力旺盛或令人難忘。
- 避免使用以年輕為中心的語言，例如「內心年輕」或「青春洋溢」，或者「以你的年齡而言看起來年輕」。而是使用特定具體的描述，例如「有玩心」或「充滿活力」或「有魅力」或「熱心」——與年齡無關的特性。
- 你是否曾聽過有人描述自己「老邁」（elderly）?避免這個用語，也不考慮「老者」（the elderly）＊；那暗示體弱，以及高齡將人們歸併到某個統一的類型，沒有進一步的分類。

- 不要用「老祖母似的」，除非主題是祖母身分。這個用語將女性降級到她們的生殖地位，排除掉沒有小孩的女性而且去性別化。
- 找尋熟齡面孔和身體的美。它確實存在。
- 不要假定某人老到／年輕到無法加入某個話題的討論或承擔某項任務。
- 假定對方有能力，而非無能力。用對待年輕人的方式和熟齡者說話。如果看起來適當便提供協助，但不要堅持。
- 訓練自己留意是否某個群體裡的組成都是相同年齡層，除非原因合理，否則大聲說出來。
- 下一回當你納悶一套服裝、一種態度或一趟遠足是否適齡時，重新考慮這個問題。對成年人而言，沒有所謂適齡這回事。
- 創設或加入提升年齡偏見覺知的團體。提升覺知是一種利用個人經驗力量的工具，藉以消除無意識的偏見和要求社會改變。你可以在thischairrocks.com/resources下載免費的小冊子《「你說我是年齡歧視者？」如何成立你自己的覺知提升團體》。內容中包含其他反年齡歧視的資源列表。
- 不要假定這個主題只跟熟齡者有關。年齡歧視影響每一個人。

預期反駁

社會的變遷令人不安。我們藉由辯解來化解不舒服的感覺或衝突。行動主義者凱西・斯波爾（Kathy Sporre）提供這個列表，說明被點名為年齡歧視行為時的典型回應方式：[4]

- 全球思維：「每個人都這麼做」，所以不要緊，例如「大家都會買『過了巔峰』生日卡。」縱使如此，不會讓這些卡片比較不討人厭。
- 合理化：「我只是在開玩笑，無意傷害任何人的感情。」也許為真，但負面言論會產生效果，無關意圖。
- 輕描淡寫：「年齡歧視不像種族歧視／全球暖化／淋巴瘤那麼糟，所以有什麼大不了的？」這只是在轉移話題。
- 歸咎：「假使你得每天應付他們，你也會叫他們壞脾氣的蠢老頭！」這將年齡歧視行為的責任轉嫁到別人身上——往往是熟齡者本身。

＊此點中西文化略有所差異，加以語言限制，翻譯無法盡表。

這些閃避的花招維持住現狀。我們質疑它們的目的不是為了爭「贏」道理，因為處於對抗中通常使別人固守己見，而是為了給他們一個可深思的新觀點。我在某場反年齡歧視圓桌會議發表演說時，提起我在會議期間聽到的有問題措辭，包括將人口老化比擬成可怕天然災難的「銀色海嘯」。當然，我沒有指名道姓，但一位女士事後走過來表示，「我喜歡那種說法，它沒有貶義，而且我會繼續使用。」好啊，請便！但她下次或許會重新考慮。

如果人們起了防衛心，很可能是談話正中要害，觸及未被檢視的看法。要讓對方理解他的意圖不重要，但要他放下意圖而專注於訊息本身，可能非常困難。以同理心仔細傾聽，試著聽出它對你以及別人說的話。

假如有人對你說出年齡歧視的言論又該如何？這些話可能不僅不恰當，而且完全異乎尋常——舉例來說，「很高興你還能活動。」很難讓人不暴躁，就像我在服裝店遭遇那位女售貨員的經驗，讓人瞠目結舌，或不可置信地發出「啥？」以下是一個萬用的答句：「你這話是什麼意思？」或者「你為什麼這麼說？」以中立的方式提問——不要用挑釁或諷刺的口氣，因為你不想被說是好爭吵或易怒，你是嗎？——接著只要好好傾聽。

這麼一來你不必解釋你不能接受那種言論，而是別人得想明白。他們必須想一想他們（而不是你）為何突然侷促不安。我們會持續碰上這種時刻。有個朋友走向一位持手杖站在十字路口的熟齡女士，她大聲問，「妳需要幫忙嗎？」結果換來滔滔不絕的怒斥，她不是因為提供協助挨罵，而是因為她假定那位女士重聽。她永遠忘不了這個尷尬的教訓。假設熟齡女士不是勃然大怒，而是溫和地詢問，「妳為什麼要這麼大聲說話？」那麼年輕女士會比較不痛苦地學到教訓，而她好意提供的協助可能會被接受。目的不在於教人尷尬，而是讓人反省片刻。這比起任何訓話更具有教育意義，而且雙方都能從平等的交流中獲益，無論彼此的年齡大小。

邁向對所有年齡友善的世界

去除我們內化的年齡歧視和成為見習中的老年人，本身即是重要的任務。其價值以指數方式增加，如果它能幫助我們看出對抗年齡歧視包含於廣義的文化革命。

抗拒是免不了的。根本的典範轉移威脅到已確立地位的專業人士的角色、收入、身分，無論其領域是製造嬰兒車或印刷出版品。當電燈問世，寶鹼公司（Procter & Gamble）旗下優秀化學家的身價遽然下降，因為他們任職於蠟燭製造業，本身不是電照明專家。許多老化領域中的人會抗拒這種轉變，因為他們在個人與專業上，有意識或無意識地投入衰退取向的老化模型。非常可喜的是美國退休人士協會已經始透過他們的#DisruptAging（瓦解老化）倡議對抗年齡歧視。這麼做意味著承認八、九旬老人連同初老的人都是他們的組成分子，突顯失能權利和接受各種形式的老化——而不僅止於「成功的」版本。在現今的文化氛圍中，這些是高風險的舉動，儘管改變正在進行。

我們樂於看見什麼改變？任何種類的嚴格區分——無論年輕、中年、老年，或者學校、家庭、工作，或者工作和退休之間——都只是人為的區分，而且正逐漸過時。它們與形塑和利用長壽優勢所需的無窮且必要的任務背道而馳。為了充分利用更健康的餘年、照顧有需要的人，以及分享四個同存世代的負擔和幸福，我們必須將之視為混和且相似的類型，而非各自被孤立的世代，這反映出生命本身的種種複雜性。如果職涯較晚開始，在我們五、六十歲後期達到巔峰，我們會有更多時間及早研究，弄清楚我們擅長的事物，在家陪伴尚年幼的孩子。漸漸從勞動力中脫離的轉變，將使我們能夠傳授所學，並規劃我們仍有時間享受的退休生活。一起生活、學習、工作，將促進世代間的友誼和合作關係，將每個人變成見習中的老年人。

為長壽人生制定的社會契約，將支持跨世代的各種接觸和轉變，如要找尋傑出的財政典範，我們只需參看社會福利制度。這個安全穩定的收入來源，已讓無數的美國人脫離貧窮，尤其是失能的熟齡者，並在過程中幫助他們的家庭免於經濟困難。為長壽人生制定的社會契約，將選擇消除年齡隔離，憑藉供應可負擔得起的多世代同堂住房、能滿足需求且方便使用的大眾運輸，以及全面遵從《失能美國人法案》。它將提供家庭——並非由生物學定義，而是彼此的長期承諾——補助照護者像樣的薪資，並給予他們有尊嚴的待遇。它將執行《老年人公平法案》和《年齡歧視就業法案》。

此外，我們還能如何邁向全年齡友善的社會？

- 增進熟齡者為社會、國民、經濟做貢獻的機會——從圖書館、學校、社區中心、博物館，到農夫市集、運動賽事、社區花園——並支持他們發展出來的這些新角色。不光是去的地方，還有前往那裡的方式；不只有賓果遊戲，還有提供學習機會和信任的活動，以及創造和擴展的理由。
- 持續訓練熟齡者，藉以幫助他們延長工作生涯，提供彈性工時、便利的交通，以及轉變成兼職工作。
- 投資研究老化生物學。是什麼啟動了組織和細胞的老化、為何會老化，以及什麼樣的基因、生理學、環境因素構成這些變化的基礎？對於這些問題，我們的答案非常之少。

- 將熟齡主題納入身體、心理學、社會功能研究中，以及臨床藥物試驗和新療法，除非有無關年齡的理由可加以排除。
- 發展出篩檢熟齡病人的臨床準則（包括詢問是否有老年受虐、酒精和藥物使用、性健康、來自照顧伴侶給的壓力），並要求對有心臟疾病的熟齡者施以循證治療。
- 提高給老年病執業醫師的補償，並鼓勵和資助想要在老年醫學領域受訓和取得證照的醫師、執業護理師、醫師助理。
- 將熟齡者明確納入提升健康的活動，因為在任何年齡，身體和心理健康都能改善。
- 資助研究長壽的社會意義：如何將活躍的第四世代整合進公眾和私人生活；如何使熟齡者繼續做出貢獻和照料他們；科技能扮演何種角色；對於婚姻和家庭結構的看法如何受影響。
- 建立對於熟齡學習者更友善的教育管道，提供更容易到達的地點、彈性的課程表、全方位的課程選項、獎學金以及整合到學校社區。
- 將年齡歧視引進小學課程，以便讓孩童學習相關事物，在他們學習認識其他形式的偏見時。
- 資助《老年人公平法案》，聯邦政府對於老年受虐問題最全面的回應。該法於二〇一〇年通過，至今僅收到唯一的四百萬美元撥款。

- 支援提供照顧的伴侶，完成他們充滿壓力、讓人精疲力竭且重要的工作。超過四千萬的美國人提供無薪的照顧，賺不到社會福利積分，得不到有薪假，而且難以獲得例如訓練、家庭諮商、休假的資源。將近五百萬名祖父母為孫子提供基層醫療，然而他們只從唯一的同類型聯邦計畫全國家庭照顧者計畫（National Family Caregiver Support Program），獲得僅百分之十的資助。[5]離開有酬工作而為（任何年齡的）其他人提供照顧的人，應該繼續賺得社會福利積分。
- 確保熟齡美國人在離開有酬工作後的收入安全。
- 發展全面性的公眾－私人合作關係，以提供許多熟齡者終將需要的某種形式的長期照護。大多數人否認這個需求，是長期照護沒有真正獲得資助的原因之一。
- 調整健保制度以改善老年待遇，並提供長期照護的公眾保險。
- 創造新的世俗與心靈的人生慶祝儀式。
- 認清年齡歧視是任何年齡相關議程中至關重要的議題，並優先處理反年齡歧視倡議。

這些是難以做到的要求。然而在二〇一五年由老化組織領導者（Leaders of Aging Organizations）＊發表的報告《評估老化》（*Gauging Aging*）中被引述的專家認為，這些目標是可達成的目標。他們認為儘管老化中的社會可能過度使用社會福利和醫療保險等公共資源，但「我們的富有程度足以應付老化的人口。」[6]關鍵在於使公用事業支出更有效能，並重新安排優先順位。

這個列表可以不停增加項目。無數的聰明人——醫學、保健和勞動政策、都市規劃、教育、經濟、法律、設計、人文學科的專家——正在努力思考如何應付這些挑戰。現在是所有這些領域積極通力合作的絕佳時機，想出辦法加以支援。正視年齡歧視的存在是這一切的根本，而且是群策群力的完美目標。在年齡歧視揮之不去並藉此問題獲利的社會，我們無法充分利用更長的壽命。

我的呼籲對準勇敢面對內化的年齡歧視最基本的第一步，但那只是第一步。政治經濟學者替我解釋了年齡歧視在資本主義體制的作用，但要解決基於年齡而產生的歧視，顯然需要從根本上改變建構社會的方式。我們必須思考更公平、更廣泛的生產力評估方式，替熟齡者想出持續做出貢獻的更多方法，支持他們在這些方面所做的努力，並將身為人的價值與用任何方式衡量的成功脫鉤。

要達成這樣的社會改變，需要我們一同對抗種族歧視、性別歧視、健全主義、恐同症。

如同詩人奧德莉．羅德（Audre Lorde）所言，「沒有所謂為單一問題奮鬥這回事，因為我們不是過著單一問題的生活。」同樣的，追求其他社會公義理想的行動主義者也會進展順利，考量到年齡歧視會如何阻礙他們的努力，進而提升覺知並一起對抗年齡歧視。當我們大家不分年齡為重要的目標攜手合作，無論是為了政治競選運動或社區花園而努力，我們都會更有效能。不僅如此：藉由結交比我們年長或年輕的朋友和同志，我們以有機的方式拆解年齡歧視。

如同持續挑戰種族歧視和性別歧視根深柢固的體制，想克服年齡歧視將需要大量各個年齡層的人一起努力推翻「現狀」。這意味著許多令人不舒服的重新評估、困難的對話、徹底的衝突，不只關於保健和住房問題，還有我們何時以及為何不再重視人——不是因為我們變老，而是因為我們處在年齡歧視的世界。如果我們想要創造一個世界，讓人們可以在每個人生階段找到意義和目的，我們必須為此奮鬥。

要重新塑造現況，代表我們得挑戰一個重視傳統經濟生產力，而非身為人的完整價值

＊包含美國退休人士協會、美國聯邦老化研究（American Federation for Aging Research）、美國老人病學學會（American Geriatrics Society）、美國老齡學會（American Society on Aging）、美國老人醫學學會（Gerontological Society of America）、全國老齡委員會以及全國西班牙裔老齡會議（National Hispanic Council on Aging）。

的體制。基本的問題是，有沒有某個年齡或階段人們變得可丟棄。認為沒有的人應該時常且大聲地，向自以為站在道德制高點的政客提出這個問題，他們將個人長處等同於物質的好運，視貧窮為道德缺點，令人反感地區分「值得幫助」和「不值得幫助」的窮人。為何我們不能有一個重視**全部**成員、教育一批老年病學專家來協助熟齡者盡可能保持健康，支援家庭、鄰里、朋友之間通力合作，以保護每個人的安全並且與外界維持連繫的社會呢？

如啟示般意外聽到貝西・史密斯（Bessie Smith）唱著〈鎮上沒人能烤和我一樣的甜果醬麵包捲〉（Nobody in Town Can Bake a Sweet Jelly Roll Like Mine）的錄音，引領劇作家奧古斯特・威爾森（August Wilson）進入藍調音樂的世界。他描述藍調像「我覺知的誕生、洗禮、復活，讓我意識到我是某個文化的一個代表，承載著一些非常有價值的經歷。」[7]這位二十歲的小伙子環顧四周，開始將社區裡的熟齡者視為活歷史的寶貴來源，而非落敗無用的人。他曾逗留匹茲堡山丘區（Hill District）的雪茄店和撞球間，聽人們談棒球、城市政治和他們年輕時的生活——豐富的集體歷史，威爾森明白他是這部歷史的一部分。它「改變我的耳、我的心以及任何我所擁有，用以看清這個世界的分析工具。」[8]

每個人都能進入像威爾森那樣的世界。讓我們寓居其中。如同各個年紀、各行各業見習中的老年人，讓我們親自處理問題，建立一個對全年齡友善的社會。這個社會對嬰兒車和輪椅將同等適宜，裡頭的成員承認並尊重年齡上的差異、跨越差異相互連結，而且拒絕操弄差異使彼此對抗。讓我們一起研究讓人們在年老時適得其所的對策，傾聽他們的需求。要邁向一個替晚年生活做好準備的社會，需要集體與個人的努力。想像一下。

這會很值得

「說出你的心聲，即使你的聲音顫抖。」灰豹組織創辦人瑪姬．庫恩說，她質疑熟齡者被視為無性和無能的描述，稱晚年是「解放和自己做決定」的時期，[9]並設想社會的熟齡成員擔任看守者、提倡者、教育者、未來主義者的重要角色。還有回首領悟者，如同丹麥哲學家齊克果所說的，「人生只能回首弄明白，但必須向前過日子。」

年齡不同於種族或性別，因為它是一種普遍的情況。這使得年齡歧視有別於種族歧視或性別歧視或健全主義，並且反常地更難鑑識成因。激進運動的成員通常定義自己為對抗主流，但其實每個人都會變老。所有年齡層的人，大家團結起來。我們沒有損失，還能丟掉偏見。

當我們輕易接受三分之二的人生是晚年的概念，我們的身心便會過早順應對脆弱與衰退的預期。這些看法道出我們對於年齡和老化的顯性和隱性看法。它們也會深刻影響不同年齡者的互動方式——或者是否有互動，以及年輕人如何預想等待他們的未來。每一位見習中的老年人在改變個人與文化對於長壽的看法上，都扮演一定的角色。有人會更進一步，披露視人口老化為威脅強大經濟利益以及個人賦權的普遍觀點。

年齡驕傲！

不像「身體暫時有功能」的人（失能者眼中的我們）努力不懈地避免使用手杖、助步器以及任何可以協助體弱者的事物，失能權行動主義者發出怒吼：「我是失能者，聽我呼喊。」他們主張失能狀態是構成他們身分不可或缺的一部分，藉以去污名化。四十年來他們建立了一個以下列前提為基礎的運動，「失能不是悲劇，也毋需被憐憫，是社會的迷思、恐懼、刻板印象，最令失能者的處境變困難。」[10]在這段有力的陳述中，你可以用「老化」和「年老」取代「失能」，尤其因為長壽無疑是一項贈禮而非損失。現在無數的美國人對於被認定為失能，愈來愈感到自豪，在一個崇尚完善智能和身體的社會，這是驚人的轉變。

諸如「收容所」（asylum）、「弱智」（retarded）、「殘障」（handicapped）等用語已在詞典中

被降級。我們對於無形且駭人的心理健康問題的恐懼日益加深。然而迅速發展中的「瘋子驕傲」（mad pride）運動，對抗此一恥辱並頌揚在被稱作「精神疾病」的世界中，人們的文化與身分。不過才幾十年前，身為同性戀還是件可恥的祕密，如今櫃子是用來裝衣服的，而同性婚姻在美國已經合法。在基礎的民權運動的激勵下，這些團體一一將美國推向一個重視與尊重其所有成員的社會。

難道這還不是時候嗎，該將同屬民權與人權問題的年齡平等議題放入議程中？基於年齡的歧視，如同基於任何一種我們無法改變的自身層面的歧視，都同樣不可接受。想像戰後世代、他們的子女及孫輩，在以事實而非恐懼為基礎的變老觀點中發現共同的理想，動員起來對抗使老化在美國如此困難的歧視。這關乎我們想要讓很可能活到一百歲的子子孫孫繼承什麼樣的世界。

正名、要求權利、去污名是所有社會運動的重要成分。黑人權力運動說出「黑即是美」（Black is beautiful.）。海倫・瑞蒂（Helen Reddy）的歌曲〈我是女人〉（I Am Woman）成為女性運動的頌歌。「凡是與我們有關的事，都不能沒有我們參與。」（Nothing about us without us.）失能者發表聲明，堅持能見度和參與。同性戀權利行動主義者呼喊，「我們在這兒，我們是酷兒，好好習慣吧！」（We’re here, we’re queer, get used to it!）該是說出「我們是老人，我們勇敢無畏，瞧瞧吧！」的時候了，加入播放曲目中。該是發起激進的老化運動，要求年齡驕傲的時候了。父母醉心於子女的成就；當青春遠去，何不自豪於我們已走過的漫漫長路，以及我們要充分利用未來的雄心壯志？

年齡驕傲不只屬於不受尊重的青少年，或不被理會的熟齡者。年齡驕傲也屬於瑪姬・庫恩，她曾說：「我們必須對自己的年齡感到自豪。」還有，倘若她活得夠久，她一定會搶在我之前「占領年齡！」年齡驕傲屬於每一個拒絕醒來後悔又老了一天的人；年齡驕傲屬於承認長壽是特權的人，以及準備好挑戰構成一切歧視的權力結構的人。我們全都在變老。當我們以抗拒壓迫作為共同理想，人人都會受益。年齡驕傲屬於每一個人。

注釋
Notes

引言

1 "A Profile of Older Americans: 2016," Administration for Community Living, U.S. Department of Health and Human Services, 7, https://www.acl.gov/sites/default/files/Aging%20and%20Disability%20in%20America/2016-Profile.pdf.

2 "A Profile of Older Americans: 2017," Administration for Community Living, U.S. Department of Health and Human Services, 15, https://www.acl.gov/sites/default/Aging%20and%20Disability%20in%20America/2017OlderAmericansProfile.pdf

3 Kenneth M. Langa, Eric B. Larsen, Eileen M. Crimmins, "A Comparison of the Prevalence of Dementia in the United States in 2000 and 2012," *Journal of the American Medical Association-Internal Medicine*, January 2017. 2017;177(1):51–58. doi:10.1001/jamainternmed.2016.6807

4 Greg O'Neill, Director, National Academy on an Aging Society, "Discussion of Social, Economic, Policy and Scientific Drivers of Change Affecting Healthy Aging, Productive Engagement and Ageism—'What this means to Mrs. Jones' " (presentation at the 2010 Age Boom Academy, sponsored by The Atlantic Philanthropies, New York, June 7, 2010).

5 Laura L. Carstensen, *A Long Bright Future* (New York: Broadway Books, 2009), 26.

6 David G. Blanchflower and Andrew J. Oswald, "Is well-being U-shaped over the life cycle?" *Social Science & Medicine*, Elsevier, vol. 66(8); 1733–1749, April 2008, http://www.nber.org/papers/w12935; Jonathan Rauch, "The Real Roots of Midlife Crisis," *The Atlantic*, December 2014, http://www.theatlantic.com/magazine/archive/2014/12/the-real-roots-of-midlife-crisis/382235/; Yang, Yang. 2008. "Social Inequalities in Happiness in the U.S. 1972–2004: An Age-Period-Cohort Analysis." *American Sociological Review,* 73: 204–226, http://news.uchicago.edu/article/2008/04/16/age-comes-happiness-university-chicago-study-shows.

2013, p. 4, http://www.aarp.org/content/dam/aarp/home-and-family/personal-technology/2013-10/Longevity-Economy-Generating-New-Growth-AARP.pdf.

25 Joseph F. Coughlin, *The Longevity Economy: Unlocking the World's Fastest-Growing, Most Misunderstood Market* (NY: Public Affairs, 2017), 8.

26 Whitney Johnson, "Entrepreneurs Get Better With Age," *Harvard Business Review*, June 27, 2013, https://hbr.org/2013/06/entrepreneurs-get-better-with.

27 "Value of Senior Volunteers to U.S. Economy Estimated at $75 Billion," Corporation for National and Community Service, May 20, 2015, https://www.nationalservice.gov/newsroom/press-releases/2015/value-senior-volunteers-us-economy-estimated-75-billion.

28 David Costanza, "Can We Please Stop Talking About Generations as if They Are a Thing?," *Slate* magazine, April 13, 2018, https://slate.com/technology/2018/04/the-evidence-behind-generations-is-lacking.html.

29 Phil Mullan, *The Imaginary Time Bomb*, op. cit., xix.

30 Lincoln Caplan, "The Boomer Fallacy: Why Greedy Geezers *Aren't* Destroying Our Financial Future," *The American Scholar*, Summer 2014, 20.

31 Christopher Farrell, "Disproving Beliefs About the Economy and Aging," *New York Times*, May 13, 2016, https://www.nytimes.com/2016/05/14/your-money/disproving-beliefs-about-the-economy-and-aging.html.

32 Anne Karpf, *How to Age* (London: Macmillan, 2014), 31.

33 Gretchen Livingston, "At Grandmother's House We Stay," Pew Research Center report, September 4, 2013, http://www.pewsocialtrends.org/2013/09/04/at-grandmothers-house-we-stay/.

34 MacArthur Foundation Network on an Aging Society, "Facts & Fictions About an Aging America," *Contexts*, vol. 8, no. 4, November, 2009, http://www.macfound.org/press/publications/facts-fictions-about-aging-america/.

35 Pew Charitable Trusts Economic Mobility Project, "When Baby Boomers Delay Retirement, Do Younger Workers Suffer?" September 13, 2012, http://www.pewtrusts.org/en/research-and-analysis/issue-briefs/2012/09/13/when-baby-boomers-delay-retirement-do-younger-workers-suffer.

36 Altman, Ros CBE. *A New Vision for Older Workers: Retain, Retrain, Recruit.* Report to Government. March 2015, https://www.gov.uk/government/publications/a-new-vision-for-older-workers-retain-retrain-recruit.

37 Fischer, *Growing Old in America,*199.

38 Lincoln Caplan, "The Boomer Fallacy: Why Greedy Geezers *Aren't* Destroying Our Financial Future," *American Scholar*, Summer, 2014, 26.

39 Canadian Institute for Health Information, "Health Care in Canada, 2011–A Focus on Seniors and Aging," ix, https://secure.cihi.ca/free_products/HCIC_2011_seniors_report_en.pdf,

40 E. Lindland, M. Fond, A. Haydon, and N. Kendall-Taylor (2015). "Gauging aging: Mapping the gaps between expert and public understandings of aging in America." Washington, DC: FrameWorks Institute, http://www.frameworksinstitute.org/pubs/mtg/gaugingaging/page7.html.

41 Kevin M. Murphy and Robert H.Topel, "The Value of Health and Longevity"(June 2005). National Bureau of Economic Research Working Paper No. w11405. Available through Social Science Research Network: http://papers.ssrn.com/sol3/papers.cfm?abstract_id=742364.

42 "Aging and the Macroeconomy: Long-Term Implications of an Older Population," September 2012, National Research Council, http://www.rci.rutgers.edu/~khartman /libguides/agingandmacroeconomybriefreport.pdf.

43 Susan Jacoby. *Never Say Die: The Myth and Marketing of the New Old Age* (New York: Pantheon, 2011), p. 37.

44 Jill Lepore, "The Force: How much military is enough?" *New Yorker*, January 28, 2013.

45 Central Intelligence Agency, *The World Factbook*, "Country Comparison: Life Expectancy at Birth," https://www.cia.gov/library/publications/the-world-factbook/rankorder/2102rank.html.

46 Barry Bosworth, Gary Burtless, and Kan Zhang, "Later Retirement,Inequality in Old Age, and the Growing Gap in Longevity Between Rich and Poor," The Brookings Institution, January 2016, https://www.brookings.edu/wp-content/uploads/2016/02/BosworthBurtlessZhang_retirementinequality_longevity 012815.pdf.

47 *NPR, Talk of the Nation,* "In 'Shoot My Man,' Mosley Tells Tale of Atonement," by NPR Staff, January 26, 2012, http://www.npr.org/2012/01/26/145913466/in-shoot-my-man-mosley-tells-tale-of-atonement.

第2章 我們的年齡、我們自己：身分

1 Anne Karpf, " 'Ageing is a mixture of gains and losses': why we shouldn't fear getting old," *The Guardian*, January 3, 2014, http://www.theguardian.com/society/2014/jan/04/ageing-mixture-gains-losses.

2 Laura Shapiro, "What It Means to Be Middle Aged," *New York Times Book Review*, January 13, 2012, http://www.nytimes.com/2012/01/15/books/review/in-our-prime-the-invention-of-middle-age-by-patricia-cohen-book-review.html.

3 Butler, *Why Survive?*, 14.

4 Paul Taylor et al., "Growing Old in America: Expectations vs. Reality," *Pew Research Center's Social and Demographic Trends Report*, June 29, 2009, 3.

5 Sarit A. Golub, Allan Filipowicz, and Ellen J. Langer, "Acting Your Age" in *Ageism: Stereotyping and Prejudice Against Older Persons,* ed. Todd D. Nelson (Cambridge: MIT Press, 2004), 278.

6 Susan Krauss Whitbourne and Joel R. Sneed, "The Paradox of Well-Being, Identity Processes, and Stereotype Threat: Ageism and Its Potential Relationships to the Self in Later Life," in *Ageism: Stereotyping and Prejudice Against Older Persons,* ed. Todd D. Nelson (Cambridge: MIT Press, 2004), 287.

7 Sarit A. Golub, Allan Filipowicz, and Ellen J. Langer, "Acting Your Age" in *Ageism: Stereotyping and Prejudice Against Older Persons,* ed. Todd D. Nelson (Cambridge: MIT Press, 2004), 288.

8 Golub, Filipowicz, and Langer, "Acting Your Age," 282.

9 Judith Warner, "I Feel It Coming Together," *New York Times*, October 15, 2009, http://opinionator.blogs.nytimes.com/2009/10/15/i-feel-it-coming-together.

10 Sasha Frere-Jones, "Brit Pop," *New Yorker,* December 16, 2013, www.newyorker.com/magazine/2013/12/16/brit-pop.

11 University of Warwick, "Middle-Aged Misery Spans the Globe," *Science-Daily*, January 30, 2008, http://www.sciencedaily.com/releases/2008/01/080129080710.htm.

12 Lynne Segal, *Out of Time: The Pleasures and the Perils of Aging* (London: Verso Books, 2013), Kindle edition.

13 Wendy Lustbader, *Life Gets Better: The Unexpected Pleasures of Growing Older* (New York: Jeremy P. Tarcher/Penguin, 2011), 125.

14 "Gerotranscendence: A Possible Path Toward Wisdom in Old Age," pamphlet, Uppsala University, Sweden, http://www.soc.

uu.se/digitalAssets/149/149866_folder.pdf.
15 Molly Andrews, "The Seductiveness of Agelessness," *Aging and Society*, vol. 19, no. 3 (1999), 301–318.
16 Alex Morris, "The Prettiest Boy in the World," *New York*, August 14, 2011, http://nymag.com/fashion/11/fall/andrej-pejic/.
17 *NYU Local* blog, April 21, 2014, http://nyulocal.com/on-campus/2014/04/21/local-stops-internet-teenagers-jesus-flume-and-america/.
18 Elaine Showalter, introduction to *Out of Time: The Pleasures and the Perils of Aging*, by Lynne Segal (London: Verso Books, 2013), Kindle edition.
19 Personal e-mail to author, via Paula Span, May 8, 2013.
20 Naomi Wolf, "Madonna: The Director's Cut," *Harper's Bazaar*, Nov 9, 2011, http://www.harpersbazaar.com/celebrity/news/madonna-interview-1211.
21 "Alabama Mayor, 91, Admits Stealing $201K from Town," AP, October 12, 2012, http://www.cbsnews.com/8301-201162-57531139/alabama-mayor-91-admits-stealing-$201k -from-town/.
22 Harry R. Moody, *Human Values in Aging* newsletter, August 1, 2009.
23 Anne Karpf, *How to Age* (London: Macmillan, 2014), 65.
24 Ina Jaffe and NPR Staff, " 'Silver Tsunami,' And Other Terms That Can Irk the Over-65 Set," National Public Radio, May 19, 2014, http://www.npr.org/2014/05/19/313133555/silver-tsunami-and-other-terms-that-can-irk-the-over-65-set.
25 Margaret Cruikshank, *Learning to Be Old: Gender, Culture and Aging* (Lanham, MD: Rowman & Littlefield, 2013), 3.
26 Paula Span, "Aging's Misunderstood Virtues," *New York Times*, August 30, 2010, http://newoldage.blogs.nytimes.com/2010/08/30/appreciating-the-peculiar-virtues-of-old-age/.
27 Laura Carstensen, *A Long Bright Future*, 228.

第3章　遺忘記憶：熟齡大腦

1 Rowe and Kahn, *Successful Aging*, 44.
2 Margaret Morganroth Gullette, "Our Irrational Fear of Forgetting," *New York Times*, May 21, 2011, http://www.nytimes.

com/2011/05/22/opinion/22gullette.html.

3 Laura Carstensen, professor of psychology, Stanford University, and director, Stanford Center on Longevity, "The Science of Aging," (presentation at the 2012 Age Boom Academy, sponsored by the Atlantic Philanthropies, AARP and the *New York Times*, New York, NY), March 24, 2012.

4 Gina Kolata, "U.S. Dementia Rates Are Dropping Even as Population Ages," *New York Times*, November. 21, 2016, https://www.nytimes.com/2016/11/21/health/dementia-rates-united-states.html.

5 Margaret Morganroth Gullette, "Our Irrational Fear of Forgetting."

6 "11 /14: Alzheimer's Most Feared Disease," by Marist Poll, November 15, 2012, http://maristpoll.marist.edu/1114-alzheimers-most-feared-disease/.

7 Robert McCann and Howard Giles, "Ageism in the Workplace: A Communication Perspective," in *Ageism: Stereotyping and Prejudice Against Older Persons*, ed. Todd D. Nelson (Cambridge: The MIT Press, 2004), 171.

8 Erving Goffman, *Stigma: Notes on the Management of Spoiled Identity* (New York: Simon and Schuster, 2009), 3.

9 Peter J. Whitehouse and Daniel George, *The Myth of Alzheimer's: What You Aren't Being Told About Today's Most Dreaded Diagnosis* (New York: St. Martin's Press, 2008), Kindle edition.

10 Andy Coghlan, "New Alzheimer's drugs: What do they do and could they be a cure?" *New Scientist*, July 22, 2015, https://www.newscientist.com/article/dn27941-new-alzheimers-drugs-what-do-they-do-and-could-they-be-a-cure/.

11 Toby Williamson, "My Name Is Not Dementia: People with Dementia Discuss Quality of Life Indicators," published by the Alzheimer's Society (UK), 2010.

12 Sousan Hammad, "Islands of Amnesia," *Guernica*, February 26, 2014, http://www.guernicamag.com/daily/sousan-hammad-islands-of-amnesia/

13 Margaret Morganroth Gullette, "Keeping the Conversation Going." *Jewish Daily Forward*, September 30, 2012, http://forward.com/articles/163585/keeping-the-conversation-going/?p=all#ixzz2jJRYbpKg.

14 Anne Basting, "Coping With Alzheimer's," Letter to the Editor, *New York Times*, June 4, 2011, http://www.nytimes.com/2011/06/05/opinion/l05alzheimers.html.

15 Nina Strohminger and Shaun Nichols, "Your Brain, Your Disease, Your Self," *New York Times,* August 21, 2015, http://www.nytimes.com/2015/08/23/opinion/your-brain-your-disease-your-self.html.

16 Whitehouse and George, *The Myth of Alzheimer's*, Kindle edition.

17 Tara Bahrampour, "Proposed budget for Alzheimer's research may rise by over 50 percent," *Washington Post*, December 16, 2015, http:www.washington post.com/local/social-issues/proposed-budget-for-alzheimers-researchmay-rise-by-over-50-percent/2015/12/16.

18 Bureau of Labor Statistics, Occupational Employment and Wages, May 2017, 39-9021 Personal Care Aides. https://www.bls.gov/ocs/current/ocs399021.html.

19 Molly Wagster, Branch Chief, Neuropsychology of Aging, National Institute on Aging, "The Aging Body," presentation at "Longevity: America Ages Seminar," sponsored by the Knight Foundation for Specialized Journalism, University of Maryland, Towson, MD, April 9, 2008.

20 Patricia A. Coyle et al., "Effect of Purpose in Life on the Relation Between Alzheimer Disease Pathologic Changes on Cognitive Function in Advanced Age," *Arch Gen Psychiatry*, 2012 May; 69(5): 499–505. doi: 10.1001/archgenpsychiatry.2011.1487, http://www.ncbi.nlm.nih.gov/pmc/articles/PMC3389510/.

21 Benedict Carey, "At the Bridge Table, Clues to a Lucid Old Age," *New York Times*, May 21, 2009, http://www.nytimes.com/2009/05/22/health/research/22brain.html.

22 Joe Verghese, Richard B. Lipton, Mindy J. Katz, Charles B. Hall, Carol A. Derby, Gail Kuslansky, Anne F. Ambrose, Martin Sliwinski, and Herman Buschke, "Leisure Activities and the Risk of Dementia in the Elderly," *New England Journal of Medicine* (June 19, 2003); 348:2508–2516. DOI: 10.1056/NEJMoa022252, http://www.nejm.org/doi/full/10.1056/NEJMoa022252.

23 John W. Rowe, MD, and Robert L. Kahn, PhD, *Successful Aging* (New York: Dell Publishing, 1998), 20.

24 Gene Cohen, MD, director, Center on Aging, Health and Humanities, George Washington University, "The New Senior Moment: Positive Changes Because of Aging," presentation at "Longevity: America Ages Seminar" sponsored by the Knight Foundation for Specialized Journalism, University of Maryland, Towson, MD, April 7, 2008.

25 Roberto Cabeza, Nicole D. Anderson, Jill K. Locantore, and Anthony R. McIntosh, "Aging Gracefully: Compensatory

Brain Activity in High-Performing Older Adults," (2002), doi:10.1006/nimg.2002.1280. http://cabezalab.org/wp-content/uploads/2011/11/Cabeza02AgingGracefully_Neuroimage.pdf

26 Benedict Carey, "Older Really Can Mean Wiser," *New York Times*, March 16, 2015, http://www.nytimes.com/2015/03/17/health/older-really-can-mean-wiser.html.

27 Joshua K. Hartshorne and Laura T. Germaine, "When Does Cognitive Functioning Peak? The Asynchronous Rise and Fall of Different Cognitive Abilities Across the Life Span," *Psychological Science* (2015), doi:10.1177/0956797614567339.

28 Michael Ramscar, Peter Hendrix, Cyrus Shaoul, Petar Milin, and Harald Baayen, "The Myth of Cognitive Decline: Non-Linear Dynamics of Lifelong Learning," *Topics in Cognitive Science* (2014), 5–42, DOI: 10 .1111/tops.12078.

29 cbreaux .blogspot.com.

30 E-mail correspondence with author, August 13, 2015.

31 Kathleen Woodward, "Against Wisdom: The Social Politics of Anger and Aging," *Cultural Critique*, 51 (Spring 2002): 186–218.

32 Vaillant, *Aging Well*, 5.

33 Nicholas Bakalar, "Happiness May Come With Age, Study Says," *New York Times*, May 31, 2010, http://www.nytimes.com/2010/06/01/health/research/01happy.html.

34 Laura Carstensen, "Why Should We Look Forward To Getting Older?" interview with NPR/TED Staff ・June 22, 2015, Part 4 of the TED Radio Hour episode "Shifting Time," http://krcu.org/post/why-should-we-look-forward-getting-older.

35 Nicholas Bakalar, "Happiness May Come With Age, Study Says," *New York Times*, May 31, 2010, http://www.nytimes.com/2010/06/01/health/research/01happy.html.

36 Jonathan Rauch, "The Real Roots of Midlife Crisis," *The Atlantic*, December, 2014, p. 90.

37 "The U-bend of Life," *Economist*, December 16, 2010, http://www.economist.com/node/17722567.

38 Karl Pillemer, "Why Family and Social Relationships Matter," presentation at the 2012 Age Boom Academy, sponsored by the Atlantic Philanthropies, AARP and the *New York Times*, New York, NY, March 24, 2012.

39 Wendy Lustbader, "Who Speaks for Older Adults," presentation at Age Boom Academy, New York, NY, sponsored by the Atlantic Philanthropies, September 9, 2013.

40 Lustbader, *Life Gets Better,* 124.

41 Jane Fonda, "Life's Third Act," TEDWomen, December, 2011, http://www.ted.com/talks/jane_fonda_life_s_third_act.html#.TwizbBC0Ynd.e-mail.

42 Muriel Gillick, *The Denial of Aging: Perpetual Youth, Eternal Life, and Other Dangerous Fantasies* (Cambridge: Harvard University Press, 2006), 266.

43 Hannah Seligson, "An Age-Old Dilemma for Women: To Lie or Not to Lie," *New York Times*, June 27, 2015, http://www.nytimes.com/2015/06/28/style/an-age-old-dilemma-for-women.html.

44 Sarah Ditum, "How old age became a fashion trend," *The Guardian,* October 19, 2012, http://www.theguardian.com/commentisfree/2012/oct/19/fashion-old-women.

45 Paul Taylor, et al., "Growing Old in America: Expectations vs. Reality," *Pew Research Report* (June 29, 2009), 59.

46 Louis Begley, "Age and Its Awful Discontents," *New York Times,* March 17, 2012, http://www.nytimes.com/2012/03/18/opinion/sunday/age-and-its-discontents.html.

第 4 章　保持健康而非青春：熟齡的身體

1 Anti-Ageism Taskforce at The International Longevity Center, "Ageism in America," 2005, 25, http://www.mailman.columbia.edu/sites/default/files/Ageism_in_America.pdf.

2 Gillick, *The Denial of Aging*, op. cit., p. 36.

3 Jay Olshansky, "The Demographic Perspective on Longevity," presentation at the 2009 Age Boom Academy, sponsored by the *New York Times* with support from the Glenn and MetLife Foundations, New York, NY, May 31, 2009.

4 *Brian Lehrer Show*, "The World Envies Our Wrinkles," March 27, 2015, http://www.wnyc.org/story/how-think-about-aging/.

5 "Good Survival Rates Found in Heart Surgery for Aged," *Associated Press,* November 10, 2008, http://www.nytimes.com/2008/11/11/health/research/11heart.html.

6 Maureen Mackey, "Ageism in Medicine: How It Appears, Why It Can Hurt You," *AARP Bulletin*, November 18, 2010, http://www.aarp.org/entertainment/books/info-11-2010/author_speaks_ageism_in_medicine.html.

7 “Access all ages: assessing the impact of age on access to surgical treatment,” Age UK & The Royal College of Surgeons of England, RCSENG—Communications, 2012, https://www.rcseng.ac.uk/publications/docs/access-all-ages.

8 “Access all ages 2: Exploring variations in access to surgery among older people,” Age UK & The Royal College of Surgeons of England, 2014, http://www.rcseng.ac.uk/news/docs/access-all-ages-2.

9 Monisha Pasupathi and Corinna E. Lockenhoff, “Ageist Behavior,” in *Ageism: Stereotyping and Prejudice Against Older Persons*, ed. Todd D. Nelson (Cambridge: The MIT Press, 2004), 208.

10 Pasupathi and Lockenhoff, “Ageist Behavior,” 206.

11 Pasupathi and Lockenhoff, “Ageist Behavior,” 209.

12 J. Lazarou et al., “Why Learn about Adverse Drug Reactions (ADR)?” Institute of Medicine, National Academy Press, 2000; *JAMA* 1998;279(15):1200–1205; Gurwitz J. H. et al. *Am J Med* 2000;109(2):87–94, http://www.fda.gov/Drugs/GuidanceComplianceRegulatoryInformation/Surveillance/AdverseDrugEffects/ucm070461.htm.Website of the U.S Food and Drug Administration: http://www.fda.gov/Drugs/DevelopmentApprovalProcess/DevelopmentResources/DrugInteractionsLabeling/ucm114848.htm.

13 Richard W. Pretorius, Gordana Gataric, Steven K. Swedlund, and John R. Miller, “Reducing the Risk of Adverse Drug Events,” *Am Fam Physician,* 2013 Mar 1;87(5), 331–336.

14 Paula Span, “The Clinical Trial Is Open. The Elderly Need Not Apply,” *New York Times*, April 13, 2018, https://www.nytimes.com/2018/04/13/health/elderly-clinical-trials.html.

15 “Ageism in America,” International Longevity Center, p. 35.

16 Joan C. Chrisler, Angela Barney and Brigida Palatino, “Ageism can be Hazardous to Women’s Health: Ageism, Sexism, and Stereotypes of Older Women in the Healthcare System,” *Journal of Social Issues,* vol. 72, no. 1, 2016, pp. 86–104 doi: 10.1111/josi.12157.

17 Laura Carstensen, “The Science of Aging,” presentation at the 2012 Age Boom Academy, sponsored by the Atlantic Philanthropies, AARP and the *New York Times,* New York, NY, March 24, 2012.

18 Paula Span, “Even Fewer Geriatricians in Training,” *New York Times,* January 9, 2013, http://newoldage.blogs.nytimes.

com/2013/01/09/even-fewer-geriatricians-in-training/.

19 Kristen Gerencher, "Poor prognosis for care of elderly," CBS . *MarketWatch.com*, June 12, 2003, http://www.marketwatch.com/story/fighting-a-dearth-of-geriatric-medicine-professionals.

20 Anne Kingston, "Why it's time to face up to old age," *Maclean's*, October 13, 2014, http://www.macleans.ca/society/health/an-age-old-problem/.

21 Atul Gawande, *Being Mortal* (New York: Metropolitan Books, 2014), Kindle edition.

22 Albert L. Siu and John C. Beck, "Physician Satisfaction with Career Choices in Geriatrics," *The Gerontologist*, vol. 30, no. 4, 529–534, http://gerontologist.oxfordjournals.org/content/30/4.toc.

23 J. Paul Leigh, Daniel J. Tancredi, and Richard L. Kravitz, "Physician career satisfaction within specialties," *BMC Health Services Research* (2009), 9:166, http://www.biomedcentral.com/1472-6963/9/166.

24 Monisha Pasupathi and Corinna E. Lockenhoff, "Ageist Behavior," in *Ageism: Stereotyping and Prejudice Against Older Persons*, ed. Todd D. Nelson (Cambridge: The MIT Press, 2004), 202.

25 Ibid., 202.

26 National Institute of Health, "Disability in Older Adults," updated on June 30, 2018, http://report.nih.gov/nihfactsheets/ViewFactSheet.aspx?csid=37.

27 Harvard University, "Longer life, disability free: Increases in life expectancy accompanied by increase in disability-free life expectancy, study shows," *ScienceDaily*, 6 June 2016, www.sciencedaily.com/releases/2016/06/160606120039.htm.

28 Nicholas Bakalar, "Gentlemen, 5 Easy Steps to Living Long and Well," *New York Times*, February 19, 2008, http://www.nytimes.com/2008/02/19/health/19agin.html.

29 "Quick Statistics Compiled by the National Institute on Deafness and Other Communication Disorders (NIDCD)," https://www.nidcd.nih.gov/health/statistics/quick-statistics-hearing, page updated December 15, 2016.

30 Frank R. Lin, E. Jeffrey Metter, Richard J. O'Brien, Susan M. Resnick, Alan B. Zonderman, and Luigi Ferrucci, "Hearing Loss and Incident Dementia," *JAMA Neurology*, vol. 68, no. 2, February 14, 2011 *Arch Neurol.* 2011;68(2):214–220. doi:10.1001/archneurol.2010.362, http://archneur.jamanetwork.com/article.aspx?articleid=802291.

31 Gregg Easterbrook, "What Happens When We All Live to Be 100?," *The Atlantic*, October, 2014.
32 Rowe and Kahn, *Successful Aging*, 30.
33 Jane E. Brody, "100 Candles on Her Next Cake, and Three R's to Get Her There,"*New York Times*, October 18, 2010, http://www.nytimes.com/2010/10/19/health/19brody.html.
34 John Leland, *Happiness Is A Choice You Make: Lessons from a Year Among the Oldest Old* (New York: Sarah Crichton Books, Farrar, Straus & Giroux, 2018), 13.
35 Jane Gross, "How Many of You Expect to Die?" *New York Times*, July 8, 2008, http://newoldage.blogs.nytimes.com/2008/07/08/how-many-of-you-expect-to-die/?hp.
36 Becca R. Levy, Martin D. Slade, Robert Pietrzak, Luigi Ferruci, "Positive age beliefs protect against dementia even among elders with high-risk gene," *PLOS One*, February 7, 2018, https://doi.org/10.1371/journal.pone.0191004.
37 Gretchen Reynolds, "Exercise to Age Well, Whatever Your Age," *New York Times*, January 29, 2014, http://well.blogs.nytimes.com/2014/01/29/exercise-to-age-well-regardless-of-age/.
38 "Dr .Mark Lachs—'Treat Me Not My Age,' " *Annuity News Now*, uploaded to YouTube November 15, 2010, http://www.youtube.com/watch?v=vzlgvBsBpE.
39 "Living to 120 and Beyond: Americans' Views on Aging, Medical Advances and Radical Life Extension," Pew Research Religion & Public Life Project, August 6, 2013, http://www.pewforum.org/2013/08/06/living-to-120-and-beyond-americans-views-on-aging-medical-advances-and-radical-life-extension/.
40 "Aging Through The Eyes of A Doctor," *The Today Show*, Feb 17, 2011, http://www.today.com/id/41610799/ns/today-today_health/#.UmE_C5TF1As.
41 Cruikshank, *Learning to Be Old*, 37.
42 Ibid., p. 42.
43 Paula Span, "A Workout for the Mind," *New York Times*, October 20, 2014, http://newoldage.blogs.nytimes.com/2014/10/30/a-workout-for-the-mind/.
44 Karin A. Ouchida and Mark S. Lachs, "Not for Doctors Only: Ageism in Healthcare," *Generations*, vol. 39(3), Fall 2015, 47.

45 Becca R. Levy, Corey Pilver, Pil H. Chung, and Martin D. Slade, "Subliminal Strengthening Improving Older Individuals' Physical Function Over Time With an Implicit-Age-Stereotype Intervention," *Psychological Science*, October 17, 2014 0956797614551970, http://pss.sagepub.com/content/early/2014/10/17/0956797614551970.abstract.

46 Becca R. Levy, Martin D. Slade, Terrence E. Murphy, and Thomas M. Gill, "Association Between Positive Age Stereotypes and Recovery From Disability in Older Persons," *JAMA*. 2012;308(19):1972–1973. doi:10.1001/jama.2012.14541.

47 Becca R. Levy, Martin D. Slade, Suzanne R. Kunkel, Stanislav V. Kasl, "Longevity increased by positive self-perceptions of aging." *Journal of Personality and Social Psychology*, vol. 83(2), Aug. 2002, 261–270, http://psycnet.apa.org/journals/psp/83/2/261/.

第5章　沒有保存期限：性與親密關係

1 Simi Linton, *My Body Politic: A Memoir* (Ann Arbor: University of Michigan Press, 2010), 85.

2 Cynthia Rich, "Ageism and the Politics of Beauty," in *Look Me in the Eye: Old Women, Aging and Ageism*, by Barbara Macdonald with Cynthia Rich (San Francisco: Spinsters Book Company, 1991), 143.

3 Anti-Ageism Taskforce of the International Longevity Center, "Ageism in America," 52, http://www.mailman.columbia.edu/sites/default/files/AgeisminAmerica.pdf.

4 Stacy L. Smith, Marc Choueiti, Elizabeth Scofield, and Dr. Katherine Pieper, "Gender Inequality in 500 Popular Films: Examining On-Screen Portrayals and Behind-the-Scenes Employment Patterns in Motion Pictures Released between 2007–2012," Annenberg School for Communication & Journalism, University of Southern California, 2013.

5 "Over Sixty, Underestimated: A Look at Aging on the 'Silver' Screen in Best Picture Nominated Films," by Stacy L. Smith, PhD, Marc Choueiti, & Katherine Pieper, PhD, USC Annenberg School for Communication and Journalism, February, 2017, http://annenberg.usc.edu/sites/default/files/Over_Sixty_Underestimated_Report_2_14_17_Final.pdf.

6 Andrea Peyser, "Sleazy Geezer Society Meeting Now in Session," *New York Post*, June 1, 2011, http://nypost.com/2011/06/01/sleazy-geezer-society-meeting-now-in-session/.

7 Arianna Rebolini, "These Confessions from Women in Their Eighties Will Challenge Your Views on Sexuality," *BuzzFeed*, February 6, 2014, http://www.buzzfeed.com/ariannarebolini/these-confessions-from-women-in-their-eighties-will-challeng.

8 Lindy West, “Women in Their 70s Say They’re Having Way Hotter Sex than You,” *Jezebel* , February 6, 2014, http://jezebel.com/women-in-their-70s-say-theyre-having-way-hotter-sex-th-1516813341.

9 Cynthia Rich, “The Women in the Tower,” in *Look Me in the Eye: Old Women, Aging and Ageism*, 78.

10 Susan Sontag, “The Double Standard of Aging,” *Saturday Review*, September 23, 1972, 28–38.

11 Carina Chocano, “Girls Love Math. We Never Stop Doing It,” *New York Times*, November 16, 2012, http://www.nytimes.com/2012/11/18/magazine/girls-love-math-we-never-stop-doing-it.html.

12 Miranda Prynne, “Beautiful actresses suffer more from ageism, says Angela Lansbury,” *London Telegraph*, January 23, 2014, http://www.telegraph.co.uk/culture/theatre/10591490/Beautiful-actresses-suffer-more-from-ageism-says-Angela-Lansbury.html.

13 Frank Greve, “As seniors live longer they find ‘love expectancy’ also grows,” *McClatchy Newspapers*, July 16, 2008, http://www.mcclatchydc.com/news/politics-government/article24491419.html.

14 “HIV Among People Aged 50 and Over,” Division of HIV/AIDS Prevention, National Center for HIV/AIDS, Viral Hepatitis, Sexual Transmitted Diseases and Tuberculosis Prevention, Centers for Disease Control and Prevention, February 12, 2018, http://www.cdc.gov/hiv/group/age/olderamericans/index.html.

15 Stacy Tessler Lindau. MD, et al., “A Study of Sexuality and Health among Older Adults in the United States,” *New England Journal of Medicine* (2007); 357:762–774, August 23, 2007, DOI: 10.1056/NEJMoa067423; http://www.nejm.org/doi/full/10.1056/NEJMoa067423.

16 Christian Rudder, *Dataclysm* (New York: Crown Publishers, 2014), 91.

17 Jon Pareles, “As Ever, the Wisdom Of a Lovin’ Heart,” *New York Times*, April 29, 2002, http://www.nytimes.com/2002/04/29/arts/pop-review-as-ever-the-wisdom-of-a-lovin-heart.html.

18 Gullette, *Agewise*, 130.

19 June Arnold, *Sister Gin* (Plainfield, VT: Daughters Inc., 1975), 129.

20 Louis Begley, “Old Love,” *New York Times*, August 8, 2012, http://www.nytimes.com/2012/08/12/opinion/sunday/old-love.html.

21 Grace Paley, excerpt from "Here" from *Begin Again: Collected Poems* (New York: Farrar, Straus, and Giroux, 2000), 177.

22 Jan Hoffmann, "Married Sex Gets Better in the Golden Years," *New York Times*, February 23, 2015, http://well.blogs.nytimes.com/2015/02/23/married-sex-gets-better-in-the-golden-years/.

23 *Still Doing It: The Intimate Lives of Women Over 60*, website for book and movie by Deirdre Fishel and Diana Holtzberg, http://www.stilldoingit.com/.

24 Lynne Segal, *Out of Time*, Kindle edition.

25 Mireille Silcoff, "Why Your Grandpa Is Cooler Than You," *New York Times Magazine*, April 26, 2013, http://www.nytimes.com/2013/04/28/magazine/why-your-grandpa-is-cooler-than-you.html.

26 *Fabulous Fashionistas*, directed by Sue Bourne, television documentary, first broadcast on Channel 4 (U.K.) September 14, 2013, http://www.channel4.com/programmes/fabulous-fashionistas.

27 Sarah Ditum, "How old age became a fashion trend," *The Guardian*, October 19, 2012, http://www.theguardian.com/commentisfree/2012/oct/19/fashion-old-women.

28 "Antiaging Products and Services: The Global Market," *MarketWatch*, Aug. 19, 2013, http://www.marketwatch.com/story/antiaging-products-and-services-the-global-market-2013-08-19

29 Abby Ellin, "Raise Your Hand for an Engagement Selfie," *New York Times*, May 25, 2014.

30 Amia Srinivasan, "Does anyone have the right to sex?" *London Review of Books*, vol. 40, no. 6, March 22, 2018, pp. 5–10, https://www.lrb.co.uk/v40/n06/amia-srinivasan/does-anyone-have-the-right-to-sex

31 *This American Life*, Episode 589: "Tell Me I'm Fat," June 17, 2016, https://www.thisamericanlife.org/589/transcript

32 "Frances McDormand on Aging," interview with Katie Couric posted on Yahoo News on Nov 6, 2014, https://www.youtube.com/watch?v=NZLQ0jPcuwQ.

33 Dominique Browning, "The Case for Laugh Lines," *New York Times*, May 26, 2011, http://www.nytimes.com/2011/05/29/fashion/dominique-brownings-argument-for-natural-aging.html.

34 Chuck Nyren, "Going Nutty Over Older Women's Bodies," *Huffington Post* blog, May 29, 2014, https://www.huffingtonpost.com/chuck-nyren/aging-bodies_b_5360313.html.

35 Brown, S. L., Lin, I.-F., & Payne, K. K. (2012). "Age Variation in the Divorce Rate, 1990–2010 (FP-12-05). National Center for Family & Marriage Research," http://www.bgsu.edu/content/dam/BGSU/college-of-arts-and-sciences/NCFMR/ documents/FP/FP-12-05.pdf; https://contemporaryfamilies.org/growing-risk-brief-report/

36 Mike Albo, "Love Has No Bounds," *AARP* magazine, January 18, 2018,https://www.aarp.org/disrupt-aging/stories/solutions/info-2018/how-online-dating-shatters-ageism.html.

第6章　未竟之事：職場

1 Catherine Rampell, "In Hard Economy for All Ages, Older Isn't Better . . . It's Brutal," *New York Times*, February 2, 2013, http://www.nytimes.com/2013/02/03/business/americans-closest-to-retirement-were-hardest-hit-by-recession.html.

2 Michael Winerip, "Pushed Out of a Job Early," *New York Times*, December 6, 2013, http://mobile.nytimes.com/2013/12/07/booming/pushed-out-of-a-job-early.html.

3 Tara Siegel Bernard, " 'Too Little Too Late': Bankruptcy Booms Among Older Americans," *New York Times*, August 5, 2018, https://nytimes.com/2018/08/05/business/bankruptcy-older-americans.html

4 Matthew S. Rutledge, Steven A. Sass, and Jorge D. Ramos-Mercado, "How Job Options Narrow for Older Workers by Socioeconomic Status," Center for Retirement Research at Boston College, IB#16-13, August, 2016, http://crr.bc.edu/briefs/how-job-options-narrow-for-older-workers-by-socioeconomic-status/.

5 Robert McCann and Howard Giles, "Ageism in the Workplace: A Communication Perspective," in *Ageism: Stereotyping and Prejudice Against Older Persons*, ed. Todd D. Nelson (Cambridge: The MIT Press, 2004), 170.

6 Shankar Vedantam, "Older Americans May Be Happier Than Younger Ones," *Washington Post*, July 14, 2008, http://www.washingtonpost.com/wp-dyn/content/article/2008/07/13/AR2008071301641pf.html.

7 Nathaniel Reade, "The Surprising Truth About Older Workers," *AARP* magazine, August/September 2013, http://www.aarp.org/work/job-hunting/info-07-2013/older-workers-more-valuable.html.

8 David Hackett Fischer, *Growing Old in America* (New York: Oxford University Press, 1978), 211.

9 Pew Charitable Trusts, "A Look at Access to Employer-Based Retirement Plans and Participation in the States," January 13,

2016, www.pewtrusts.org/en/research-and-analysis/reports/2016/01/a-look-at-access-to-employer -based-retirement-plans-and-participation-in-the-states

10 Tricia Neuman, Vice President, Henry J. Kaiser Family Foundation, "Present Economics of Older America," presentation at the 2013 Age Boom Academy, sponsored by the Atlantic Philanthropies, New York, NY, September 9, 2013.

11 Liana Fox and José Pacas, "Deconstructing Poverty Rates among the 65 and Older Population: Why Has Poverty Increased Since 2015?," April 26, 2018, Working Paper Number: SEHSD-WP2018-13, https://www.census.gov/library/working-papers/2018/demo/SEHSD-WP2018-13.html

12 National Council on Aging, "Economic Security for Seniors Facts Sheet," 2016, http://www.ncoa.org/press-room/fact-sheets/economic-security-for.html.

13 Social Security Administration Fact Sheet, 2017, https://www.ssa.gov/news/press/factsheets/basicfact-alt.pdf.

14 Carmen DeNavas-Walt, Bernadette D. Proctor, Jessica C. Smith, "Income, Poverty, and Health Insurance in the United States: 2012," U.S. Census Bureau. Issued September 2013, 21, http://www.census.gov/prod/2013pubs/p60-245.pdf.

15 National Women's Law Center, "Facts About the Wage Gap," September 13, 2016, https://nwlc.org/resources/faq-about-the-wage-gap/.

16 Joan Entmacher, Katherine Gallagher Robbins, Julie Vogtman, and Lauren Frohlich, The National Women's Law Center, "Insecure & Unequal: Poverty and Income among Women and Families 2000–2012," 2013.

17 Robert McCann and Howard Giles, "Ageism in the Workplace: A Communication Perspective," in *Ageism: Stereotyping and Prejudice Against Older Persons*, ed. Todd D. Nelson (Cambridge: The MIT Press, 2004), 170.

18 Abigail Van Buren, "Dear Abby: Single mom rips older workers for staying on the job too long," *Mercury News*, September 6, 2013, http://www.pottsmerc.com/article/20130905/LIFE01/130909807/dear-abby-single-mom-rips-older-workers-for-staying-on-the-job-too-long.

19 "Working Longer: The Disappearing Divide Between Work Life and Retirement," The AP-NORC Center's Working Longer Study, May, 2016, p. 4, http://www.apnorc.org/projects/Pages/HTML%20Reports /working-longer-the-disappearing-divide-between-work-life-and-retirement-issue-brief.aspx.

20 Kathleen Geier, "Deserving vs. undeserving poor—for the love of God, here we go again," *Washington Monthly*, December 21, 2013, http://www.washingtonmonthly.com/political-animal-a/201312/deservingvs_undeservingpoor048302.php.

21 "When Baby Boomers Delay Retirement, Do Younger Workers Suffer?" Pew Charitable Trusts Economic Mobility Project report, p. 4, http://www.pewstates.org/uploadedFiles/PCSAssets/2012/EMP_retirement_delay.pdf.

22 Dora L. Costa, *The Evolution of Retirement—An American Economic History 1880–1990* (Chicago: University of Chicago Press, 1998), 12.

23 David C. Wilson, "When Equal Opportunity Knocks," *Gallup Business Journal*, April 13, 2006, http://businessjournal.gallup.com/content/22378/When-Equal-Opportunity-Knocks.aspx#1.

24 Kimberly Palmer, "10 Things You Should Know About Age Discrimination" *AARP*, 2017, https://www.aarp.org/work/on-the-job/info-2017/age-discrimination-facts.html.

25 Noam Scheiber, "The Brutal Ageism of Tech," *New Republic*, March 23, 2014, http://www.newrepublic.com/article/117088/silicons-valleys-brutal-ageism.

26 "Age Discrimination," *New York Times* editorial, July 6, 2009, http://www.nytimes.com/2009/07/07/opinion/07tue2.html.

27 Adam Cohen, "After 40 Years, Age Discrimination Still Gets Second-Class Treatment," *New York Times*, November 6, 2009, http://www.nytimes.com/200911/07/opinion/07sat4.html.

28 Fischer, op. cit., 214.

29 William E. Gibson, "A New Bill to Stop Ageism," *AARP*, March 1, 2017, http://www.aarp.org/politics-society/advocacy/info-2017/congress-bill-stop-age-discrimination-fd.html.

30 Peter Gosselin, "Federal Court May Decide If Employers Can Reject Older Job Seekers to Protect 'Image,' " *ProPublica*, Jan. 31, 2017, https://www.pressreader.com/usa/san-francisco-chronicle/20170228/281496456064058.31 "10 Thing You May Not Know about Boomers Today," fact sheet accompanying the 2007 PBS Series *The Boomer Century*, http://www.pbs.org/boomercentury/tenthings.html.

32 Marc Freedman, "The Big Shift," interview with Mike Cuthbert, *AARP Prime Time Radio*, April 26, 2011, http://www.aarp.org/health/longevity/info-04-2011/the-big-shift.html.

33 Ursula Staudinger, Director, Columbia Aging Center, "Demographic Change: Opportunities and Challenges for Corporations," presentation at the 2013 Age Boom Academy, sponsored by the Atlantic Philanthropies, New York, NY, September 10, 2013.
34 "When Retirement Goes Wrong," Michael Martin, host, *NPR Special Series: Money Coach*, March 13, 2013, http://www.npr.org/2013/03/13/174198166/when-retirement-goes-wrong.
35 Rowe and Kahn, *Successful Aging*, 33.
36 Cruikshank, *Learning to Be Old*, 48.
37 Joyce Carol Oates, *More* magazine, June 2009.
38 Nardine Saad, "Anne Hathaway, 32, is losing roles to younger stars: 'I was that 24-year-old once,'" *Los Angeles Times*, September 4, 2015, http://www.latimes.com/entertainment/gossip/la-et-mg-anne-hathaway-ageism-hollywood-losing-roles-glamour-uk-20150904-story.html.
39 Ellis Cose, "Why It Makes No Sense to Fire Older Workers," *Newsweek*, October 28, 2009, http://www.newsweek.com/why-it-makes-no-sense-fire-older-workers-cose-81355.

第7章　長壽是一種團隊運動：獨立的陷阱

1 "Across the States: Profiles of Long-Services and Supports," AARP Public Policy Institute, 2012, 7, http://www.aarp.org/content/dam/aarp/research/public_policy_institute/ltc/2012/across-the-states-2012-executive-summary-AARP-ppi-ltc.pdf.
2 "A Profile of Older Americans: 2012. Administration on Aging," U.S. Department of Health and Human Services, 5, http://www.aoa.gov/Aging_Statistics/Profile/2012/docs/2012profile.pdf.
3 Renee Stepler, "Smaller Share of Women Ages 65 and Older Are Living Alone," Pew Research Center, February 2016, http://www.pewsocialtrends.org/2016/02/18/smaller-share-of-women-ages-65-and-older-are-living-alone/.
4 Shaoni Bhattacharya, "European heatwave caused 35,000 deaths," *New Scientist*, October 10, 2003, http://www.newscientist.com/article/dn4259-european-heatwave-caused-35000-deaths.html#.U8PTgo1dXq0.
5 "Dying Alone," interview with Eric Klinenberg, University of Chicago Press, http://www.press.uchicago.edu/Misc/Chicago/443213in.html.

6 Anne C. Roark, "With Friends Aplenty, Many Widows Choose Singlehood," *New York Times*, July 13, 2009, http://newoldage.blogs.nytimes.com/2009/07/13/with-friends-aplenty-many-widows-choose-singlehood/.

7 A Profile of Older Americans 2016, Administration on Aging, Administration for Community Living, U.S. Dept. of Health and Human Services, p. 7, https://www.acl.gov/sites/default/files/Aging%20and%20Disability%20in%20America /2016-Profile.pdf.

8 Alice Fisher, "Aging-in-Place: It Can Be Detrimental to Your Health," *Radical Age Movement* blog, Jun 15, 2014, http://theradicalagemovement.com/2014/09/27/ageing-in-place-it-can-be-detrimental-to-your-health/.

9 *US News & World Report*, "Best Nursing Homes for 2017–18" report, https://health.usnews.com/best-nursing-homes/area/ny/hebrew-home-for-the-aged-at-riverdale-335020

10 "The Eden Alternative," PBS interview with Dr. Bill Thomas, undated, http://www.pbs.org/thoushalthonor/eden/.

11 Peter Uhlenberg and Jenny de Jong Gierveld, "Age-Segregation in Later Life: An Examination of Personal Networks," *Ageing & Society* 24 (2004): 5–28.

12 Linda Carroll, "Alzheimer's extracts a high price on caregivers, too," *NBC News*, September 5, 2013 at 10:02 AM ET, http://www.nbcnews.com/health/alzheimers-extracts-high-price-caregivers-too-8C11070658.

13 Gullette, *Agewise*, 29.

14 Ibid.

15 John Leland, *Happiness Is a Choice You Make: Lessons from a Year Among the Oldest Old* (New York: Sarah Crichton Books, 2018), p. 114.

16 Elana D. Buch, "Beyond Independence: Older Chicagoans Living Valued Lives," in *Successful Aging as a Contemporary Obsession: Global Perspectives*, ed. Sarah Lamb (Rutgers University Press, 2017), 87.

17 Patricia Cohen, "Why Women Quit Working: It's Not for the Reasons Men Do," *New York Times*, January 24, 2017, https://www.nytimes.com/2017/01/24/business/economy/women-labor-force.html.

18 Debora MacKenzie, "Women live longer than men but suffer more years of poor health," *NewScientist*, March 17, 2016, https://www.newscientist.com/article/2081497-women-live-longer-than-men-but-suffer-more-years-of-poor-health/.

19 Pew Research Center, "Internet/Broadband Fact Sheet," February 5, 2017, http://www.pewinternet.org/fact-sheet/internet-

broadband/.

20 Rachel Levy, *Grandma Got STEM* blog, http://ggstem.wordpress.com/.

21 Peter Uhlenberg and Jenny de Jong Gierveld, "Age-Segregation in Later Life: An Examination of Personal Networks," *Ageing & Society* 24 (2004): 5–28.

22 Vaillant, *Aging Well*, 163.

23 Lustbader, *Life Gets Better*, 159.

24 Ibid., 168.

25 Atul Gawande, *Being Mortal* (New York: Metropolitan Books), 146.

26 Jan Baars, "Aging, Autonomy and Justice. Beyond Independence." Lecture at receipt of the GSA Social Gerontology Theory Award, November 22, 2013, New Orleans (unpublished manuscript).

27 Meika Loe, "Asking for Help As We Age Actually Fosters Autonomy," *Aging Today*, June 19, 2013, http://www.asaging.org/blog/asking-help-we-age-actually-fosters-autonomy?goback=.gde_3876337_member_257938510.

28 Lustbader, *Life Gets Better*, 72.

29 Robert McG. Thomas, Jr., "Maggie Kuhn, 89, the Founder Of the Gray Panthers, Is Dead," *New York Times*, April 23, 1995, http://www.nytimes.com/1995/04/23/obituaries/maggie-kuhn-89-the-founder-of-the-gray-panthers-is-dead.html.

第8章　公牛看起來不一樣：生命的盡頭

1 Joel Tsevat, Neal V. Dawson, Albert W. Wu, et al., "Health Values of Hospitalized Patients 80 Years or Older," *Journal of the American Medical Association*, 279, no. 5 (February 4, 1998): 371–375, https://jhu.pure.elsevier.com/en/publications/health-values-of-hospitalized-patients-80-years-or-older-4.

2 Kenneth E. Covinsky, Albert W. Wu, C. Set Landefeld; Alfred F. Connors, Russell S. Phillips, . . . [+], "Health status versus quality of life in older patients: does the distinction matter?" *The American Journal of Medicine*, Volume 106 (4), Apr 1, 1999, http://www.amjmed.com/article/S0002-9343(99)00052 -2/fulltext3 Marc E. Agronin, *How We Age: A Doctor's Journey into the Heart of Growing Old* (New York, Da Capo Press, 2011), 9.

4 Roger Angell, "This Old Man: Life in the Nineties," *New Yorker*, February 17 & 24, 2014, 63.

5 Marc E. Agronin, "Old Age, From Youth's Narrow Prism," *New York Times*, March 1, 2010, http://www.nytimes.com/2010/03/02/health/02case.html.

6 Karl Pillemer, *30 Lessons for Living: Tried and True Advice from the Wisest Americans* (New York: Hudson Street Press, 2011), 217.

7 J. A. Thorson and F. C. Powell, (2000), "Death anxiety in younger and older adults." In A. Tomer (Ed.), *Death attitudes and the older adult: Theories, concepts, and applications* (pp. 123–136). Philadelphia: Taylor & Francis. Also Pillemer, 141.

8 Laura L. Carstensen, "The Influence of a Sense of Time on Human Development," *Science* magazine, Vol. 312, 30 June 2006, Vol. 312 no. 5782 pp. 1913–1915 DOI: 10.1126/science.1127488

9 Interview on KRCU Radio with Laura Carstensen by NPR/TED staff, "Why Should We Look Forward To Getting Older?," aired June 22, 2015, http://krcu.org/post/why-should-we-look-forward-getting-older.

10 Thomas Mann, "Life Grows in the Soil of Time," in *This I Believe: The Personal Philosophies of Remarkable Men and Women*, Jay Allison and Dan Gediman, eds., Henry Holt & Company, 2007, 151.

11 Mariacristina De Nardi, Eric French, John Bailey Jones, Jeremy McCauley, "Medical Spending of the U.S. Elderly," National Bureau of Economic Research, NBER Working Paper No. 21270, June 2015 (DOI): 10.3386/w21270, http://www.advisory.com/daily-briefing/2015/06/22/new-data-could-change-how-you-think-about-end-of-life-care-costs.

12 Caroline Davies, "Martin Amis in new row over 'euthanasia booths,' " *The Guardian*, January 24, 2010, http://www.theguardian.com/books/2010/jan/24/martin-amis-euthanasia-booths-alzheimers.

13 James H. Schulz & Robert H. Binstock, *Aging Nation: The Economics and Politics of Growing Older in America*, Baltimore, 2008, 190.

14 Elizabeth Hughes Schneewind, "Of Ageism, Suicide and Limiting Life," *Journal of Gerontological Social Work*, Vol. 23(1/2) 1994, [p. 146].

15 Linton, *My Body Politic*, 226.

16 Ed Meek, "The millennial-boomer alliance," *Boston Globe* magazine, September 15, 2013, http://www.bostonglobe.com/

magazine/2013/09/14/why-millennials-bond-with-their-boomer-parents/yO932V5sUVj205pEXTyQSJ/story.html.
17 Margaret Gullette, Letter to the editor, *Boston Globe*, September 28, 2013, http://www.bostonglobe.com/magazine/2013/09/28/readers-respond-articles-baby-boomers-day-care-costs/ctTZKV6BuUAp8fgHiSPUPJ/story.html.
18 Gullette, *Agewise*, 43.
19 Carstensen, *A Long Bright Future*, 36.
20 Gawande, Atul, *Being Mortal* (New York: Metropolitan, 2014). Kindle edition.
21 Ibid.
22 Robin Marantz Henig, "A Life-or-DeathSituation," *New York Times Magazine*, July 17, 2013, http://www.nytimes.com/2013/07/21/magazine/a-life-or-death-situation.html.
23 http://brookeandpeggy.blogspot.com/.
24 Ackerman, August 2009, private communication with Margaret Morganroth Gullette, op. cit., 52.
25 Marc E. Agronin, "Old Age, From Youth's Narrow Prism," *New York Times*, March 1, 2010, http://www.nytimes.com/2010/03/02/health/02case.html.
26 Pete Townshend, *Pete Townshend Summer Blog*, http://thewho.com/blog/story/summer-blog/#qgVSm9y9jTPjE4dY .99.
27 Tim Kreider, "You are going to die," *New York Times*, January 30, 2013, http://opinionator.blogs.nytimes.com/2013/01/20/you-are-going-to-die/.

第9章　占領年齡！超越年齡歧視

1 Carol Hanisch, "The Personal Is the Political," originally published in *Notes from the Second Year: Women's Liberation*, 1970, http://www.carolhanisch.org/CHwritings/PIP.html.
2 Nicholas Kristof, "She Gets No Respect: Sexism Persists, Even Among the Enlightened," *New York Times*, June 11, 2014, http://www.nytimes.com/2014/06/12/opinion/nicholas-kristof-she-gets-no-respect.html.
3 Heather M Rasinski et al., "I Guess What He Said Wasn't That Bad," doi:10.1177/0146167213484769Pers *Soc Psychol Bull*, July 2013 vol. 39 no. 7856-869856-869, http://psp.sagepub.com/content/39/7/856.

4 Kathy Sporre, "Ageism Hides in Plain Sight," *Journal on Active Aging*, November/December 2011, Vol. 10 Issue 6, p74 www .icaa.cc.

5 Robert R. Blancato and Meredeith Ponder "The Public Policies We Need to Address Ageism," *Generations*, Fall, 2015, Vol, 39, No 3, p. 92.

6 "Gauging Aging: Mapping the Gaps between Expert and Public Understanding of Aging in America." A FrameWorks Research Report by Eric Lindland, Marissa Fond, Abigail Haydon and Nathaniel Kendall-Taylor. FrameWorks Institute, Washington, DC, 2015, http://www.frameworksinstitute.org/pubs/mtg/gaugingaging/page7.html.

7 McCarter Theatre Center, "There is a black person talking: How blues and Bearden inspired Wilson's own profound articulation of the black tradition," http://www.mccarter.org/fences/3-explore/thereisablackpersontalking .html.

8 Mark William Rocha, "August Wilson and the Four B's Influences," in *August Wilson: A Casebook*, edited by Marilyn Elkins (New York, 1994), 565.

9 "Remembering Maggie Kuhn: Gray Panthers Founder On The 5 Myths Of Aging," 1978 interview with Ken Dychtwald, *Huffington Post*, 05/31/2012, http://www.huffingtonpost.com/ken-dychtwald/the-myths-of-agingb_1556481.html.10 Shapiro, oseph, *No Pity*, 5.

年齡歧視
為何人人怕老，我們對老年生活的刻板印象又如何形成
THIS CHAIR ROCKS
A Manifesto Against Ageism

作　　者　艾希頓．亞普懷特／Ashton Applewhite
譯　　者　林金源
社　　長　陳蕙慧
副總編輯　戴偉傑
責任編輯　翁仲琪
封面設計　莊謹銘
內頁排版　黃暐鵬
行銷企畫　陳雅雯、尹子麟、余一霞

讀書共和國集團社長　郭重興
發行人暨出版總監　曾大福
出　　版　木馬文化事業股份有限公司
發　　行　遠足文化事業股份有限公司
231新北市新店區民權路108-4號8樓
電　　話　(02) 2218-1417
傳　　真　(02) 8667-1065
電子信箱　service@bookrep.com.tw
郵撥帳號　19588272木馬文化事業股份有限公司
客服專線　0800-221-029
法律顧問　華洋國際專利商標事務所　蘇文生律師
印　　刷　前進彩藝有限公司
初　　版　2021年1月

定　　價　400元
I S B N　978-986-359-852-7
有著作權．侵害必究（缺頁或破損的書，請寄回更換）

年齡歧視：為何人人怕老，我們對老年生活的刻板印象又如何形成／艾希頓．亞普懷特（Ashton Applewhite）著；林金源譯.
－初版.－新北市：木馬文化事業股份有限公司出版：遠足文化事業股份有限公司發行，2021.01
面；　公分
譯自：This chair rocks : a manifesto against ageism
ISBN 978-986-359-852-7（平裝）
1.老人學 2.老年 3.自我實現
544.8　　109020020

This Chair Rocks
Text Copyright © "Exactly as it appears in the Proprietor's edition"
Published by arrangement with Celadon Books
through Andrew Nurnberg Associates International Limited.
All rights reserved.

特別聲明：書中言論內容不代表本社／集團之立場與意見，文責由作者自行承擔